ONTDEK
REIZEN DIE JE LEVEN VERANDEREN

Een uitgave van reismagazine Columbus in samenwerking met Kosmos Uitgevers

10 Kenia

22 Ecuador

40 Vietnam

60 Mali

82 Venezuela

94 Libië

108 Frans-Polynesië

128 Oman

INHOUD

140 Australië

152 Malediven

168 Filipijnen

188 Egypte

200 Roemenië/Servië/Macedonië

218 Italië

INTRODUCTIE

Vijf jaar geleden verscheen de eerste editie van reismagazine Columbus. Zonder businessplan, maar gewapend met camera's, ideeën en passie, besloten oprichters Matthijs de Groot en Louise ten Have destijds simpelweg te beginnen. Nu, 25 edities later, is het eerste Columbus-boek uit. Twee bevlogen reizigers – toen en nu – blikken terug.

Louise: 'Denk je nog wel eens terug aan de periode dat we het plan hadden opgevat om ons eigen reismagazine op te starten?'
Matthijs: 'Zeker. Er zouden diepgaande, maar toch leesbare verhalen in komen te staan over de mooiste en meest ongerepte plekken ter wereld. Bovendien hadden we allebei dezelfde filosofie. De behoefte om onder de huid te kruipen, te zien wat er nog meer is. Weg van het massatoerisme. Verder gaan.'
Louise: 'Ja. Zoeken naar authenticiteit in mensen, maar ook in plekken en dingen. Columbus: een andere manier van reizen. Reizen buiten je bekende *comfort zone*.'
Matthijs: 'En diepgang. Echt connectie maken met échte mensen op andere échte plekken in de wereld.'
Louise: 'Of dat op zijn minst na willen streven.'
Matthijs: 'We bekeken destijds een reportage die jij had geschreven en gefotografeerd voor een ander reismagazine. We hadden het erover hoe dat op een andere manier geplaatst had kunnen worden.'
Louise: 'We waren zo enthousiast dat daarna de wekelijkse dinsdagavondafspraken begonnen. Gezellig, met een paar lekkere wijntjes erbij. Daar kwamen veel ideeën uit!'
Matthijs: 'We bedachten onder meer dat we de lezer veel uitgebreide informatie wilden geven. Dat het niet slechts om wegdromen ging, maar dat de reizen in het blad ook praktisch uitvoerbaar waren voor de lezer. In december 2004 hadden we de belangrijkste ideeën uitgewerkt.'

Louise: 'Dat was ook de periode dat we hopeloos verliefd werden op elkaar.'
Matthijs: 'Wat een krankzinnige tijd was dat! Wat een waanzin. Wat een werkuren. Wel bijzonder dat we tegelijkertijd Columbus begonnen én verliefd werden.'
Louise: 'Grappig dat je op zo'n moment helemaal niet beseft waar je precies mee bezig bent. Het ging zo snel, dat ik geen tijd had om alles wat er gebeurde te verwerken.'
Matthijs: 'Voor je het weet zijn er jaren verstreken.'
Louise: 'Wil jij eigenlijk altijd zo ver mogelijk weg?'
Matthijs: 'Voor mij hoeven reizen niet per se naar verre bestemmingen te gaan. In Europa vind je talloze minder bekende regio's. Soms hoef je alleen maar even de hoek om. Letterlijk. Sla die zijstraat in, kijk even om de hoek, ga net even iets verder en er gaat een wereld voor je open.'
Louise: 'Vanaf het begin was het duidelijk dat we voor onze reportages de locals naar de beste plekken zouden vragen. We wilden dat de locals ons mee op sleeptouw zouden nemen.'
Matthijs: 'Dat hadden we nog niet eerder in andere bladen gezien. Een groot gebrek.'
Louise: 'Ondertussen deden we de rest van de week ons andere werk. Jij deed onder meer de marketing voor andere bladen en ik fotografeerde van alles en nog wat.'
Matthijs: 'Aah, wat gaf het een goed gevoel om de knoop door te hakken.'
Louise: 'Toen kwam het moment dat we definitief

van start gingen. Jij was naar KLM geweest en die had toegezegd Columbus in de businessclass te leggen van alle vluchten, wereldwijd.'

Matthijs: 'Ja, we hadden een magazine in elkaar gezet dat puur gebaseerd was op passie, zonder enige commerciële insteek, maar uiteindelijk moesten we er wel een boterham mee kunnen verdienen. KLM gaf hoop. Als zij er iets in zagen, dan was het blijkbaar geen slecht idee.'

Louise: 'Gelukkig, want daarna gingen we voluit. Onder andere met die prachtige reizen die we zouden maken.'

Matthijs: 'Yes! Daarin konden we helemaal los gaan.'

Louise: 'En opeens moesten we op zoek naar een naam voor ons reismagazine.'

Matthijs: 'Kun je je nog al die namen voor de geest halen die we wilden gebruiken? Columbus was eigenlijk de werktitel, de voorlopige titel. Die hadden we in een seconde bedacht. Pas toen we de andere namen niet konden registreren, besloten we Columbus eens te proberen. En ja, bingo, die kon nog.'

Louise: 'Bizar, hè, je zou denken dat zo'n bekende naam al weg zou zijn. Dat was een bijzonder en *last minute* moment. Een van de vele trouwens.'

Matthijs: 'Wat was destijds jouw meest bijzondere reiservaring, dus nog voordat we met Columbus begonnen?'

Louise: 'Mijn reis naar Zuid-Afrika. Ik kan me mijn eerste cultuurschok nog goed herinneren. Dat klinkt misschien negatief, maar dat bedoel ik niet zo. Ik reisde ernaartoe in 2001 en eigenlijk was dat helemaal niet de bedoeling. Ik had een vakantie naar Griekenland gepland, maar de oma van mijn toenmalige vriend, die in Zuid-Afrika woonde, werd ziek. En dus vertrokken we halsoverkop naar Kaapstad. Die beslissing betekende een ommekeer in mijn leven, alhoewel ik dat destijds niet besefte. Maar een cultuurschok had ik zeker. Ik denk dat het met name kwam omdat ik ineens heel veel leerde over de wereld.'

Matthijs: 'Dat gevoel ken ik. Op elke reis leer je weer iets nieuws en dat verrijkt je leven.'

Louise: 'Destijds werden we op het vliegveld van Kaapstad opgehaald door een familielid. Die autorit staat in mijn geheugen gegrift. Vooral de chaos, de mensen die de snelweg overstaken, vaak in kapotte kleding. Maar het toppunt waren wel de *shanty towns*, de sloppenwijken langs de kant van de weg. De reis die volgde, was een aaneenschakeling van verrassende indrukken en ontmoetingen. Ik zag met eigen ogen hoe zwarte en witte mensen verschillend werden behandeld. Het was voor mij een *eye-opener* dat je als minderwaardig wordt gezien als je zwart bent of – zoals ik – gemengd bloed hebt. Noem me naïef, maar ik had er nooit bij stil gestaan dat mensen zo konden denken. Twee weken lang luisterde ik naar de verhalen van de mensen daar en twee weken lang zag ik landschappen die ik niet voor mogelijk had gehouden, zo mooi.'

Matthijs: 'En toen kwam je weer in Nederland.'

Louise: 'Eenmaal terug had ik de behoefte wat ik had gezien en gehoord op te schrijven. Fotografie was al jaren mijn beroep, maar ik had ineens ook de drang om te schrijven over de plekken waar ik was geweest. Plekken waar maar weinig toeristen kwamen. En zo ontstond langzamerhand mijn eerste verhaal, een verhaal met foto's uiteraard.'

Matthijs: 'Je reismagazinepassie was geboren.'

Louise: 'Terugblikkend was dat inderdaad een cruciaal moment. Wat was jouw meest bijzondere ervaring voordat we met Columbus begonnen? Was het een bepaalde bestemming of een bepaald gevoel?'

Matthijs: 'Dat was lang lang geleden, toen ik in het Mexicaanse plaatsje Tulum arriveerde. Daar was toen nog helemaal niets. Ik sliep in een van de weinige bamboehutjes, die naast een Mayatempel op het strand waren gebouwd.'

Louise: 'Was het gevoel dat je daar de enige buitenlander was belangrijk voor je?'

Matthijs: 'Dat was wel een van mijn drijfveren. En het vinden van dergelijke plekken is een van de drijfveren waarom nu mensen Columbus lezen.'

Louise: 'Gelukkig zijn er nog veel plekken die daaraan voldoen en vinden we die plekken ook. Wat was jouw leukste reismoment nadat we met Columbus van start gingen?'
Matthijs: 'Aah, dat is echt moeilijk. Te veel om op te noemen. Hoeveel verre reizen hebben we inmiddels voor Columbus gemaakt? Dertig? Tja. Uiteindelijk zijn het de contactmomenten met de lokale bevolking die me bijblijven. Mijn middag speervissen met eilandbewoners in Frans-Polynesië bijvoorbeeld. Of het fotograferen van de zoutkaravaan in de buurt van Timboektoe. Of de lunch bij de biologische boerderij Il Frantoio in het Italiaanse Puglia. Zoveel gastvrijheid en zulke fantastische kookkunsten, daar moet ik altijd nog een keer naar terug!'
Louise: 'Het is inderdaad te veel om op te noemen. Voor mij ook. Wat ik altijd bijzonder vind is te zien in welk stadium een land of regio zich bevindt. Zoals je weet zoek ik vaak de 'transistorman' op in de dorpen die we bezoeken. Veel dorpen hebben er een: een man met een transistorradio op zijn schouder, recht voor zijn oor. Deze man weet als eerste wat er gebeurt in de regio en in het land. De moderne versie van de troubadour noem ik hem zelf altijd. Misschien luisteren veel transistormannen alleen maar naar muziek, maar een grappig verschijnsel is het wel.'
Matthijs: 'Of wat dacht je van de Coca-Cola-boot? Bijna alle eilanden op aarde zijn van deze boten afhankelijk voor de aanvoer van hun dagelijkse internationale producten. Soms is de boot vertraagd. Dat maakt allemaal niet uit, maar o wee als de cola dreigt op de raken. Dan breekt de de hel los. Iedereen heeft het erover: wanneer zal de boot komen, want de cola is nu toch echt bijna op!'
Louise: 'De wereld wordt steeds kleiner, hoor je vaak. Ik ben het daar niet mee eens. De wereld wordt juist steeds groter. Steeds meer plekken in de wereld worden voor iedereen toegankelijk. Er is zoveel te zien, te ervaren en te proeven – het gaat je voorstellingsvermogen geheel te boven.'
Matthijs: 'Je kent de verhalen van stripfiguur Storm toch? Die prachtige, gedetailleerde tekeningen van al die fantasiewerelden? Zo veel verschillende beschavingen, culturen en landschappen. Mijn fascinatie voor die strip is dezelfde fascinatie die ik nog steeds heb voor alles wat ik tegenkom op mijn reizen.'
Louise: 'Dat snap ik helemaal, die fascinatie voor fantastische plekken.'
Matthijs: 'Denk jij dat je alle mooie plekken ter wereld nu wel kent?'
Louise: 'Ik merk dat veel mensen dénken dat ze de mooiste plekken ter wereld kennen. Zelf heb ik echt niet de illusie dat ik alle plekken ken, slechts een deel ervan. Je kunt je afvragen waarom de mooiste plekken vaak nog zo onbekend zijn...'
Matthijs: 'Waarschijnlijk omdat die geen marketinggeld hebben. Door ook naar die andere landen en gebieden af te reizen, doen we daar als Columbus gelukkig wat aan.'
Louise: 'Fantastisch om dit nu terug te zien in ons eerste boek, vind je niet?'
Matthijs: 'Absoluut. En nu door naar de toekomst.'
Louise: 'We gaan nog meer mooie ideeën in de praktijk brengen.'
Matthijs: 'Ja, uiteraard beginnen we direct aan boek twee. En gaan we nog meer boeken en specials maken. Op columbustravel.nl willen we reizen aan gaan bieden die in het verleden door de Columbus-teams zijn gemaakt. En we gaan nog meer leuke dingen doen met Reisreporter.nl, de leukste reizigerscommunity van Nederland.'
Louise: 'Einde reclameblokje.'
Matthijs: 'Wist je dat een vriend van mij weer van een vriendin hoorde dat zij Columbus het best bewaarde geheim noemde?'
Louise: 'Met dank aan alle lezers die ons vijf jaar lang hebben gesteund.'
Matthijs: 'Zullen we afsluiten met een reisspreuk?'
Louise: 'Wie eenmaal de smaak van het reizen te pakken heeft, is altijd op reis. Al is het slechts in gedachten.'

SAMBURU OF MAASAI?

Samburukrijgers tonen hun kracht door zo hoog mogelijk te springen. Samburudorpen zijn in veel gevallen authentieker dan Maasaidorpen. Als je een Maasaidorp binnenloopt, wil het nog wel eens voorkomen dat iedereen zijn dagelijkse werkzaamheden laat vallen en koopwaar uitstalt. Alles in het dorp bevriest, alle ogen zijn op jou gericht: zul je wat kopen of niet? Kies daarom een lodge met een goed maatschappelijk programma (tip: Sabuk Lodge Laikipia), waardoor het leven van mensen in de dorpen gewoon door kan gaan.

Bestaat het nog? Een Afrika zoals in mijn fantasie. Een Afrika zonder hekken, waar stammen in harmonie leven met wilde dieren. Rijdend over de stoffige wegen van Kenia realiseer ik me dat zij hun leefgebied niet langer alleen met elkaar delen, maar ook met mij: een reiziger. En ik wil die broze, wilde Afrikaanse harmonie niet verstoren.

Wild leven

Nancy heet ze, pas zeventien jaar oud. Ze staat voor me in haar schooluniform: een grijze rok en bordeauxrode spencer. Verlegen bruine ogen. Twee jaar geleden stond Nancy opeens voor de poort van de school, hier in het land van de Maasai in Zuid-Kenia. Haar ouders wilden haar, zoals gebruikelijk in de cultuur van dit voorheen nomadische volk, uithuwelijken aan een dertig jaar oudere Maasaiman. In ruil voor acht koeien en een schaap; de wisselkoers voor een dochter. Aan Nancy werd niets gevraagd, want volgens de cultuur van de Maasai is een vrouw niet veel waard. Nancy was blijkbaar niet onder de indruk van haar aanstaande en klopte aan bij de kostschool, die haar gelukkig binnenliet. Haar besnijdenis, waarbij haar clitoris en binnenste schaamlippen zouden worden weggesneden en haar vagina gedeeltelijk dichtgenaaid, ontloopt ze hiermee. Hoewel vrouwenbesnijdenis in Kenia bij wet verboden is, gebeurt het nog steeds op grote schaal. Maar hier binnen de muren van de school is Nancy veilig. Voorlopig.

Kleurrijk volk

De geschiedenis heeft bewezen dat Nancy's stam, de Maasai, niet de meest vriendelijke van Kenia is. In de achttiende eeuw werden de Maasai gevreesd – ze waren een woest en machtig volk. Hun krijgers ondernamen rooftochten tot diep in het gebied van naburige stammen. Ze stalen vee en eisten belasting. Qua uiterlijk is de Maasai ongetwijfeld een van de meest tot de verbeelding sprekende stammen. Hun bonte kleding, grote hoeveelheid opvallende sieraden en speren maken een diepe indruk op mij, al besef ik dat het hier slechts uiterlijk vertoon betreft. Zouden zij nu, anno 2007, wel in harmonie leven met de buurstammen en hun natuurlijke omgeving? Hoe kom je daarachter? Die vraag intrigeert me. Eerder op mijn reis was ik te gast in het dorp van een Samburustam. De Maasai en de Samburu waren ooit één clan. Maar in een grote periode van droogte meer dan duizend jaar geleden, splitsten de Samburu zich af van de Maasai. De Samburu bleven in het gebied ten zuiden van de Rift Valley – waar ze nu nog rondtrekken – en de Maasai trokken verder naar het zuiden. Onderweg leverden ze bloedige gevechten met andere stammen om een verblijfplaats te bemachtigen. Dit is een van de redenen dat de Maasaistam zo'n agressieve reputatie heeft, in tegenstelling tot de Samburu. Een andere reden is een wonderlijke. De Maasai geloven dat hun God Enkai al het vee in de wereld aan hun volk cadeau heeft gedaan. Ook Berta 24, die staat te grazen in de Achterhoek, is dus van de Maasai. Met dit verhaal verantwoordden de Maasai hun aanvallen op een aantal van de 42 andere stammen die Kenia rijk is. De Maasai en de Samburu hebben echter grofweg dezelfde cultuur. Voorbeeld: grondbezit betekent niets voor beide stammen, wat wel telt is vee. Hoe groter je veestapel, hoe rijker je bent. Het is meer dan een voedingsbron, het is een levensstijl. Je houdt van je vee. En vee moet grazen. Een vaste woonplek hebben veel Maasai en Samburu nog steeds niet. Ze trekken verder naar groene velden en bouwen er een tijdelijk dorp, bestaande uit kleine hutten van gevlochten takken, leem en koeienmest (*manyattas*). Eromheen wordt een ring van scherpe takken neergelegd tegen de roofdieren. 's Avonds slapen ook de geliefde koeien binnen de ring.

Verbannen

Lange mannen met kleurrijke outfits en indrukwekkende sieraden proberen zo hoog mogelijk te springen. Vrouwelijke Samburu schijnen hier warm van te worden – het is de dans van de hofmakerij. De ongehuwde kerels in het dorp tonen hun hoe mannelijk en stoer ze zijn. Een klein meisje begint luidkeels te huilen zodra ze me ziet en holt blootsvoets weg, daarbij midden in een koeienvlaai stappend. Het leven van de Maasai is er niet makkelijker op geworden. De Keniaanse overheid heeft liever klinkende toeristendollars dan stammen die hun vee het land leeg laten grazen. Daarom mogen veel stammen niet langer in de wildparken wonen. Het gevolg is dat hun vee de grond kaal vreet op plekken waar niet eens genoeg groen is. Aan de kust, ver buiten hun oorspronkelijk leefgebied, zie je tegenwoordig Maasai binnengaan bij toeristenrestaurants om hun sieraden te verkopen. Je moet toch wat! De ecolodge Sabuk, waar ik verblijf, ligt in een ruig landschap en kijkt uit over de rivier Ewaso Nyiro, die diep is uitgesneden in de rotsachtige bodem. Eigenares Verity ondersteunt met de lodge al jaren de Samburugemeenschap in de omgeving. Het wild kan komen en gaan waar het wil, net als de Samburu, die ook nog eens geld krijgen per toerist. Hier worden weer ziekenhuizen van gebouwd. Er is duidelijk over nagedacht, maar voor wie is het goed? Het toeristengeld zorgt voor meer ziekenhuizen en voor minder kindersterfte, maar ook voor meer mensen, meer vee en dus een kaalgevreten landschap en armoede. Het broze evenwicht van een samenleving laat zich ook hier makkelijker verstoren dan repareren. Ondertussen is het uitzicht uit de zeven comfortabele hutten geweldig, je kijkt zo op de watervallen in de rivier. Sabuk is een lodge als geen andere. Het ligt op eigen terrein maar is niet omheind. Dat ik in die paar dagen een *close encounter* heb met olifanten, zebra's en giraffes is overigens bijzonder. Hier heb je niet zoals in de Maasai Mara honderd procent garantie op je eigen Big Five-ontmoeting (weliswaar met nog vijf andere safariwagens om één leeuw). Hier in Sabuk is minder wild, maar heb je de dieren wel helemaal voor jezelf. We moeten uren lopen om in de buurt te komen van een groep olifanten. Het is spannend en geeft een enorme adrenalinestoot als we ze tot heel dichtbij naderen. Ze ruiken en horen ons niet, want we hebben ze tegen de wind in beslopen. Door hun slechte ogen een typisch geval van 'ik zie ik zie wat jij niet ziet'. Eerlijk is eerlijk: wild in een park is geen echt wild, toch? In Sabuk dus wel.

Nachtsafari

Kenia wordt al jaren getroffen door extreme droogtes, die intenser en langer lijken dan voorheen. Buiten de parken

IJDELTUITJES

Een Samburukrijger is te herkennen aan zijn traditionele uitdossing. Tussen hun twaalfde en vijftiende jaar worden Samburujongens besneden en tot krijger uitgeroepen – een ritueel waarbij ze worden kaalgeschoren en hun lichamen versierd. De daaropvolgende vijftien jaar zijn de krijgers verantwoordelijk voor het hoeden van het vee en het beschermen van de clan. In deze periode is alcohol verboden. Na vijftien jaar worden de mannen ouderen. Ze worden ontslagen van hun taken als krijger en mogen trouwen. Besnijdenisrituelen vinden overigens zowel bij jongens als meisjes plaats, maar mogen alleen worden bijgewoond door mensen van hetzelfde geslacht.

Wild leven

is het landschap rood, kaal en stoffig door overbegrazing, binnen de parken is het gras nog wél groen. Toch, of misschien juist hierom, openen veel wildparken hun hekken weer voor het vee van de Maasai en andere stammen. Helaas schroomt een Maasaikrijger niet als zijn koeien worden bedreigd door roofdieren: hij doodt de leeuw met zijn speer. Een nieuw probleem, dat zich overigens niet beperkt tot Kenia, want in heel Afrika is het aantal leeuwen de afgelopen tien jaar afgenomen van ruim 100.000 tot een schokkende 23.000. Dat Maasai en wild wél kunnen samenleven, blijkt als ik de geboortegrond van Nancy bezoek. Bij de Chillu Hills ('Gevlekte Heuvels') deelt de stam zijn grond met reizigers die verblijven in de plaatselijke ecolodge. Ook hier vervult de lodge een maatschappelijke rol, net als de school waar Nancy haar opleiding volgt. Eén en één is twee: de Maasaikrijgers ontvangen een vergoeding voor elk stuk vee dat door roofdieren wordt gedood, de reizigers in de lodge houden 'hun' wildlife. De Maasai zwaaien op hun eigen manier de scepter in het gebied-zonder-hekken rondom de Chillu Hills, een keten van kleine uitgedoofde vulkanen. De ecolodge Ol Donyo Wuas staat er onschuldig bij, met uitzicht over een natuurlijk watergat. Niemand stoort zich aan elkaar, ook de permanente huisolifant die staat te drinken bij de plas lijkt het niet te deren dat we hem schaamteloos observeren. Hij laat lui het water via zijn slurf in zijn mond lopen zonder de rest van zijn lichaam te bewegen. Gooi er een kwartje in en hij doet een kunstje. Plotseling komt een groep soortgenoten met luid getrompetter en imponerend gedoe haar deel van het drinkwater opeisen. Wat een plek! De lodge schurkt tegen de beboste heuvels aan en laat haar tijdelijke bewoners uitkijken over de vlaktes, helemaal tot aan Mount Kilimanjaro. De imponerende berg ligt net over de grens met Tanzania, zo'n 65 kilometer verderop, maar grenzen boeien niet als het om uitzicht gaat. Zo ver ik kan kijken zie ik niets dan één grote wildernis.

Lion Killers Lodge

Tijdens een nachtelijke safari de volgende vondst: twee leeuwen die hun buik vullen met een bloedende gazelle. We worden bijgelicht door een onvoorstelbare sterrenhemel met melkweg, alleen verkrijgbaar buiten Europa, maar die schitterende sterren nemen niet weg dat de leeuwen met hun grote witte tanden en rood bebloede koppen er angstaanjagend uitzien. Overdag kan een leeuw nog iets hebben van een groot uitgevallen huiskat, 's nachts zeker niet. Dan zie je een monster dat moet doden om te overleven. Dat werd ook maar weer eens bewezen bij de bouw van de spoorlijn van Nairobi naar Mombasa aan het eind van de negentiende eeuw. De prachtige roofmonsters doodden 28 Indiase en een onbekend aantal Afrikaanse treinwerkers. Ook vervulden ze de hoofdrol in de Hollywoodfilm *The Ghost and the Darkness*. Een van de lodges in de buurt van de Chillu Hills heeft dan ook een toepasselijke en uitnodigende naam gekregen: Man-Eaters Lodge. Terwijl de rollen tegenwoordig zijn omgekeerd. 'Lion Killers Lodge' zou nu een betere naam zijn. Want in het gebied rondom Ol Donyo Wuas hebben de Maasai het laatste decennium gemiddeld 28 leeuwen per jaar gedood. 'Er was echt bijna geen wild dier meer te bekennen op de vlaktes, toen ik hier twintig jaar geleden mijn lodge

DIERBARE MOMENTEN Op de vlakte voor de Chyulu Hills bij ecolodge Ol Donyo Wuas zie je het mooiste wild en als je geluk hebt – met stralend weer – de Kilimanjaro op de achtergrond. Deze hoogste berg van Afrika ligt net over de grens met Tanzania.

WILDLIFE EN STRAND

Kenia is een vakantieland waar je wildlife en strand goed kunt combineren. Door de uitgestrektheid van het land is de variatie aan landschappen enorm. De bevolking aan de kust is een Afrikaans-Arabische mix, oftewel Swahili. Hier geen dode bomen, verdorde velden en rood stof. Het landschap wordt gedomineerd door palmbomen, overdadig groen en een turkooizen zee. Op twee uur rijden ten zuiden van Mombasa ligt Msambweni, de heerlijkste plek van de zuidkust en de gelijknamige lodge. De kust is hier ruig en relatief onaangetast. Bij hoog water is er een smal, hagelwit strand, bij laag water komt het rif bloot te liggen.

LASTPAKKEN Kamelen worden door de Samburu al generaties lang gebruikt als vervoermiddel, met name voor zware lasten.

FOTOGENIEK Deze man heeft de voor de Samburu kenmerkende grote openingen in zijn oorlellen.

startte', herinnert Ol Donyo Wuas-eigenaar Richard Bonham zich nog. Tegenwoordig krijgen de Maasai van hem een vergoeding voor vee dat wordt gedood door roofdieren, in ruil waarvoor ze het wild met rust laten. Hierdoor is het aantal gedode leeuwen dit jaar gedaald tot twee stuks. 'Hopelijk krijgt de populatie nu de kans zich te herstellen', zegt Richard. 'We betalen de Maasai ook voor iedere toerist die het land gebruikt. Want het land is ook van de nomadische stammen, ondanks dat ze geen koopakte bezitten om dit te bewijzen.' Een olifant onderbreekt Richards verhaal met getrompetter. Oryxherten verdringen zich bij het watergat om hun deel van het vocht op te eisen, maar krijgen geen kans. De droogte op de vlaktes duurt al zo lang dat veel dieren de wanhoop nabij zijn. Ze durven steeds meer risico's te nemen voor hun deel. Het is een strijd op leven en dood. De manager van de Man-Eaters Lodge, die ook Richard heet, zei zijn baan als marketeer in het drukke Londen op en kwam twee jaar geleden met zijn vrouw en twee dochtertjes naar Kenia om een nieuw leven te beginnen. Hij heeft het land omarmd. 'Het betalen van een vergoeding aan de Maasai betekent niet dat er helemaal niet meer op het wild wordt gejaagd', gaat hij verder. 'Stropers kunnen zich door de afwezigheid van hekken makkelijk verplaatsen.' Maar het echte gevaar voor het wild en de *rangers*, zo weet Richard, komt van de Somaliërs die zich met hun AK-47 mitrailleurs vanuit het buurland een weg banen door Kenia. In de verte zien we een enorme stofwolk achter een terreinwagen die zich voortstuwt over het kaalgevreten zand. Zodra de auto de grens van het park passeert, waar de Maasai veel minder vaak hun vee laten grazen, is de stofwolk als sneeuw voor de zon verdwenen. 'Wat mist is *cattle management*', vertrouwt een Engelsman mij toe in een ranch bij Mount Kenya. 'De Maasai hebben veel te veel vee. Een grote veestapel geeft veel aanzien, maar gaat ten koste van het land. Roofbouw is het probleem, vertel ik je. Het zou al schelen als een Maasai, die nu gemiddeld tien koeien heeft, er drie zou wegdoen. Minder koeien, maar meer groen, meer eten. En een kans dat het land zich herstelt. Maar de overheid laat het afweten, niemand wil dit probleem aanpakken.' Ik denk aan wat ik in het Samburudorp heb gezien: krijgers die met een scherpe pijl de keel van een door hen geliefde koe doorboren om bloed af te tappen. Niet te veel. Want dan gaat de koe dood. De koe waarvan ze houden als van hun eigen kind. Het bloed wordt gemengd met melk. Hoe de Samburu hun dieet van vlees, bloed en melk met soms maïs en gerst overleven zonder groenten en fruit is een medisch wonder.

Dag Nancy

Met meer vragen dan antwoorden kijk ik vanuit het vliegtuig voor het laatst naar de Keniaanse vlaktes. Van een afstand valt het tegen, het lijkt zo'n plat en dor land. Snel bezien is het een helder plaatje: een evenwicht tussen mens en natuur lijkt mijlenver te zoeken. Maar van dichtbij is Kenia rijk geschakeerd en prachtig. Een samenleving met vele verschillen en vele oplossingen. Die maken het land juist zo boeiend. Met een glimlach denk ik terug aan de goede dingen. Door de inzet van mensen op de school van Nancy en de lodges die investeren in hun omgeving, zie je gelukkig ook positieve veranderingen. Ik ben benieuwd hoe Nancy's leven er over een paar jaar uit ziet. Dag Nancy.

ECUADOR
ANDES & DE KUST

Niet overal rond de evenaar is het warm. Op 2785 meter hoogte in de Andes is het zelfs behoorlijk koud. Zo koud, dat je hier niet stil wilt komen te staan met de auto. Gelukkig zien we 100 meter verder een benzinestation. Maar of dat zal helpen, blijft in Ecuador de vraag...

Land Van de Zon

Dat we het misschien niet zouden halen, wisten we. Wat we ook wisten is dat we niet veel andere opties hadden. Hier in het hooggebergte van Ecuador, op 2785 meter hoogte, staan we dan. Stil, wel te verstaan. En het is geen goede plek om stil te staan. Deze bergen om ons heen, ook wel de Andes of Sierra genoemd, herbergen etnische stammen. *Indígenas*, zoals de kleurrijke locals hier worden genoemd. Elke centimeter van het groen van de bergen, vaak tot helemaal bovenaan de steile toppen, wordt benut om iets op te verbouwen. Het land, verdeeld in vakken, ziet eruit als een prachtig grafisch vormgegeven lappendeken. De ponchodragende inwoners steken ertegen af als opvallende rode stippen. Maar het zijn niet de locals die ons in de problemen hebben gebracht. We staan met de auto stil bij een benzinestation. Een aardige, lachende bergvrouw vertelt ons dat zij net de allerlaatste benzine in haar met schapen beladen pick-up heeft getankt. Ik vraag me af hoe nou in godsnaam een tankstation, op deze plek, leeg kan zijn? Of liever: leeg mág zijn. Ik kijk de pompeigenaar aan en vraag of hij niet nog ergens een litertje heeft. Hij steekt zijn hoofd schamper lachend door het autoraam en zegt niets meer te hebben. Kijkend op onze benzinemeter laat hij een lange 'oooeei' horen, waardoor ik hem zo mogelijk nog kwader aankijk. Maar samen met de man tellen we de kilometers op de routekaart naar het eerstvolgende benzinestation. Het zijn er veel. 71 lange kilometers. Leunend op onze auto wijst de pompeigenaar omhoog. *'You go up for ten minutes and then you go down, only down.'* We kijken de man aan en hoewel we inderdaad van het hoogland naar de laaggelegen kust rijden, geloven we hem amper. Veel keus hebben we echter niet. Ik start de auto. In mijn achteruitkijkspiegel zie ik de man en de schapenvrouw uitbundig zwaaien.

Paarden op vulkanen

En zo vervolgen we, fotografe Louise en ik, onze weg. Deze weg bevindt zich in het midden van Ecuador, waar de Andes in de vorm van twee gigantische, naast elkaar

SPONTANE ONTMOETINGEN

Twee opa's en een oma die wij in Salinas ontmoetten. Het dorpje dankt haar naam aan de ooit bloeiende zoutindustrie. Inmiddels is het complete dorp omgeschoold. Veel inwoners werken nu voor een kaasfabriek.

Land Van de Zon

liggende bergketens van het noorden naar het zuiden loopt. Het barst er van de vulkanen, zowel slapende als actieve. De tien hoogste toppen zijn tussen de 5020 en 6310 meter hoog. Lang heeft men gedacht dat de vulkaan Chimborazo, aan de westelijke zijde, de hoogste ter wereld was. Het is hier prachtig, maar een goede plek om zonder benzine en zonder slaapplaats te komen te staan, is het niet. Wonderlijk hoe snel dingen kunnen veranderen. Een paar uur geleden keken wij nog honderd meter naar beneden in de enorme krater van de dode vulkaan Quilotoa. Met een ezeltje en lokale gids zijn we vervolgens afgedaald om het groenblauwe water dat in de krater staat van dichtbij te bekijken. Het lijkt al een eeuw geleden. Eenmaal weer in de auto zaten we blijkbaar in zo'n roes dat we vergaten te tanken. Nergens aan denkend stopten we om de tien minuten. Om weer een local aan te spreken, om foto's te maken, om onze handen in de waterval te steken, om diep de frisse lucht in te ademen, om dit en om dat. We voelden ons door en door gelukkig. Maar nu het benzinestation steeds kleiner wordt in mijn spiegel, is onze roes volkomen verdwenen en is onze focus compleet op de weg en de benzinemeter gericht. Elke seconde telt immers, lijkt ons. Het klimaat leent zich er niet voor om stil te komen staan, want hier hoog in de Andes kan het behoorlijk koud worden. Het kan van de ene minuut op de andere plots van 29 graden naar 9 graden afkoelen. En dat gebeurt vaak. Ook is het niet al te waarschijnlijk dat we een andere auto tegen zullen komen. De wegen zijn leeg. Het paard is hier vervoermiddel numero uno. Zoals wij in Nederland in

OP HET RANDJE

Het enorme Lago Quilotoa, gevuld met azuurblauw water, ligt op 3890 meter hoogte en is een van de highlights van Ecuador. Vanaf de rand kijk je zo de krater in. Je kunt naar beneden lopen en per ezel weer omhoog (€3). Of loop om de krater heen met een gids (€8) of per ezel (€12).

ONTDEK SCHILDERACHTIG SALINAS

Het schilderachtige dorpje Salinas kun je bereiken via een onverharde weg door een fraaie vallei. Het plaatsje staat in de schaduw van een hoge rotswand. Vanhieruit kun je wandelingen en ruitertochten door de regio maken. Dagelijks gaan inwoners van Salinas te paard de heuvels in om konijnen of ander wild te schieten. Zelf kun je ook gaan paardrijden. Vanuit verschillende haciënda's in de buurt worden (meerdaagse) paardrijtochten aangeboden door de heuvels rondom de Cotopaxi, waarbij je van haciënda naar haciënda rijdt.

Land Van de Zon

de auto stappen, zo stappen Ecuadoranen op hun paard. Iedereen lijkt hier een paard te bezitten. Uit vroegere tijden staan er honderden haciënda's (boerderijen van grootgrondbezitters) in Ecuador. De meeste zijn in een staat van verval. Tuinmuren staan op instorten, vijvers staan droog en zijn overwoekerd met onkruid. En uit de fonteinen komt al heel lang geen druppel water meer. Prachtige, vergane glorie. Met een beetje fantasie kun je je bij de meeste haciënda's wel een voorstelling maken van hoe het vroeger was. Maar dat was toen. Ecuador staat er al jaren economisch niet al te best voor. Het politieke klimaat geeft, mede door corruptie, veel onrust en biedt de mensen weinig vooruitzicht. Iedereen is verplicht te stemmen, terwijl veel *indígenas* niet kunnen lezen en schrijven. Politici maken hier slim gebruik van door hen te laten stemmen op de vlag van de *indígenas*. Op deze wijze heeft de huidige president de verkiezingen gewonnen. Hij regeert pas vanaf 15 januari 2007 en belooft het volk een betere toekomst. Naar het socialistische model van Venezuela, wil hij de olie-industrie en telefoonbedrijven nationaliseren en probeert hij de tv-zender van de oppositie te verbieden. Inwoners en bedrijven voelen zich onzeker over de toekomst: buitenlandse investeerders blijven weg en de mensen zetten geen geld op de bank.

Wijsheid van de indígenas

Onlangs heeft de president de bevolking weer boos gemaakt. Zo werd een bezoek aan de zuidelijke Sierra ons twee dagen onmogelijk gemaakt omdat *indígenas*, studenten en anderen de Panamericana-autoweg aan beide kanten van het zuidelijke plaatsje Cuenca hadden gebarricadeerd. De president had in zijn wijsheid mijnbouwconcessies gegeven aan Amerikaanse en Canadese goudzoekers. De lokale bevolking zag de chemicaliën, die bij het gouddelvingsproces nodig zijn, reeds in hun rivieren terechtkomen zodat hun land onvruchtbaar zou worden. Ook de schaarse kleinere sluipwegen had men met barricades afgesloten. En als Ecuador ergens weinig van heeft, dan zijn het wegen, dus wij zaten twee dagen opgesloten in Cuenca. *No way out!* Niemand kon ons vertellen hoe lang de protesten zouden aanhouden. Op de website van BBC World vonden we een uitgebreid nieuwsartikel over de oorzaak van de barricade. Het vertelde dat tevens de hoofdstad Quito was gebarricadeerd en dat er enkele doden waren gevallen bij gevechten met de politie. Bij nadere inspectie bleek het artikel te zijn verschenen in 1998. Maar liefst negen jaar geleden en toch vrijwel toepasbaar op de situatie nu. Zo illustratief. Op de derde dag konden we Cuenca verlaten in noordelijke richting. Duizenden politieagenten vormden een muur aan beide kanten van de snelweg om deze vrij te houden. De situatie was grimmig. Maar tientallen bussen en een lange colonne van vrachtwagens – en wij natuurlijk – maakten dankbaar gebruik van deze tijdelijke opening. Veel vooruitgang qua opbouw van het land is er dus niet. En omdat de geschiedenis van de haciënda's synchroon loopt met die van het land, hebben de haciënda's het ook moeilijk. De tijd dat Ecuador op zijn sterkst was, waren de hoogtijdagen van de haciënda's. Maar al jaren kunnen de

IEDEREEN IS EEN RUITER

Paarden zijn hét vervoermiddel van de Ecuadoranen. Of je nu aan de kust bent of in de Andes, overal zijn ruiters. Aan de kust zie je cafés met voor de ingang een aantal paarden die aan een paal zijn gebonden, net als in een western.

KLEUR BEKENNEN

Al sinds de tijd van de Inca's dragen Ecuadoranen poncho's, gebleekt in allerlei vrolijke kleuren. Het weven en bleken van deze poncho's is mannenwerk en een serieuze commerciële aangelegenheid.

Land Van de Zon

meeste landeigenaren niet meer rondkomen van slechts boeren. Zij hebben het toeristengeld van gasten bikkelhard nodig om de boel draaiende te houden. De haciënda's zijn dus niet alleen plekken waar je comfortabel kunt overnachten – iedere haciënda vertelt je ook het verhaal over de historie van Ecuador.

Van hoog naar laag

Ontnuchterd rijden we de berg omhoog. Tergend lang duren de dertien en een halve minuut bergopwaarts. En alsof de motor van de auto doorheeft dat we op het hoogtepunt zijn, geeft hij een laatste pufje en kapt er mee. Geen seconde te vroeg. Hoogmoedig kijken we over de lagergelegen berg uit en beginnen onze motorloze afdaling. Nog 55 kilometer te gaan. Nu de ergste stress is verdwenen, wordt onze focus weer naar het landschap getrokken. Reden we eerder door de grafisch vormgegeven bergen, waar maïs, aardappelen, sinaasappelen, citroenen en graansoorten die alleen in de Andes voorkomen worden verbouwd, zo worden we nu meer bergafwaarts omringd door nevelwoud. Minpunt: de redelijke onverharde weg is overgegaan in een meer modderachtig pad vol kuilen. Het sturen is zwaar zonder motor en de remmen werken stugger. Maar we dalen nog wel steeds verder af. Waar we vanavond gaan slapen, zien we wel. Een paar dagen geleden sliepen we nog in een van de meest bijzondere haciënda's van Ecuador: Alegría. Gabriel Espinoza, de eigenaar, kocht het zo'n vijftien jaar geleden. Ook hij kan niet alleen overleven van de melk die de koeien geven, de kaas die van de melk wordt gemaakt en de groenten die

Land Van de Zon

worden verbouwd. Zijn hooggelegen haciënda biedt een prachtig zicht op de naastgelegen bergen. En vier keer per jaar neemt hij om de haciënda draaiende te houden een groep reizigers mee voor een negendaagse paardrijtocht naar de vulkaan Cotopaxi. Zelfs een vrouw van zestig jaar is onlangs op een van Gabriels paarden, genaamd Cobre (een heel klein paardje), naar 4000 meter hoogte op de Cotopaxi gegaan. Zonder wegen of paden. Om jaloers van te worden. De vulkanen in Ecuador zijn prachtig en bij helder weer alom aanwezig zodat je, waar je ook bent in de bergen, altijd wel ergens een besneeuwde top van een vulkaan ziet. Maar wie had gedacht dat je hier zulke mooi geklede mensen zou zien! Zij spreken nog steeds Quechua, de taal van de Inca's. De Inca's kwamen oorspronkelijk uit Cuzco, Peru. Zij regeerden in het begin van de zestiende eeuw over een gebied van 1 miljoen vierkante kilometer, het gebied vanaf Colombia tot en met Chili en de Argentijnse Andes. Inclusief Ecuador dus. De Inca's hadden een heel directe manier van regeren. Voor een vorst betekende dit dat hij de plaatselijke bazen aan de macht hield, mits ze hem blind volgden. Groepen die toch dwars lagen, werden verhuisd. Zo komt de bevolking die nu bij het Titicacameer in Peru woont oorspronkelijk ergens anders vandaan. Ze werden gewoon door de Inca's 'verplaatst'. De oorspronkelijke bewoners van het Titicacameer werden op hun beurt verplaatst naar het zuiden van Ecuador, in de regio van Saraguro. En daarom vind je daar nu *indígenas* met Peruaans uitziende kleding. Het Incarijk is uiteindelijk al na een eeuw glorie ten onder gegaan door een ongelukkige samenloop van omstandigheden. Op het moment dat

HANDJEKLAP

In Saquisili, zo'n twee uur rijden ten zuiden van Quito, zijn meerdere markten. De interessantste is de veemarkt. Hier wordt handje geklapt om kippen, cavia's (lokaal gerecht), lama's, schapen, koeien en paarden. Werkelijk alle diersoorten veranderen hier van eigenaar. Het is een komen en gaan van volgeladen pick-up-trucks. De veemarkt ligt iets ten noorden van het centrum.

LAND VAN DE VULKANEN

Op de achtergrond de altijd aanwezige reuzenvulkaan Chimborazo, die met haar 6310 meter en bijna verticale top alleen kan worden getrotseerd door zeer ervaren bergbeklimmers. Dit in tegenstelling tot bijvoorbeeld de Cotopaxi, die je ook ongetraind (maar wel fit) kunt beklimmen. Ecuador ligt op de ring van vuur en is seismisch extreem actief. In 1999 is bijvoorbeeld de stad Banos enkele maanden geëvacueerd geweest vanwege eruptiegevaar.

een klein groepje Spanjaarden het rijk binnenkwam in 1532, was de bevolking ernstig verzwakt door een pokkenepidemie. Vervolgens kwam het tot een ruzie tussen twee Incaprinsen, de broers Huascar en Atahualpa. Met een eenvoudige list wisten de Spanjaarden het rijk ten val te brengen. Had de heersende Incavorst de kwade bedoeling van de Spanjaarden eerder ingezien, dan was de geschiedenis van de Andes misschien wel heel anders verlopen.

Avontuurlijk en authentiek

Authentieker dan de bevolking van de Andes wordt het niet. En dat terwijl gastheer Jacintho Jijon ons bij de eerste haciënda, Chillo-Jijon, vol trots vertelde dat Ecuador met de tijd mee was gegaan. *Indígenas* die in klederdracht het land bewerkten? Oei, je moest wel heel diep de bergen in gaan om die nog te vinden!
En waarom hebben jullie een terreinwagen? Bijna alle wegen in Ecuador zijn geasfalteerd, zo onderrichte hij ons. We werden al bang dat we de keus hadden gemaakt voor de meest moderne telg van de Latijns-Amerikaanse familie der landen. Maar later zou blijken dat Jacintho niet vaak buiten zijn Quito komt. Misschien nog wel richting noordelijk gelegen Otavalo, maar dat was het dan. Deze toeristische trekpleister heeft de noordelijke Andes grote rijkdom gebracht. Vooral door kleurige handwerken die op de markt worden verkocht. Ook de lederwaren uit nabijgelegen Cotacachi verkopen goed, evenals de regionale, voor export bedoelde rozen.
In vrijwel de gehele Andes kom je *indígenas* tegen die

Land Van de Zon

OP GROTE HOOGTE

Je kunt in de Andes onder andere de zogeheten Quilotoa Loop afleggen. Hier dragen locals vrijwel overal schitterende traditionele kleding, bewerken ze het land en laten ze hun lama's uit. Pas vanaf 4000 meter (ietsje lager dan de hoogste besneeuwde top in Europa) is de grond niet meer geschikt om het land te bewerken, aangezien ze dan enkel uit rotsen bestaat. Als je af en toe offroad gaat, word je altijd wel verrast. Rijd een volle dag langs schitterende dorpjes en plaggenhutten en zie om de honderd meter een nieuw panorama. Neem af en toe een zijweg en kijk wie je tegenkomt.

HET ZONNEFESTIVAL

Eind juni viert de inheemse bevolking Inti Raymi, het Zonnefestival. Het hoogtepunt is op 29 juni. Dan wordt de stadsheilige San Pedro geëerd. Het feest voelt als een combinatie tussen Koninginnedag en carnaval. Optochten met zang en dans gaan door de straten en in de stadsarena worden stierengevechten gehouden. Op dit feest vergeven gemeenschappen elkaar hun oude onderlinge vetes. De vrede kan echter wreed worden verstoord door de alcohol, die rijkelijk vloeit. Vermijd dus de laatste dag van de feestweek.

Land Van de Zon

in hun kleurige kleding aan het werk zijn. Hun levenswijze is in eeuwen nauwelijks veranderd. Oké, soms zie je een gsm onder de poncho vandaan komen, maar andere uitvindingen zijn aan hen nog niet besteed. Dat in combinatie met de overweldigende natuur, de vulkanen op de achtergrond, de vele *dirt roads* die je door het landschap leiden en de *chagras* – zoals de cowboys van de Andes worden genoemd – maakt Ecuador een behoorlijk avontuurlijk land.

Bergen versus kust

We dalen nog steeds. In het vooruitzicht staat de warme kust met uitgestrekte, stille stranden en vissersdorpjes. Hier zullen de mensen heel anders zijn, relaxed met minder zorgen. Niet zo conservatief als in de bergen, maar gehuld in spijkerbroeken, met haargel, luide muziek en Amerikaanse invloeden. Aan de kust is er genoeg te eten: alles groeit en bloeit en de vis springt uit het water. Inmiddels is de temperatuur zeer aangenaam warm. Na anderhalf uur afdalen rollen we een vallei binnen waar een dorpje ligt. In de verte glijden wolkenformaties over de toppen van de heuvels heen het dal in en lossen langzaam op. Zelden heb ik zo iets moois gezien. De auto is tot stilstand gekomen. Van alle kanten komen mensen aangelopen. We worden uitgenodigd om van het toilet gebruik te maken en een hapje te komen eten. En – gelukkig voor ons – is er een familie in het dorp die nog een jerrycan benzine in de schuur heeft staan. Lachend om zoveel domheid wordt onze tank gevuld en vervolgen we opgelucht onze weg naar de kust.

NIETS TE KORT

Rijd je van de Andes naar de Ecuadoraanse kust, dan verandert alles: de mensen zijn qua uiterlijk en voorkomen compleet anders en de sfeer is veel vrolijker en losser. Aan de kust is het leefklimaat dan ook stukken beter. Het vinden van voldoende eten is hier geen probleem: de zee zit bomvol vis. Goedgevulde vissersboten lokken honderden pelikanen, fregat- en stormvogels als ze in de haven aankomen. De vis wordt in grote bakken aan wal gesjouwd, waar de fregatvogels duikvluchten maken en hun aandeel uit de bakken jatten. Het lijkt de vissers niet te deren; vis genoeg!

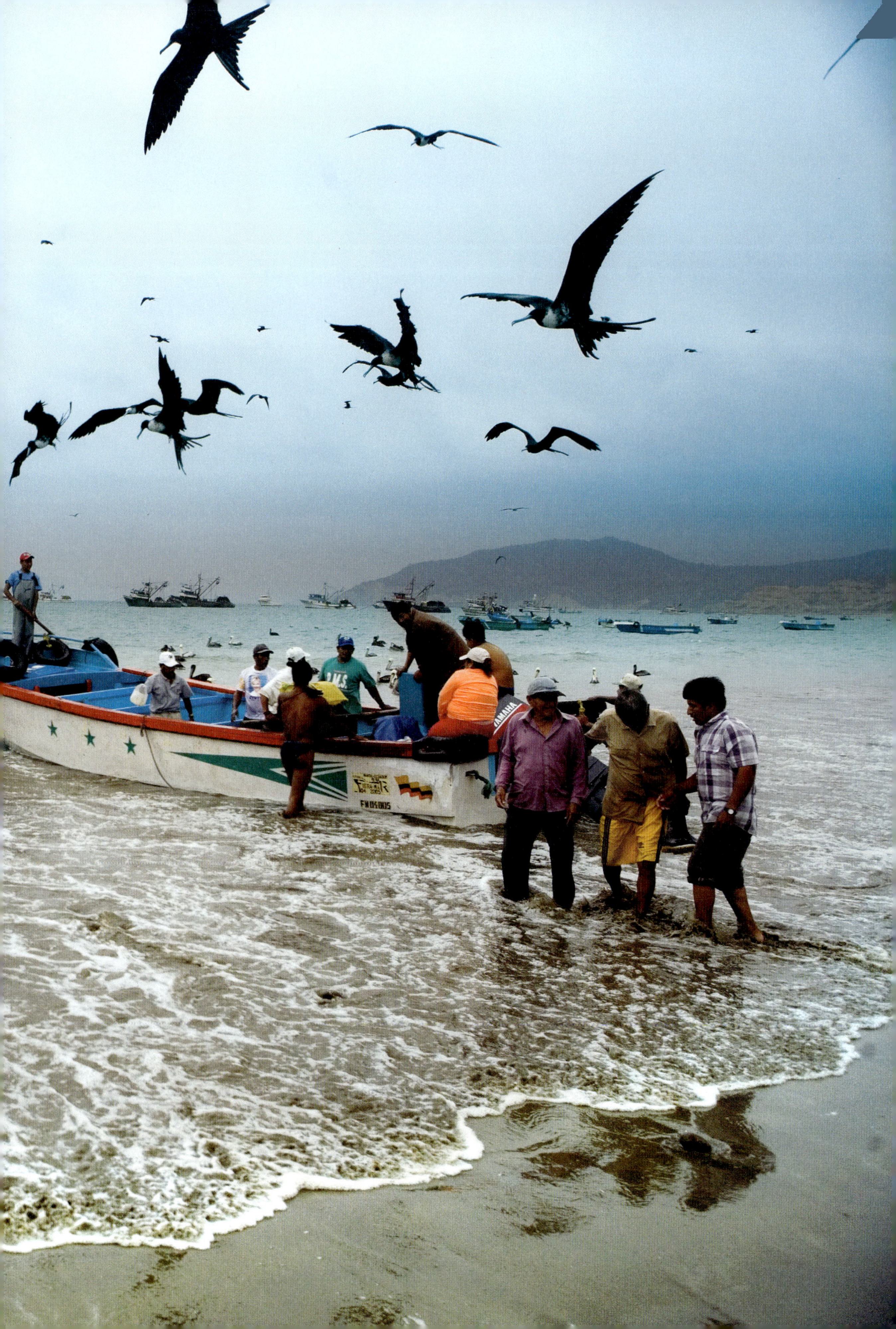
YAMAHA

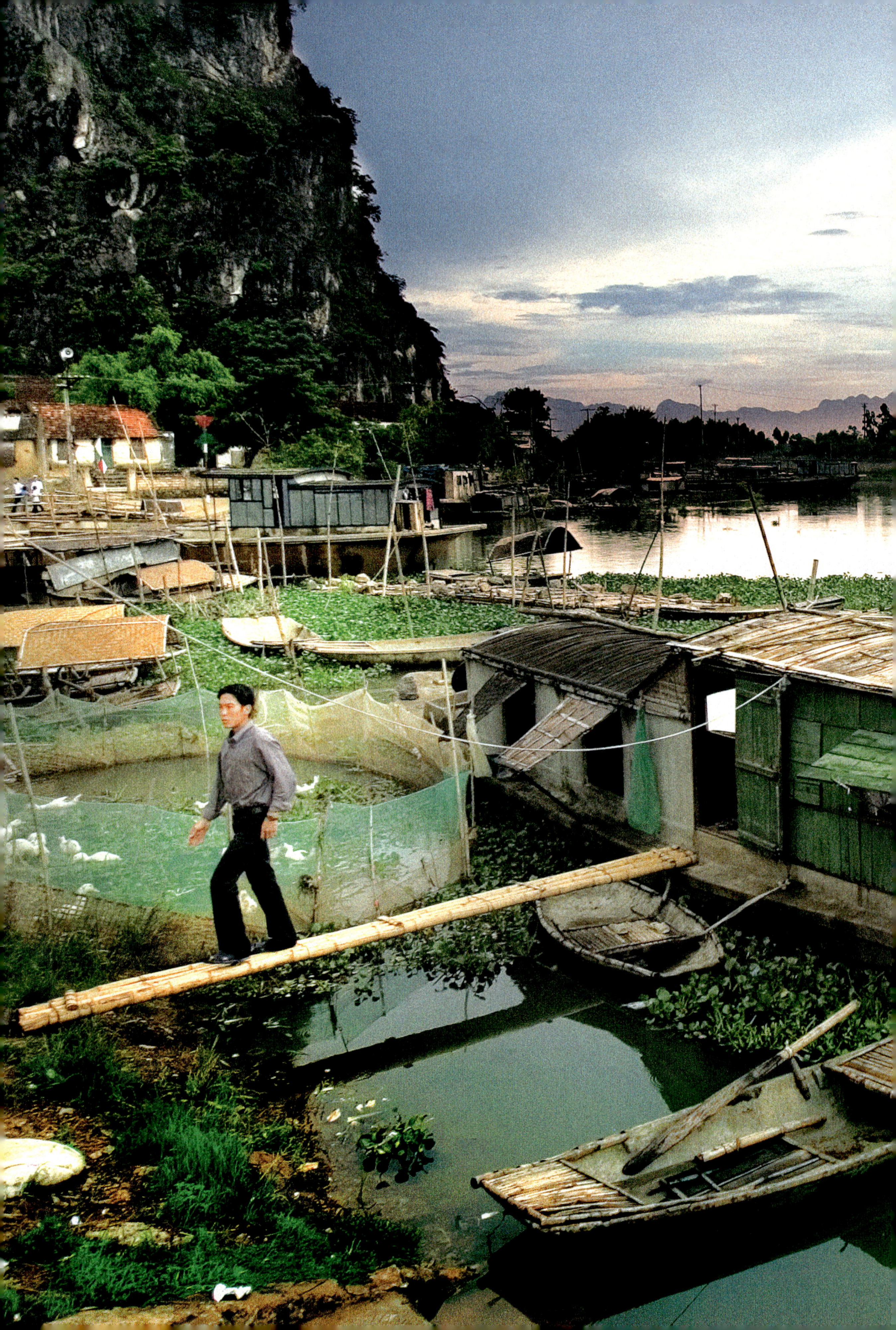

NOORDELIJK
VIETNAM

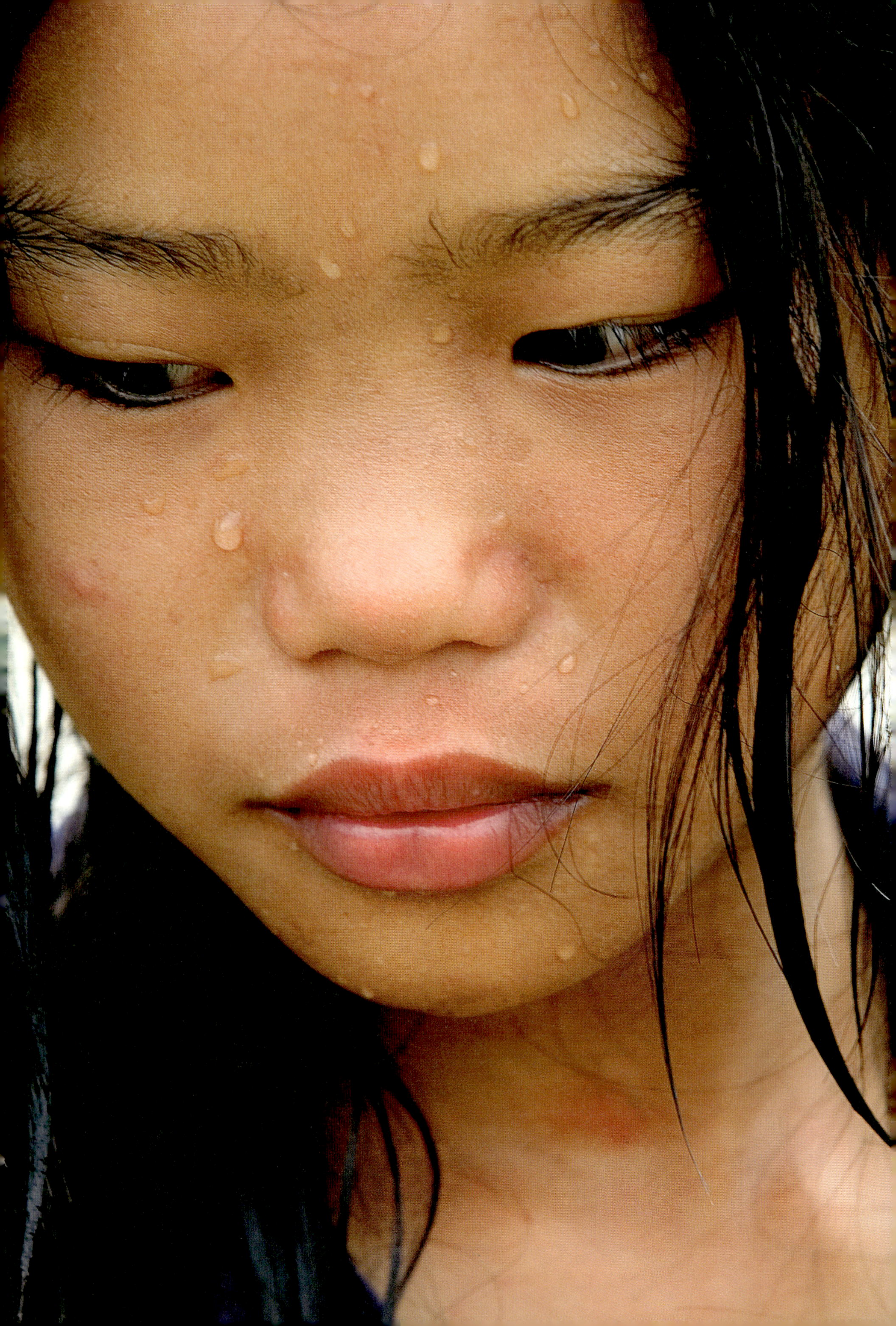

Een wereldwonder als Halong Bay trekt veel bezoekers, maar laat je daardoor niet tegenhouden. Zij zijn gemakkelijk af te schudden, waarna de sprookjesachtige voetroeiers en de drijvende dorpen van noordelijk Vietnam speciaal voor jou hun opwachting maken.

Waterworld

Rijen dik liggen de rondvaartboten aan de steiger. Wonderlijke bouwsels, zo op het eerste gezicht: een soort kruising tussen jonk en piratenschip, alsof ze stuk voor stuk bij de studio's van Walt Disney van de werf zijn gegleden. Vooral de masten met ongebruikte zeilen doen wat koddig aan, maar comfortabel zijn de schepen wel. Ze torsen met gemak de duizenden mee die zijn gekomen om het wereldwonder te zien dat Halong Bay heet. Veel Chinezen vandaag, zo te zien. Dé massatoerist van de toekomst, keurig in het gelid en met het geld van de nieuwe economie brandend in de designerhandtas. Giechelend klimmen ze via een wankele loopplank aan boord, een grijnzend bemanningslid helpt graag – de mannen met een greep bij de arm, de vrouwen niet zelden met een onbehouwen arm om hun middel. Mijn boot, de Traleco, is van hetzelfde type als waarop al die toeristen inschepen. Met op het dek plastic stoeltjes van het formaat poppenhuis – Vietnamezen zijn een klein en tenger volkje – die in de plakkerige hitte steevast aan je kont blijven hangen zodra je op wilt staan. Geen overdadig luxe betimmerde kajuit, maar wel een schip geheel en al voor mezelf en dáár is ook veel voor te zeggen! Mijn schipper gooit los, net als zijn collega's, die de onderdekse diesels walmend warm hebben laten draaien, en een complete vloot maakt zich los van de kade. Even vrees ik voor een massale vaartocht achter en naast elkaar aan, maar na een paar mijl zijn alle boten uitgewaaierd en slechts nog vage stipjes in de verte.

Oerlandschap

En dan? Tja, adembenemend: een ander woord is er niet voor. Alsof je een oerlandschap van net na de Schepping binnenvaart. Steil en loodrecht reiken de kalksteenrotsen van de vele eilandjes naar de hemel. Als kathedralen, grijs en onbarmhartig; de wolkenkrabbers van Moeder Natuur. Een prachtig contrast met het turkooizen water. Van de luchten erboven had Rembrandt zelfs in zijn nadagen nog een orgasme gekregen. Natuurschoon laat zich doorgaans maar moeilijk beschrijven – je moet het zien en niks minder. De keuze om Halong Bay op de lijst van Unesco-werelderfgoederen te zetten, is in elk geval boven elke twijfel verheven. *'You sure? Not to Hang Trong cave?'*

vraagt schipper Câú boven het zachte motorgeronk uit, het al vaak met touw gerepareerde stuurwiel met één knie besturend. Eh, nee. Volstrekt níet, eigenlijk. De grot is dan wel een enorme trekpleister, maar van elk grotexemplaar, hoe groot ook, krijg ik acuut een vorm van claustrofobie. Ik zie overal bloeddorstige vleermuizen van grote hoogte op me neerduiken. Het zal ongetwijfeld prachtig wezen en ja, ook zeer interessant natuurlijk dat in die grot de Vietnamese vrijheidsstrijders de Amerikaanse bombardementen hebben afgewacht en overleefd, maar ik hoef er niet heen. Bovendien hebben de schipper en ik dat al lang en breed afgesproken. Ik wíl helemaal niet naar een verlichte grot met gidsenvolk dat in 27 talen een oeverloos fascinerend verhaal afsteekt over een stalactiet die op de godin Diana lijkt, en met een beduimeld ansichtkaartenwinkeltje aan het eind. Postzegels hebben ze er bovendien toch nooit.

Drijvende dorpen

Ik ben op zoek naar iets anders. De toeristische routes in Halong Bay mogen dan rechtstreeks afstomen op de grot en het grote Cat Ba Island midden in de baai, van het échte leven hier hebben de meeste bezoekers geen benul. Zij vergapen zich aan een prachtig landschap en dat is het dan verder wel. Niemand die weet heeft van het harde leven van de vissers hier en niemand met enig besef van de plekken waar de locals zowel hun vangst als de rest van hun dagelijks leven delen. En misschien was ik er zelf ook wel aan voorbij gevaren, als ik niet ergens in een klein dorpje over de *floating villages* had gehoord: hele gemeenschappen die nagenoeg het hele jaar door op het water verblijven en het vasteland zelden zien, of het moet voor heel dringende zaken zijn. Compleet met scholen voor de kleintjes en een winkel van Sinkel voor iedereen. 'Ga kijken, het is heel bijzonder', zei een redelijk Engels sprekende jongen in Ninh Binh, een dorpje dat eigenlijk een ietwat doodse aangelegenheid was van het type snuivende buffels en eindeloos geploeter op de rijstvelden. 'Ga naar Halong Bay en huur een boot die je erheen kan brengen. Géén toeristen, daar in de drijvende dorpen.' Ik had geknikt, dat was prettig – dat van die toeristen. Maar was er hier in de buurt ook niet zoiets dergelijks te zien? Keng, keng nog iets – die Vietnamese namen ook. Met geen mogelijkheid kreeg ik ze op de harde schijf weggeschreven. '*Kenh Ga floating village,*' knikte de jongen. 'Niet ver van hier. Ook mooi, maar, eh... Toch anders.' Aziaten raden je zelden iets af en ik had de aarzeling in zijn stem wel gehoord, maar wilde toch gaan kijken.

Voetroeien

Een uurtje rijden en een klein boottochtje verder doemde de eerste, tja, hoe heet zoiets, 'voetroeier' op. Ik had er al van gehoord, vissers die met hun voeten roeien, maar ik stond er toch een beetje verwonderd naar te kijken. Het was op zijn zachtst gezegd een wonderlijk gezicht, zo'n half achterover liggende vrouw met haar tenen om de roeispanen gekromd. Wie zou dit verzonnen hebben, zeg? Verdomd lastig, mag ik wel zeggen. Zelf wel eens iets bestuurd met je tenen, behalve een gaspedaal? Aan de andere kant: wie de techniek beheerst, heeft wel de handen

WEDDEN DAT

Wedden dat er mensen boos worden bij het zien van dit beeld? Maar het is een feit dat in Vietnam hanengevechten een ware volkssport zijn; ze maken deel uit van de cultuur. Het is beter om niet mee te gokken – dan zou je het dierenleed stimuleren – maar kijken kan echt geen kwaad.

Waterworld

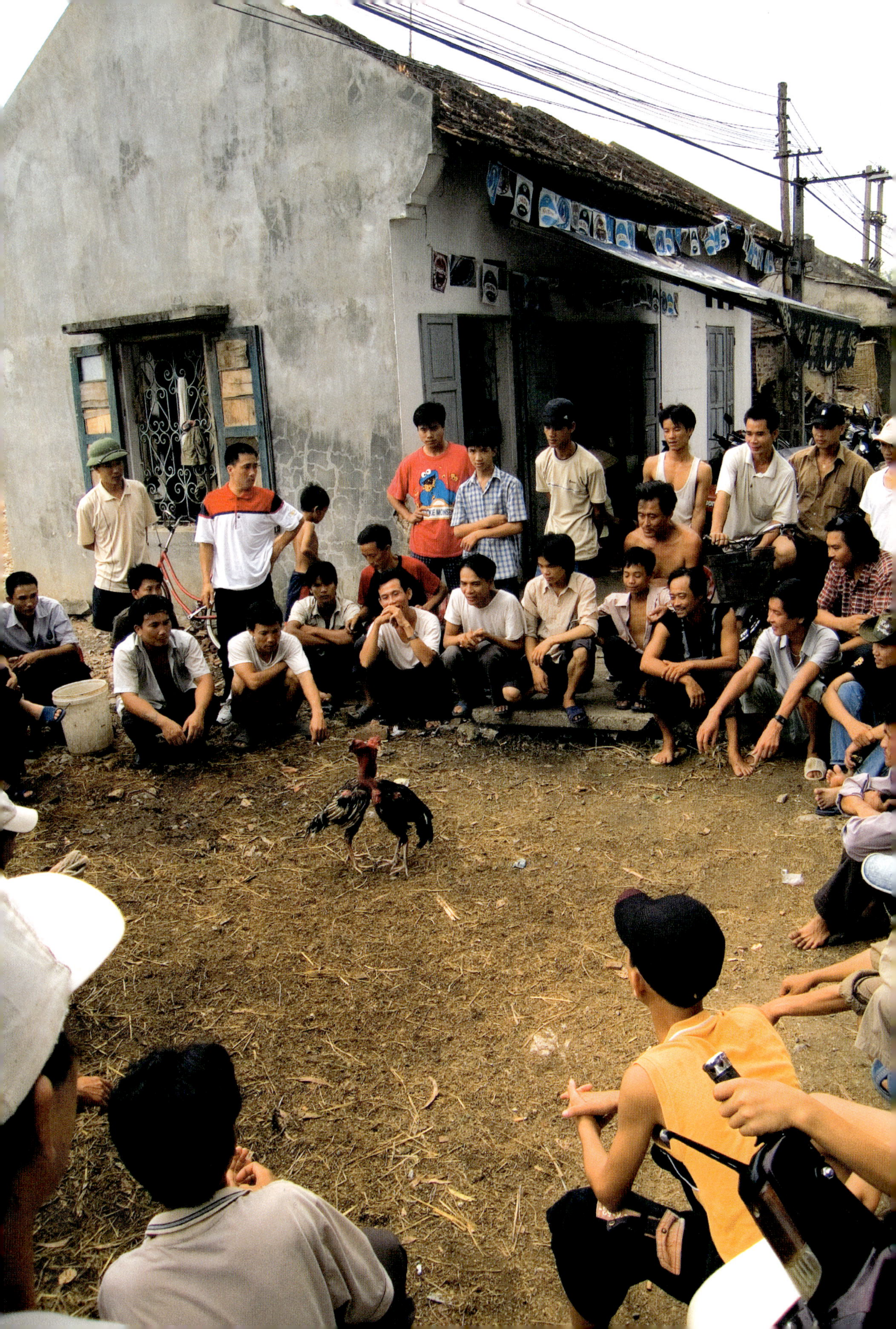

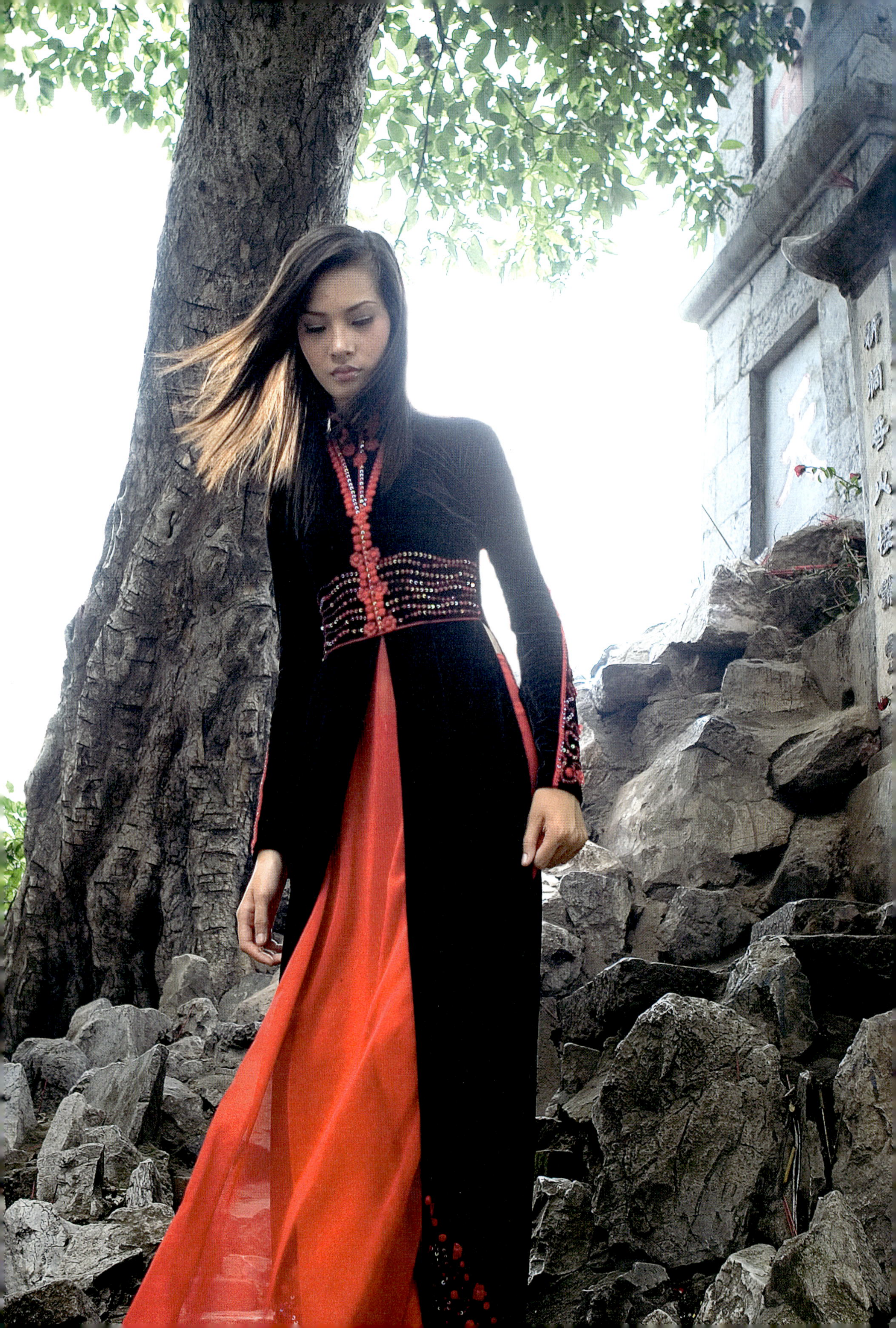

vrij voor andere dingen. Een kruiswoordpuzzeltje maken zal wel niet, Vietnamezen lijken 24 uur per dag aan het werk. Maar zwaaien kan wel, en ik zwaaide vrolijk terug. Even verderop botste ik tegen een zacht meeverende steiger van bamboe: *floating village* Kenh Ga.

Op de thee in Kenh Ga

En? Prachtig in zijn eenvoud, zonder meer. Van bamboe en boomstammen gemaakte bootjes slalomden langs drijvende huisjes, zo fragiel dat je er zowat dwars doorheen kon kijken. En al bleek een deel van het dorpje in de loop der tijd met de vaste wal vergroeid te zijn, het ademde nog altijd die prettige havensfeer van netten en touw. Iedereen lachte gebitten bloot en kinderen joelden toen ik op verkenning door het dorpje ging. Om niet al te veel later op een hardhouten bankje bij mevrouw en meneer Van Tinh te belanden, die graag hun huisje lieten zien dat half op de oever stond. Een eenvoudig spulletje, een oud en der dagen zat uurwerkje, een vitrinekast vol met katholieke parafernalia én een waterpijp, want daar mocht meneer Van Tinh – die voor een tachtigjarige van het bijzonder krasse soort was – nog graag de brand in steken. 'We hebben altijd in een echt drijvend huis gewoond, maar het is een zwaar leven', vertelde hij. 'De drijvende huizen worden schaars. Ze zijn voor de echte vissers, maar meer en meer jongeren verdelen hun tijd tussen vissen en het werken op de rijstvelden en ze bouwen hun huizen nu liever op en aan de wal.' Mevrouw Van Tinh serveerde ondertussen de thee. Afwasmiddel was in Kenh Ga niet een veelvoorkomend huishoudelijk artikel, zo leerde de rand van het theekopje me, maar als ik mijn ogen dichtdeed, kwam ik een heel eind. Gasten moeten wel beleefd blijven, natuurlijk. Mijn oog viel op een oorkonde aan de muur. Meneer Van Tinh nam het ingelijste werkje van de wand. 'Elke maand krijg ik van de regering een uitkering voor mijn verdiensten in de oorlogen. Eerst tegen de Fransen en daarna tegen de Amerikanen', zei hij, en er klonk de trots van een echte veteraan in z'n stem. Zijn ogen stonden vriendelijk, maar moesten een hoop gruwelijks gezien hebben.

Vissers met een gadget

Kenh Ga was bijzonder de moeite waard, maar inderdaad geen volwaardige *floating village*. Reden genoeg dus om alsnog naar Halong Bay af te reizen. Om een echt drijvend dorp te zien. Vandaar de Traleco, vandaar de zuchtende schipper en bijbehorende *crew*, die best een stapeltje extra dongs willen verdienen, maar eigenlijk maar weinig begrijpen van reizigers met tegendraadse plannen. Op zoek naar een drijvend dorp, ha, het zou wat. Mooie grotten te over, en dan een beetje naar zo'n sneu vissershandeltje gaan zitten kijken... Maar goed, vooruit dan maar. En dus kruist de Traleco verder door de baai en heel langzaam wordt het drukker op het water. Vissers tillen vangkooien binnenboord die ze vanmorgen gevuld met aas hebben uitgezet, en waarin een stel kreeften en krabben een fatale vergissing blijkt te hebben gemaakt. Een smal bootje glijdt voorbij met twee mannen die metalen draden aan bamboestokken in het water hangen. 'Elektriciteit,' verduidelijkt schipper Câú. 'Zo komen de vissen gewoon

DE BOODSCHAPPENBOOT

In Cua Van kun je even roepen en de buurtsuper komt aan huis. Eh, boot. Het plaatsje ligt op anderhalf uur varen van Halong Bay en is het enige 'drijvende dorp' dat echt op het water drijft.

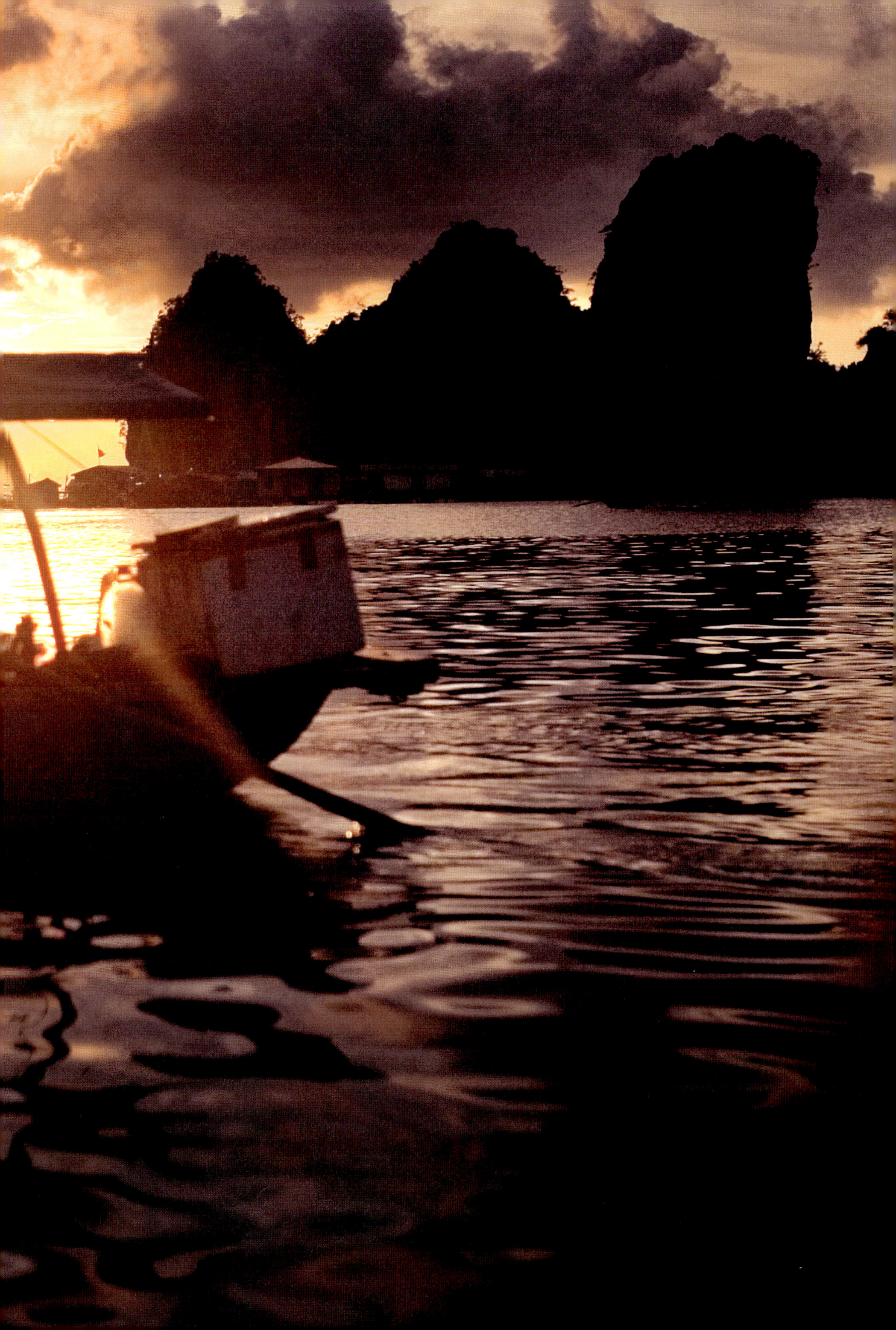

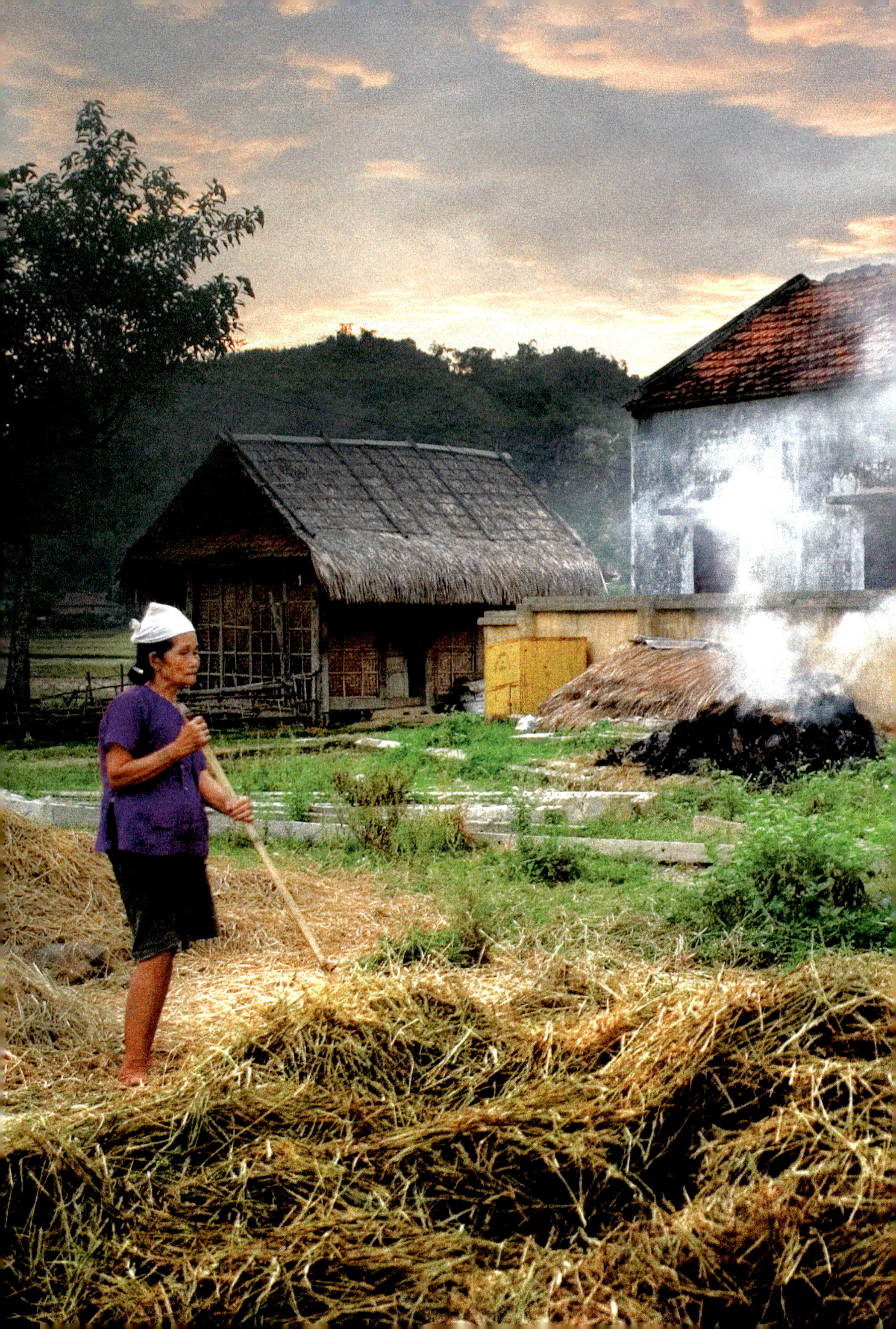

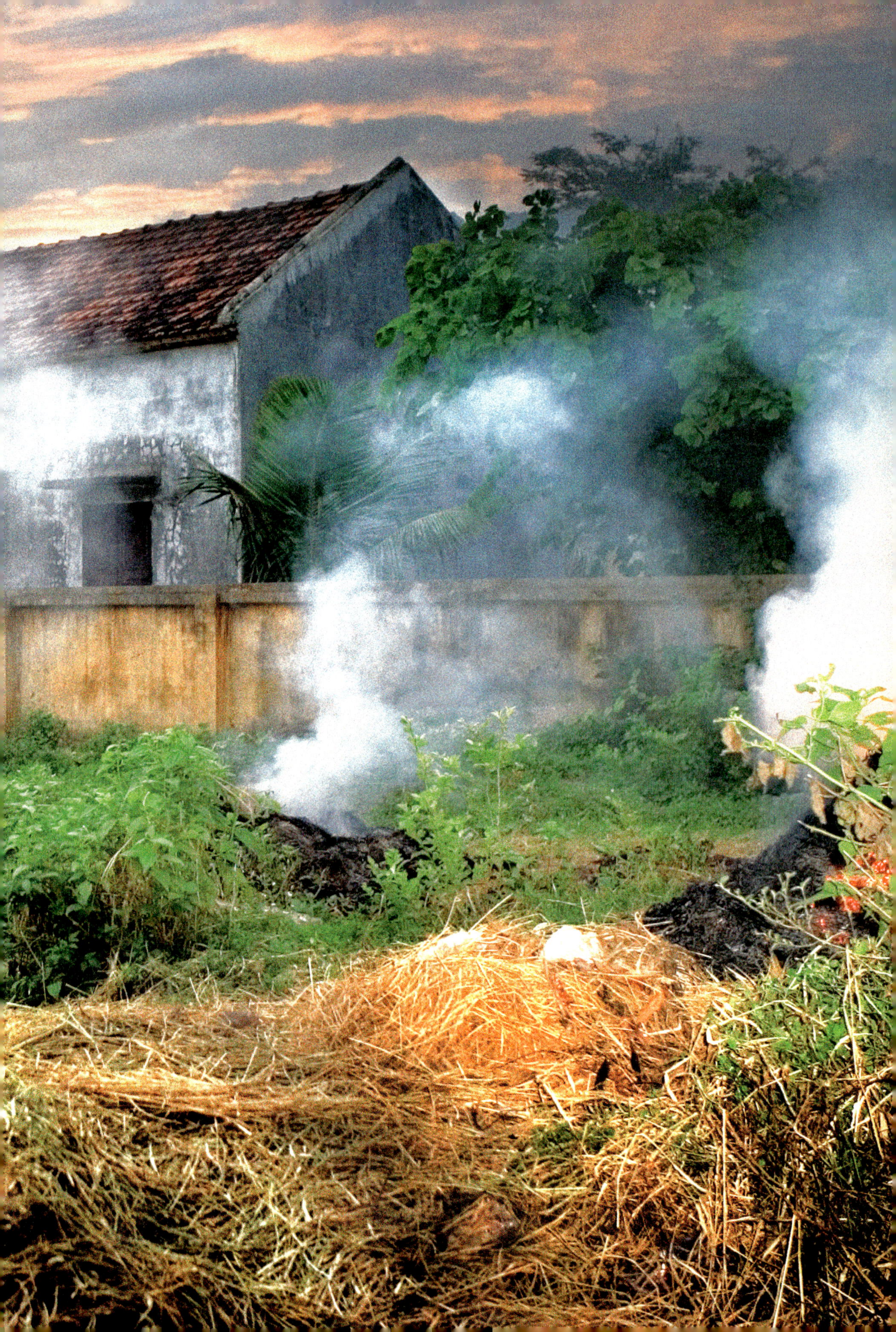

bovendrijven, heel gemakkelijk.' Dat zal best. Alleen, wat níet verdoofd komt bovendrijven, raakt veelal onvruchtbaar en zorgt dus nooit meer voor nieuwe vis. Het wordt laat, nog even en de schemering zet in. De Traleco gaat op zoek naar een plekje voor de nacht en laat een paar mijl verderop ratelend een anker zakken aan een roestige ketting. En dan? Wel, het leven kan goed zijn, als zo'n meneer Tam – die de kok is aan boord – een kokosnoot serveert met spetterverse garnalen die in de kokosmelk zijn gaargestoomd. En als bemanningslid meneer Hung je er een glaasje bij komt brengen, waarna de nacht het overneemt en de baai wordt bijgelicht door een duizend of wat sterren. In de kooi in het vooronder zijn de plooigordijntjes al jaren geleden van kleur verschoten en de dekentjes ietwat klam en voorzien van knetterend bloemenmotief. Ik heb een eng verhaal gehoord over hele kolonies ratten die op dit soort schepen mee schijnen te varen en die 's nachts ook de passagiersvertrekken niet over zouden slaan. Gelukkig hoor ik nergens geritsel van staarten. Wél hoor ik het water van Halong Bay, dat zachtjes tegen de romp klotst, en heel langzaam glij ik weg.

Zeebenen in Cua Van

De volgende morgen is het de diesel van de Traleco die me wekt. We varen alweer, de zon is nauwelijks op en het water van de baai lijkt wel blauw licht uit te stralen. Geen deining, niks: het kielzog is een ononderbroken strakke streep achter de boot. Het licht staat nog laag als we Cua

Waterworld

LAAT JE AFZETTEN

Op het ongerepte eiland Quan Lan liggen Son Hao en Min Chao, twee schitterende stranden die je helemaal voor jezelf kunt hebben. De laatstgenoemde is de mooiste van de twee. Je kunt je laten droppen door een tuktuk of je kunt zelf een brommer huren. De tocht vanaf Halong Bay duurt vier uur met de ferry. Tijdens de tocht passeer je meerdere mooie eilanden.

Waterworld

Van naderen, haast verstopt tussen de scherpe en hoge rotsformaties in, kunstig en van een Bob Ross-achtige kitscherigheid tegelijk. 'Je drijvende dorp', zegt Câú tegen me. 'Een echte.' Er nadert een bootje, een soort *sampan* die blijkt uit te puilen van de handelswaar. Zo afgelegen als hier zijn het dit soort parlevinkers die de mensen van alle mogelijke spullen voorzien. Het meisje dat het bootje bestuurt, roept iets naar ons – een zangerig soort geluid dat weerkaatst tussen de rotsen. 'Of je iets nodig hebt', verduidelijkt Câú. 'Eh, misschien', en ik laat mijn oog langs de uitgestalde waren glijden. Maar wat moet ik met een stronk paksoi? Of met een setje bougies? Of met visdraad, in welke diameter dan ook? Een zesdelige pannenset? Ze glimmen weliswaar roestvrij staal, maar waar laat je die dingen? En de steunkousen maat 37 blijken helaas alweer een weekje of wat uitverkocht. Nee, dat gaat niks worden. Als het meisje naast ons afmeert, zijn kok Tam en scheepsmaatje Hung er desalniettemin als de kippen bij om één en ander aan een vergelijkend warenonderzoek te onderwerpen. Niet de inventaris, maar de parlevinker zélf is onderwerp van een grote mate van interesse. Ze is al negentien jaar! Terwijl de meeste meisjes hier al op hun zeventiende getrouwd zijn! Daar moet de *crew* toch meer van weten en men hangt dus in een mengvorm van geilheid en belangstelling meer dan vrijpostig over de railing. Het meisje gebaart naar mij: 'Stap maar in. Dan laat ik je het dorp zien.' Die kans laat ik me niet ontzeggen, dus ik klauter de touwladder af en klim aan boord. De mannen

HET EINDE VAN DE WERELD

Schepen banen zich een weg tussen de kalksteenrotsen van Halong Bay. De grote tankers verdwijnen uit zicht als je verder de baai in vaart.

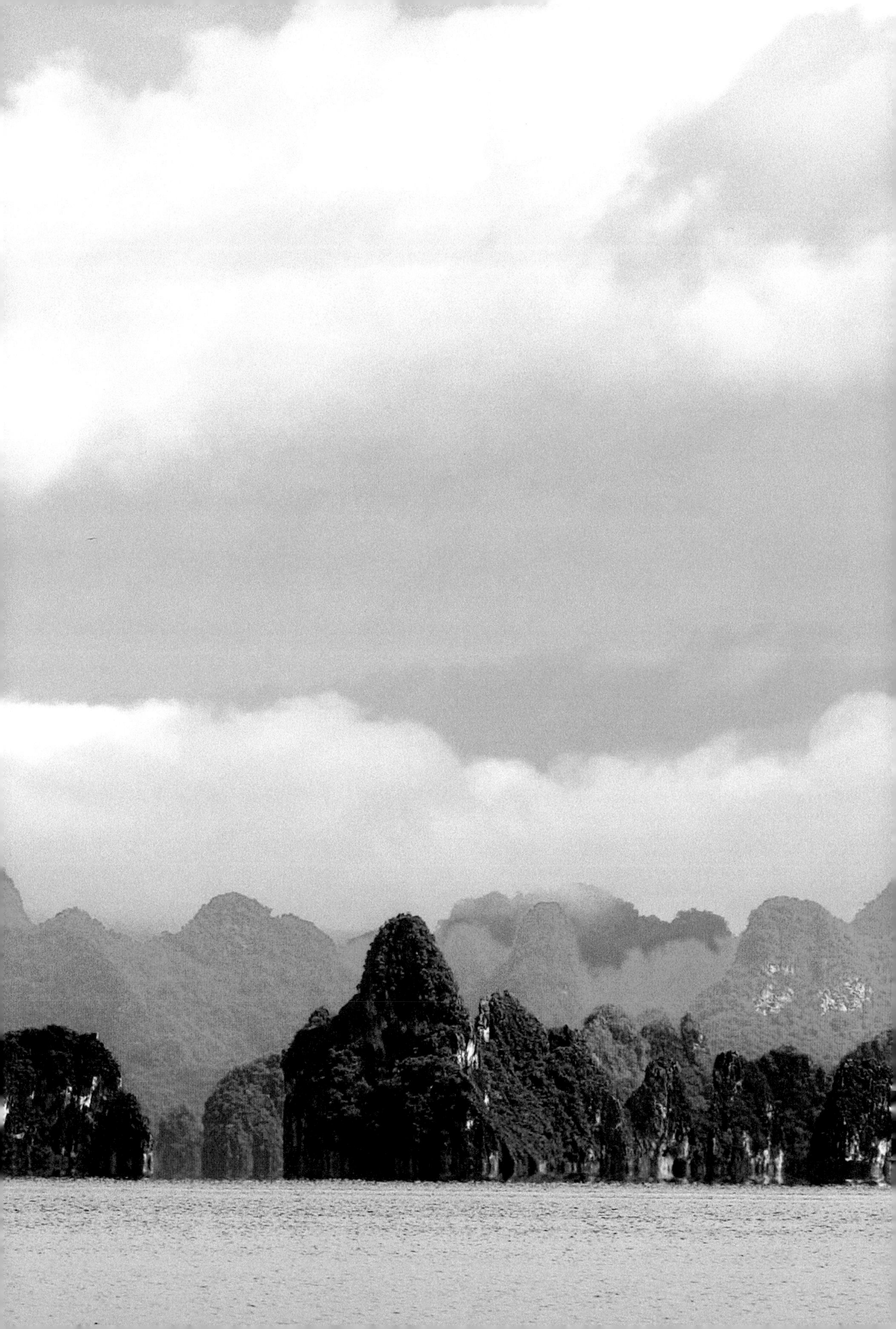

van de Traleco mogen ook mee. Alsof ze ook maar enige kans maken; het is voor 99 procent zeker dat het meisje met een van de mannen uit haar dorp zal trouwen. Maar zelf zit ze daar niet mee. Ze flirt volop terwijl ze aan de riemen trekt – met haar handen, trouwens – en ze vindt al die aandacht best leuk. Soepel stuurt ze langs de huizen van Cua Van, een op de rimpeling van de zee deinende gemeenschap van ruim duizend mensen die stuk voor stuk zeebenen moeten hebben. Sommige bewoners zijn al jaren niet aan wal geweest. Hun leven speelt zich af tussen de planken vlonders van hun huisjes en met zestien vierkante meter kom je hier al een heel eind. Minihuisjes, waar nauwelijks meer in lijkt te passen dan een bed. En eronder een *bun*: een net waarin de vangst wordt bewaard totdat de opkoper komt. De kluis annex schatkamer van elk gezin. We varen dicht langs een huisje. Ik zie een hele familie gegroepeerd rondom een brandend vuur, verbaasde ogen, in hun handen gegrilde vis en kreeft, een aarzelend opgestoken arm. We passeren een basisschooltje. Geen van de kinderen leert voor admiraal, maar het onderwijs is er gratis. Ook hier hangt het portret van Ome Ho (Chi Minh) en er is niets, maar dan ook niets dat doet vermoeden dat het leven hier van mindere kwaliteit zou zijn dan aan het vasteland. 'We zijn gelukkig hier', zegt het kruideniersmeisje dat ons rondroeit. 'Het is eenvoudig, het is klein, altijd is er het water, maar er is hier niemand die liever op de wal wil wonen. Ik zou het fijn vinden als ik hier oud mag worden.' Ik knik en wens het haar van harte toe.

Waterworld

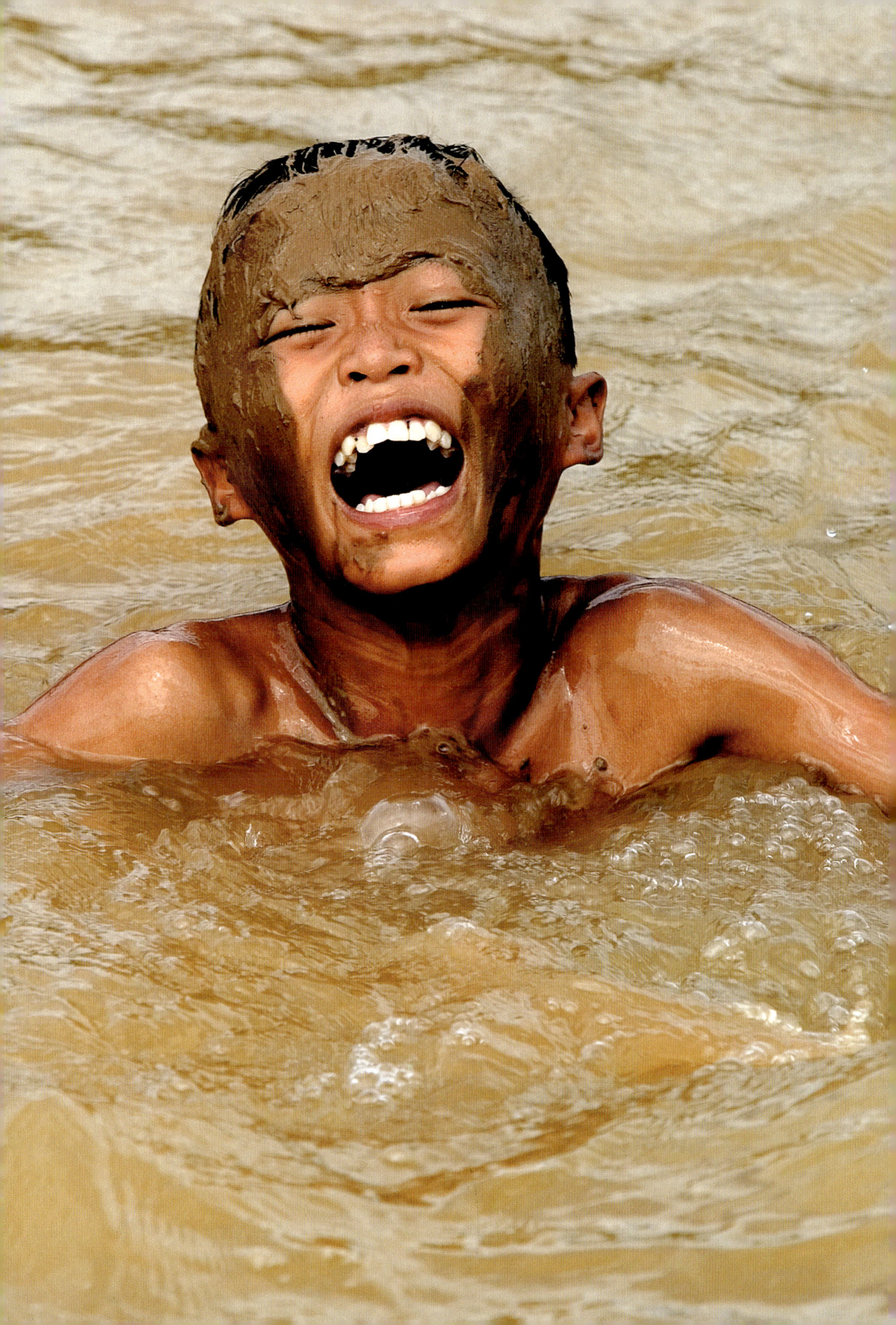

STAPAVOND Ook in het drijvende dorpje Kenh Ga gaat zaterdagavond iedereen op zijn paasbest gekleed naar de kerk.

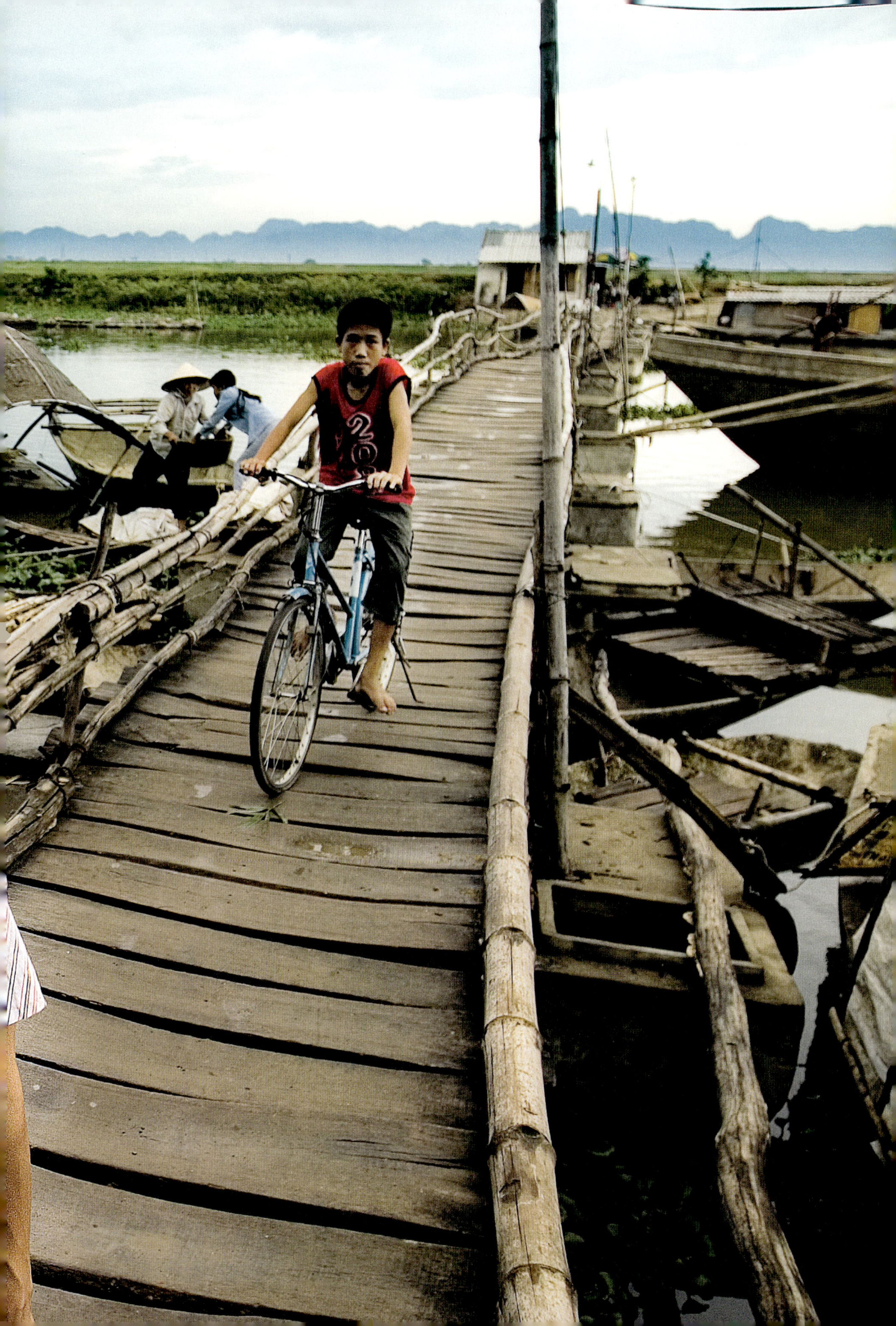

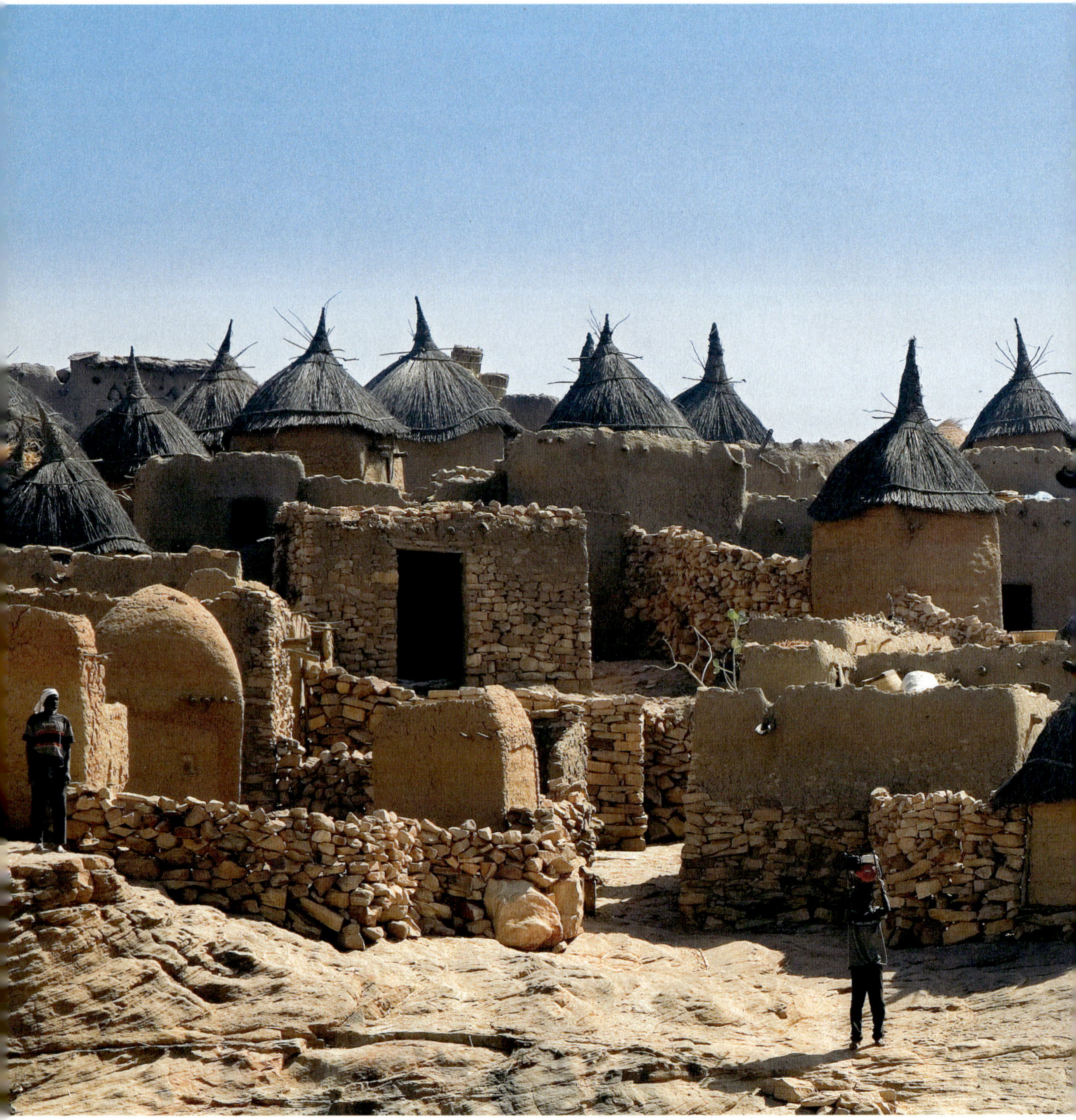

MALI

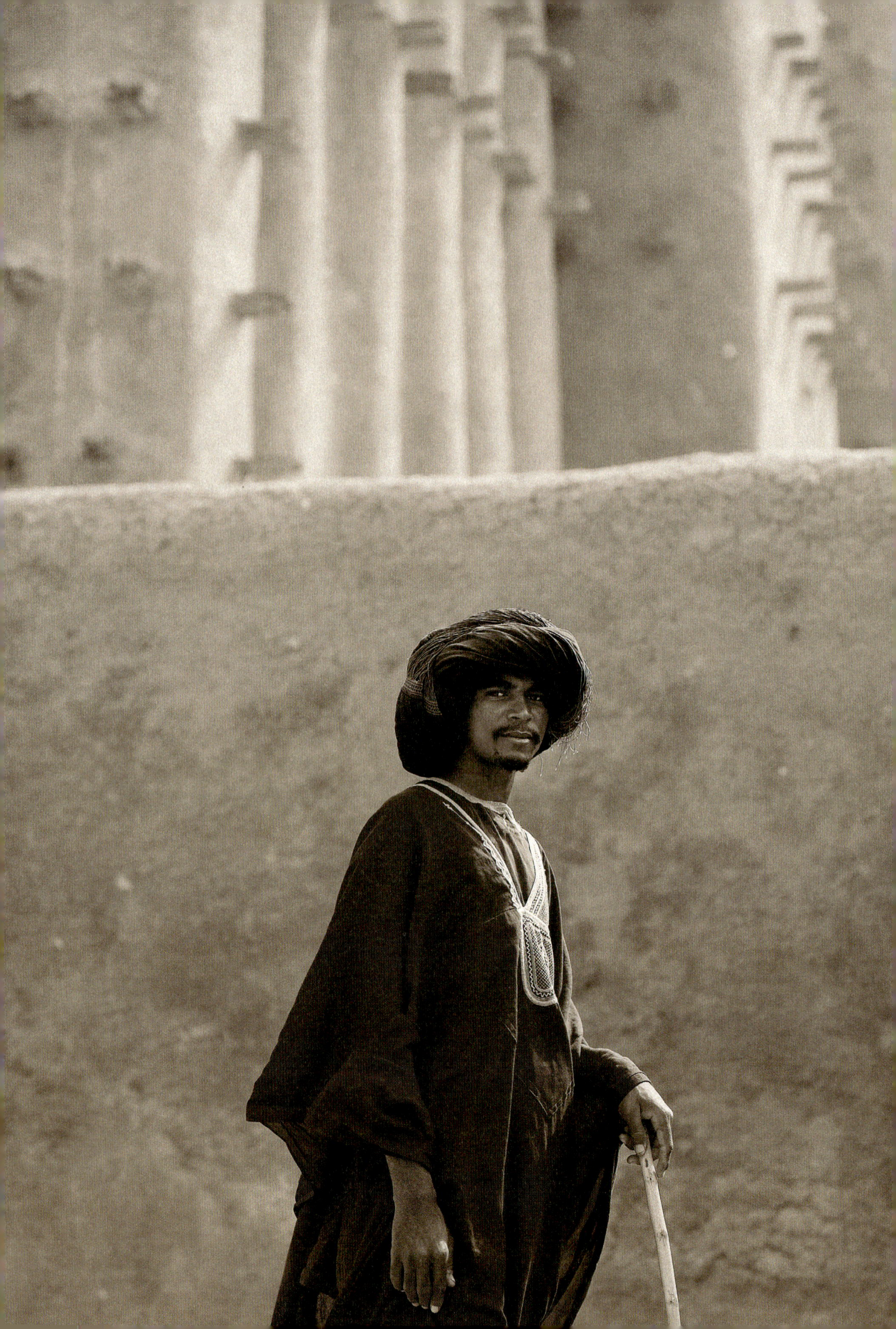

We zijn net aangekomen op het vliegveld van de Malinese hoofdstad Bamako. Ons doel: naar Timboektoe en terug. Maar met slechts negen dagen de tijd is het nog maar de vraag of we dat gaan halen.

Retourtje Timboektoe

Chauffeur Sarif kijkt verschrikt naar onze grote koffers. 'Hoe gaat hij dit oplossen?' denkt hij. Hij opent de kofferbak, die vrijwel geheel is volgebouwd met versterkers en luidsprekers. Er zit niets anders op dan met de enorme koffers op schoot naar het hotel te rijden. Sarif draait de volumeknop van de cd-speler naar rechts; door de basdreun komen we bijna los van de achterbank. Hij lijkt ons het juiste gezelschap tijdens de laatste twee dagen en nachten van deze week, als we terug in Barnako het swingende nachtleven willen verkennen. Omdat onze reis naar Timboektoe morgenochtend begint, spreken we de *date* meteen met hem af. Fotografe Louise en ik hebben ons laten uitnodigen in Mali voor het maken van een reisverhaal met bijbehorende foto's. Er zou een terreinauto met chauffeur en gids worden geregeld en van tevoren hebben we een reisschema afgesproken. De volgende ochtend zitten we volgens afspraak om acht uur klaar in de lobby van het hotel met onze grote koffers. Louise met haar cameratassen, ik met mijn schrijfboekje en videocamera. Uren verstrijken, en de westerse stress in ons lijf zegt dat we ons moeten haasten. Buiten lonkt de rivier de Niger, waar vissers in houten kano's met witte netten aan het vissen zijn. Over de lange brug rijden auto's en karren met ezels en lopen vrouwen met enorme vrachten op hun hoofd. De directeur van het nationale toerismebureau, de chauffeur en onze gids zijn te laat. Veel te laat, dus besluit ik nog eens te bellen. Ik krijg hetzelfde te horen: we komen er straks aan! Vier uur later, als we net moedeloos besluiten om zelf maar een auto te gaan huren om op weg te kunnen, naar wat inmiddels op een *Mission Impossible: Timboektoe* begint te lijken, komen ze eraan. Alsof het de normaalste zaak van de wereld is, worden we zonder excuses begroet, waarna er een discussie tussen de drie mannen volgt over de auto waarmee we zullen gaan. Het kost me altijd een paar dagen om aan de Franse taal te wennen, maar ik kan uit de discussie opmaken dat we met de terreinwagen van de minister gaan en dat deze nu nog in gebruik is om zijn broer van het vliegveld op te halen! Ik kan er ook uit opmaken dat het voor de mannen de eerste keer is dat een westers reismagazine op deze wijze aandacht aan Mali besteedt. In veel landen is het helpen met trips voor reisjournalisten van over de hele wereld een bijna dagelijkse bezigheid. Maar voor Mali is dit blijkbaar, op enkele bezoeken van journalisten uit buurlanden na, zo goed als nieuw. Om half twee 's middags, dus vijf uur later, is het dan eindelijk zo ver. De auto is gearriveerd. Onze reispartners: de gids en medewerker van het bureau voor toerisme Massama en chauffeur Kulu, wiens bijnaam Big Belly is. Eindelijk volgen we de rivier de Niger, die we de hele tijd vanuit het hotel mochten bewonderen en die door een groot deel van Mali slingert. Deze levensader ontspringt vlakbij de kust in buurland Guinee en loopt vervolgens, hetgeen volledig tegen je gevoel indruist, naar het noordoosten de Sahel in: het zuidelijke gedeelte van de Sahara, waar nog enige begroeiing te vinden is. Twee andere Malinese rivieren van belang zijn de Bani (een zijtak van de Niger) en de Senegal. Vanaf de achterbank sla ik onze chauffeur gade, een grote man die meteen respect afdwingt. Zijn bijnaam Big Belly spreekt voor zich. Onze gids Massama begint druk te babbelen over de hoogtepunten van Mali. De lemen Grote Moskee van Djenné, of we daar al foto's van hadden gezien? En Dogonland met zijn lemen dorpen, die tegen een honderden meters hoge rotswand aan zijn gebouwd? Wisten we al dat beide, net als Timboektoe, Unesco Werelderfgoedplekken zijn? Net als Massama op dreef begint te komen, slaakt hij een kreet en vraagt hij onze chauffeur de auto te stoppen. Hij ziet een bekende, zegt hij. En een bekende groeten is erg belangrijk in Mali, voegt hij nog snel toe, voordat hij uit de auto stapt. Het is twintig voor twee, tien minuten nadat we het hotel hebben verlaten.

We gaan gestaag verder

De zon staat hoog aan de hemel, de droge hitte is voelbaar. Louise baalt nog even na, want ze heeft nog geen foto kunnen maken. Nu is het wachten tot de zon weer gaat zakken. Het landschap buiten Bamako – lage nietszeggende struiken – is gelukkig nog niet zo heel spectaculair. Bij het eerstvolgende dorpje stoppen we langs de weg, waar allemaal *shabby* en stoffige marktkramen staan, om kolanootjes te kopen. Deze schijnen we nodig te hebben in ruil voor het maken van foto's. Eigenlijk smaken ze naar weinig, maar Malinezen blijken er dol op. Even later stoppen we weer. Massama en Kulu slaan aan het onderhandelen bij wat watermeloenen. 'Ze zijn niet goed', zegt Massama tegen de verkoper. Hij vertelt ons zijn tactiek om de prijs omlaag te krijgen. Vijf minuten later worden er negen megameloenen achter in de auto geladen. Ik begin te vermoeden dat de reis niet echt snel zal gaan. Sterker nog: Massama en Kulu lijken er een eigen agenda op na te houden. Net op tijd voor het goede fotografielicht, een uur voor zonsondergang, staan we aan de oever van de Niger in Sekoro. Even hiervoor waren we te gast bij het dorpshoofd om kennis te maken en voor een soort van respectvolle toestemming. Massama geeft aan dat sociaal zijn erg belangrijk is in de Malinese cultuur. Veel cadeaus geven hoort hier ook bij. Aan de waterkant kijkt de plaatselijke lemen moskee uit over de rivier. De zon staat laag en de fotograaf in Louise komt helemaal los. Met reden, want hier gebeurt veel. Vrouwen wassen kleding in de rivier en koeien steken zwemmend de rivier over. Locals brengen hun vee met kleine bootjes vanaf de eilandjes in de rivier naar de kant. Twee kinderen laden in de verte hun ezeltje in een bootje en varen de Niger over. Honderd meter uit de kust gaat het mis – de ezel springt overboord (probeer eens een ezel te begrijpen) en het jongetje dat de ezel vasthield met een touw aan zijn kop, kan nog net het hoofd van het beest boven water houden. Het andere jongetje peddelt als een bezetene, maar de kant is nog ver. Langzaam zakt de ezelkop dieper weg tot alleen de snoet nog half boven water uitkomt. Eenmaal in het ondiepe trekken de jongens de ezel het vasteland op, maar het dier blijft wezenloos op zijn knieën zitten en ziet er letterlijk verzopen uit. Na vijf minuten komt er weer wat leven in het arme beest. De zon gaat snel onder en richting het hotel maken we eerst nog een straatfeest met dansers mee. Binnen een kring van honderd toeschouwers leven vijf muzikanten zich uit terwijl tien danseressen wild met hun armen zwaaien, zich overgevend aan het opzwepende ritme. Een tafereel dat we nog vaak zullen tegenkomen. De nacht brengen we door in een kunstenaarsverblijf, dat in prachtige Malinese stijl is gebouwd, maar dan met

> *Het is misschien wel de mooiste plek in Mali om te gaan zitten en het leven aan je voorbij te laten trekken: de ingang van de Grote Moskee van Djenné. Een lange stoet bijzondere en mooi geklede mensen komt voorbij.*

MENSEN KIJKEN

Retourtje Timboektoe

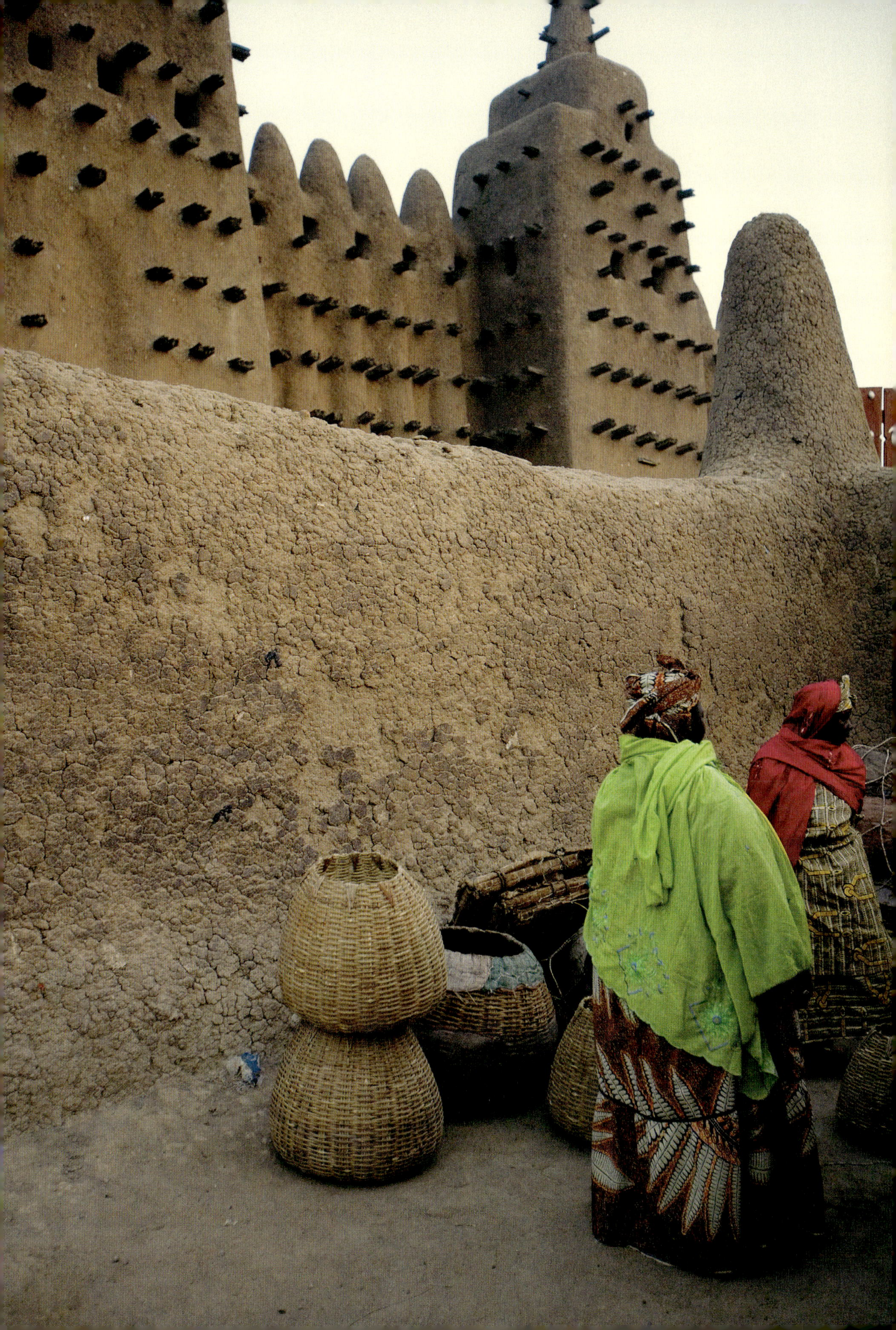

DE DORPEN RONDOM DJENNE

De moskee van het dorpje Sirimou is de Grote Moskee van Djenné in het klein. Een bezoek aan Sirimou of een van de andere dorpen rondom Djenné is een aanrader. De omgeving bestaat uit rijstvelden en mensen die op het land werken. In tegenstelling tot Djenné kom je in Sirimou geen andere toeristen tegen. Niet alleen de moskees zijn gemaakt van natuurlijke materialen; vrijwel alle Malinezen wonen in huisjes die volledig in de natuurlijke omgeving opgaan.

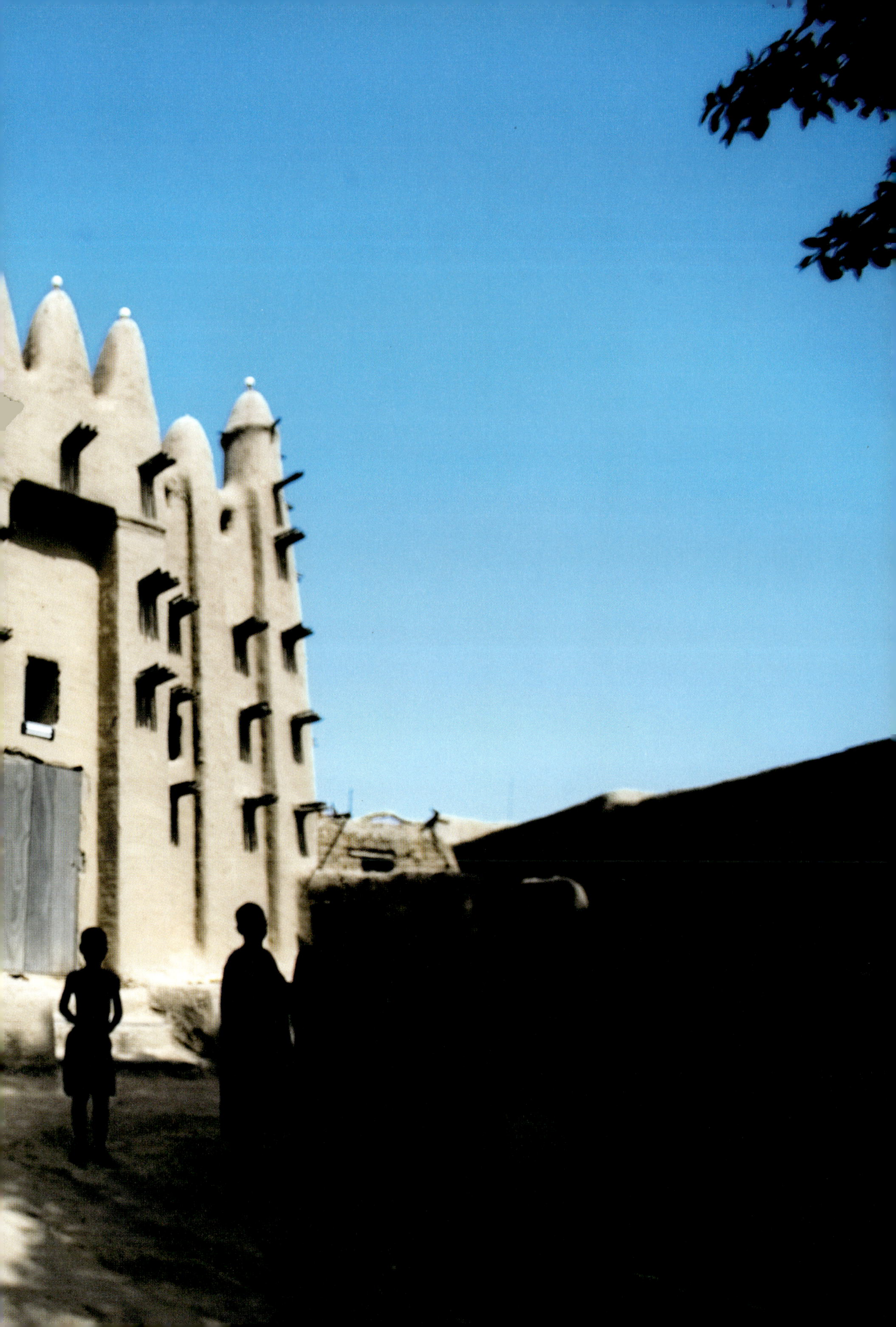

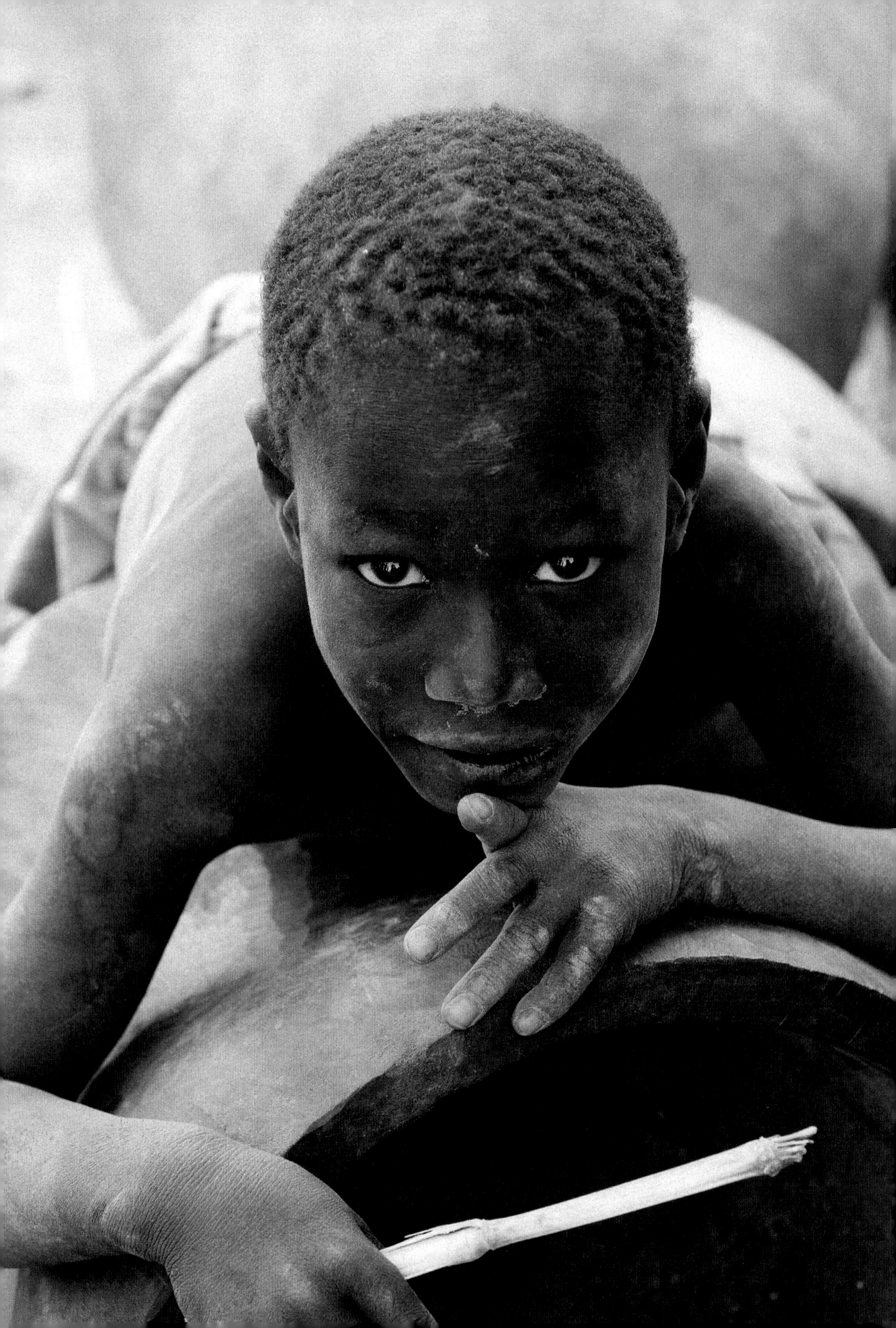

westers comfort. En dat is wel fijn, want veel Malinezen slapen vaak op niets minder dan een simpel matje, middenin het stof, net als eeuwen geleden. De zoon van de eigenaar, Octavio, die ook kunstenaar is en vertelt niets met *expats* op te hebben, neemt ons mee naar een oud Frans koloniaal gebouw met een café, waar de soldaten van de overkant hun biertjes drinken.

Ga toch het dak op

De volgende ochtend staan we om zes uur op. Ons doel is om ruim voor zonsondergang in Djenné te zijn. De lemen moskee in deze stad is beroemd – het is de grootste van het land en, met een oppervlakte van veertig bij veertig meter, zelfs het grootste gebouw ter wereld dat helemaal van leem is gemaakt. Na een ochtend fotograferen – vissers die hun boten startklaar maken – vertrekken we. Met alle stops die we maken – voor vrienden en bekenden, voor het kopen van telefoonkaarten, het afleveren van meloenen aan de moeder van die, de broer van weer een ander, en daarbovenop Louise die om de haverklap '*arrêtez!*' (halt!) roept om foto's te maken – wordt de trip naar Djenné alsnog een race tegen de klok. We redden het net, of net niet, want we zijn eigenlijk te laat voor het perfecte licht. Vanaf het dak van een huis naast de moskee neemt Louise foto's. De volgende ochtend staan we nog eerder op: om vijf uur. Het is nog donker, maar de zon komt snel op. We hadden afgesproken weer vanaf het dak van het huis te fotograferen, maar iedereen blijkt nog te slapen zodat we niet naar binnen kunnen. Wanneer de zon opkomt, blijft deze verscholen achter een laag mist. Een uur later probeert Massama toegang te krijgen tot de grote moskee van Djenné. Nadat een westers stel elkaar jaren geleden omhelsde in de moskee, gingen de deuren voor 'ongelovigen' dicht. Massama's officiële papieren met toestemming, waar hij veelvuldig mee zwaait, lijken geen indruk te maken. Na een halfuur te onderhandelen, en twintig keer de naam van de minister van Toerisme te noemen, heeft hij nog steeds geen succes. Als het weigerachtige bestuurslid van de moskee vervolgens zijn opgezwollen knie laat zien, komt er wat schot in de zaak. Na de belofte pijnstillers voor hem te regelen bij de apotheek, krijgen we toegang. Een oude man leidt ons naar binnen en toont ons hoe het dak van de enorme moskee steunt op honderd lemen pilaren van één bij één meter. De helft van de binnenruimte van de moskee is daarmee pilaar. Met een beetje pech zit je dus bij het bidden met je neus voor een paal, maar ach, je gaat natuurlijk niet naar de moskee om rond te kijken. Omdat elk klein, zichzelf respecterend dorp een eigen moskee heeft – net als die van Djenné, maar dan kleiner – besluiten we ook zo'n klein dorpje te bezoeken. Zo'n vijf kilometer buiten Djenné zien we aan de andere kant van de rivier een prachtig exemplaar boven de huizen uitsteken. We laten ons in een kleine *pinasse* (kano met platte bodem) naar de overkant varen. Als je ziet hoe iedereen in Mali afhankelijk is van het water van de rivieren, dan bedenk je gemakkelijk wat de verschrikkelijke gevolgen zijn van een langdurige droogte. Het water uit de enorme rivieren verdampt tot de laatste druppel, met alle gevolgen van dien. Dan ziet het lot van de stadjes er minder florissant uit dan nu, zoals bij de laatste grote droogte in 1990, toen veel jonge Toearegmannen weg-

DE KARAVAAN TREKT VERDER

Een kamelenkaravaan op weg naar Timboektoe. Aan het begin van de tocht verlaat de karavaan de asfaltweg in het zuiden en slaat een dirt road in. Op de achtergrond: Mount Columbus. Aangezien de klif nog geen naam had, mochten we van het Ministerie van Toerisme zelf een naam uitkiezen. Dus als je met de auto naar Timboektoe gaat: bij Mount Columbus linksaf!

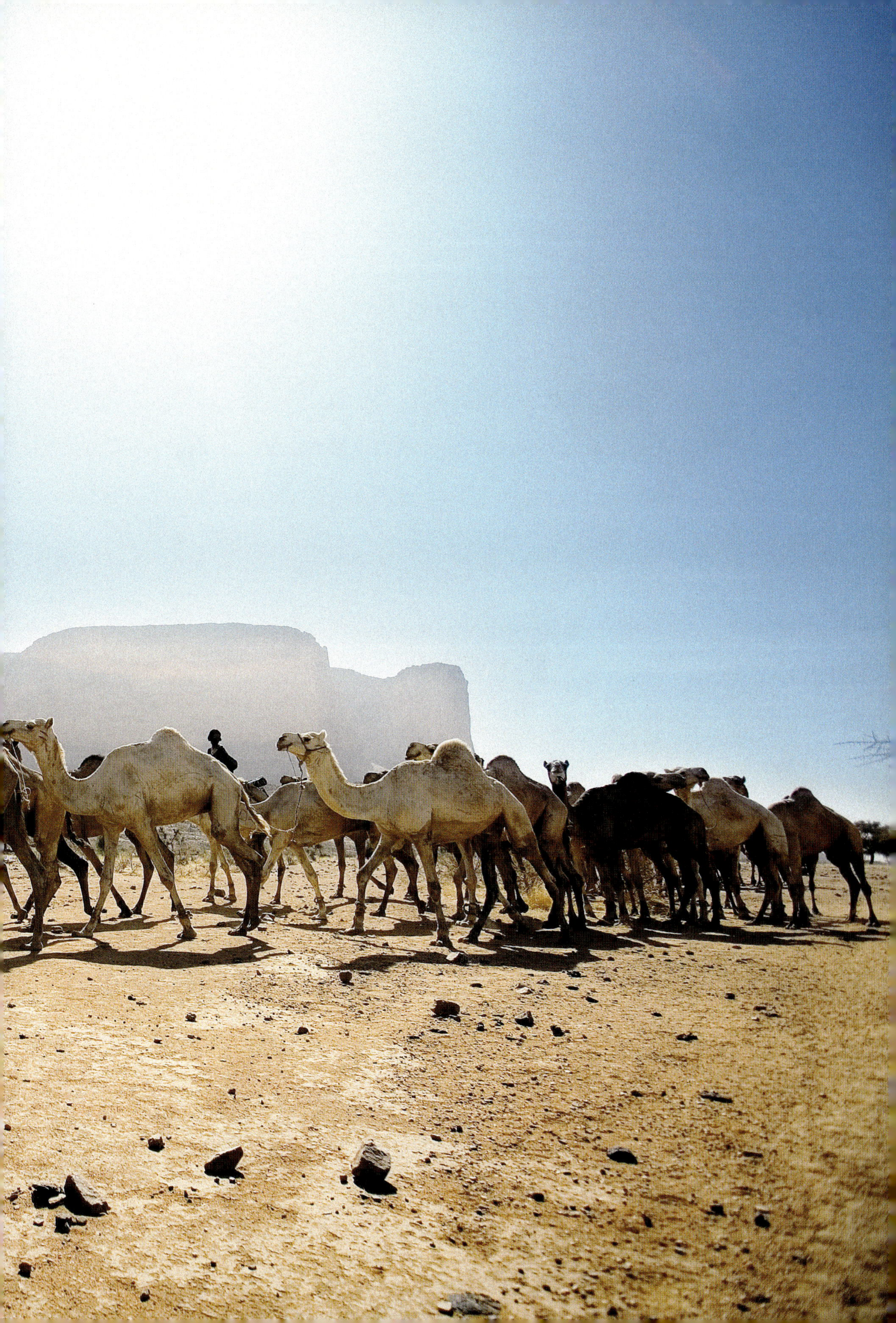

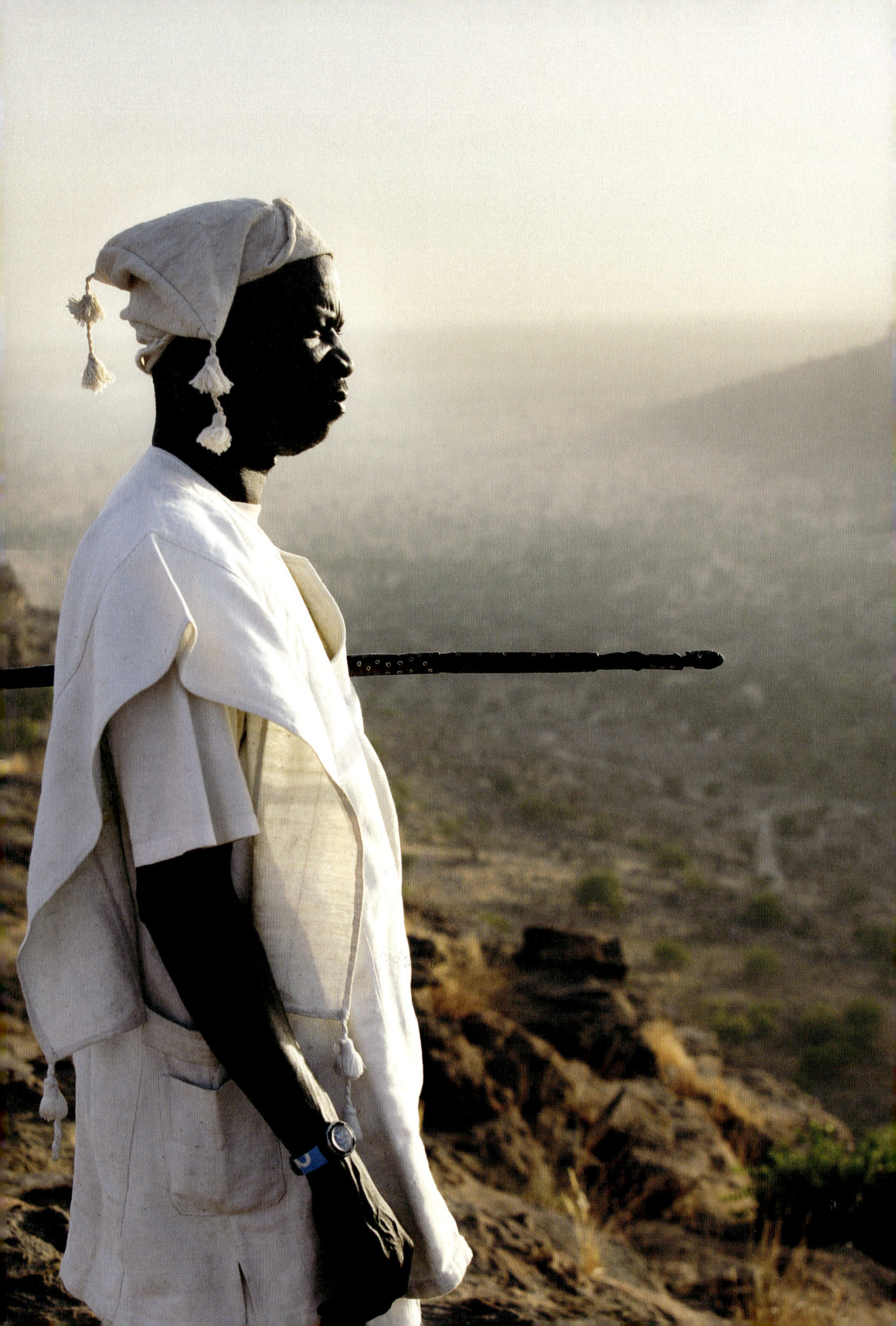

THUIS IN DOGONLAND

Onze Dogongids Baire Dolo in zijn geboortestreek Dogonland. Het leven hier is pure kunst: het landschap, het uitzicht, de hutten en de mensen.

Retourtje Timboektoe

vluchtten naar Libië en Algerije. Aan de waterkant maken we kennis met het dorpshoofd. Talloze kinderen blijven ons volgen tot de kleine maar prachtige moskee, dus besluit Louise ze als model in te zetten voor een foto. We vervolgen onze weg. Doel is het plaatsje Mopti, waar we ruim voor zonsondergang aankomen en getuige zullen zijn van de verkoop van uit Timboektoe afkomstig zout.

Klifbewoners

Onze eindbestemming Timboektoe nadert. Maar eerst Dogonland nog. Met name de tweehonderd meter hoge klif van Dogonland. Tot zover niets bijzonders – kliffen van tweehonderd meter zijn er wel meer op de wereld. Alleen is deze klif een dertig kilometer lange afscheiding tussen het hoogland van Mali aan de ene kant en de vlaktes richting de grens met Burkina Faso aan de andere kant. In het verre verleden zijn er lemen huisjes tegen de voet van de klif aangebouwd. Los van de onvoorstelbare omvang van de klif, is het met name de mystiek rondom de oorspronkelijke bewoners van het gebied, de Tellem, die Dogonland een bestemming maakt om nooit meer te vergeten. Halverwege de perfect verticale klif, dus op zo'n honderd meter van de harde bodem verwijderd, zie je de grotten waarin de Tellem leefden. Deze kleine mensen met hun rode huid zijn al lang geleden uit het gebied weggetrokken. Officieel bestaan ze niet eens meer, maar nog altijd zien de huidige bewoners van Dogon 's nachts soms vuur branden in de grotten. Hoe de Tellem destijds hun hoge huizen konden bereiken weet niemand. Niemand heeft ze zien komen, niemand heeft ze zien gaan. Een halfuurtje zitten we op een rots te fantaseren over manieren om in de grotten te komen, maar we kunnen niets verzinnen. De grotten liggen te hoog en de klif is te steil.

De blauwe mensen van Timboektoe

Vroeger was er geen weg naar Timboektoe. Iedereen zocht zijn eigen weg tussen de weinige struiken en bomen door richting het noorden. Verdwalen was bijna niet mogelijk want ook Timboektoe ligt aan de Niger. Dus ook al week je af van de juiste richting, dan reed je vanzelf wel weer tegen de rivier aan, die je kon volgen tot je bij de pont aankwam. Inmiddels ligt Timboektoe niet meer aan de rivier – het oprukkende zand heeft de Niger tien kilometer naar het zuiden verplaatst. Aan de Saharazijde werd het water gevuld met meer en meer woestijnzand en aan de zuidkant sleet de rivier verder uit richting het zuiden. Om het beroemde stadje niet helemaal overgeleverd te laten aan de woestijn, heeft de Libische president Khaddafi (van wie gezegd wordt dat zijn moeder in Timboektoe geboren is) als cadeau een kanaal laten graven van de Niger tot in het stadje. Timboektoe wordt hierdoor bijna permanent van vers water voorzien. Al urenlang rijdt onze chauffeur Kulu met een belachelijk hoge snelheid over de halfverharde weg, die in een dramatisch staat is. Onderweg komen we meerdere terreinwagens met panne tegen. Overal liggen onderdelen. Wielen, banden, een losgeslagen imperiaal, bumpers. De weg is zo slecht dat de meeste auto's ervoor kiezen om maar weer op de ouderwetse manier hun weg te vervolgen, gewoon tussen de struiken door het rulle zand. Volledig geradbraakt, door elkaar geschud en rood van het stof komen we bij de pont aan. Als ik vanaf hier de

MOOI MEISJE

We ontmoetten Roukiatou in haar dorp Sekoro, aan de rivier de Niger. Op de achtergrond een van de moskeeën van het dorp, met uitzicht over de rivier. Naast de moskee wordt druk gehandeld in groente en kruiden. Door de ligging aan de Niger is het dorp voor Malinese begrippen relatief welvarend. Dat betekent dat er geen honger is.

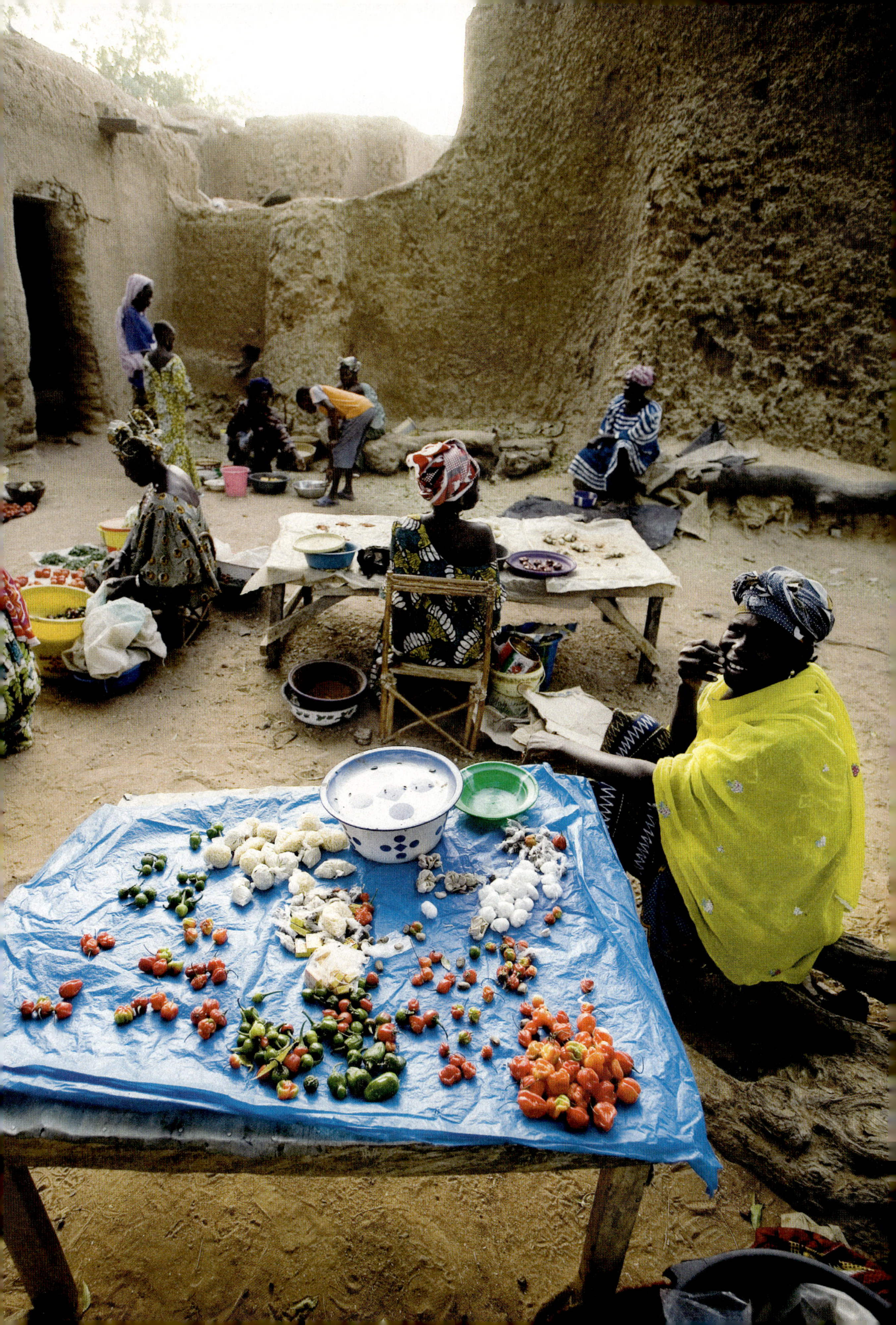

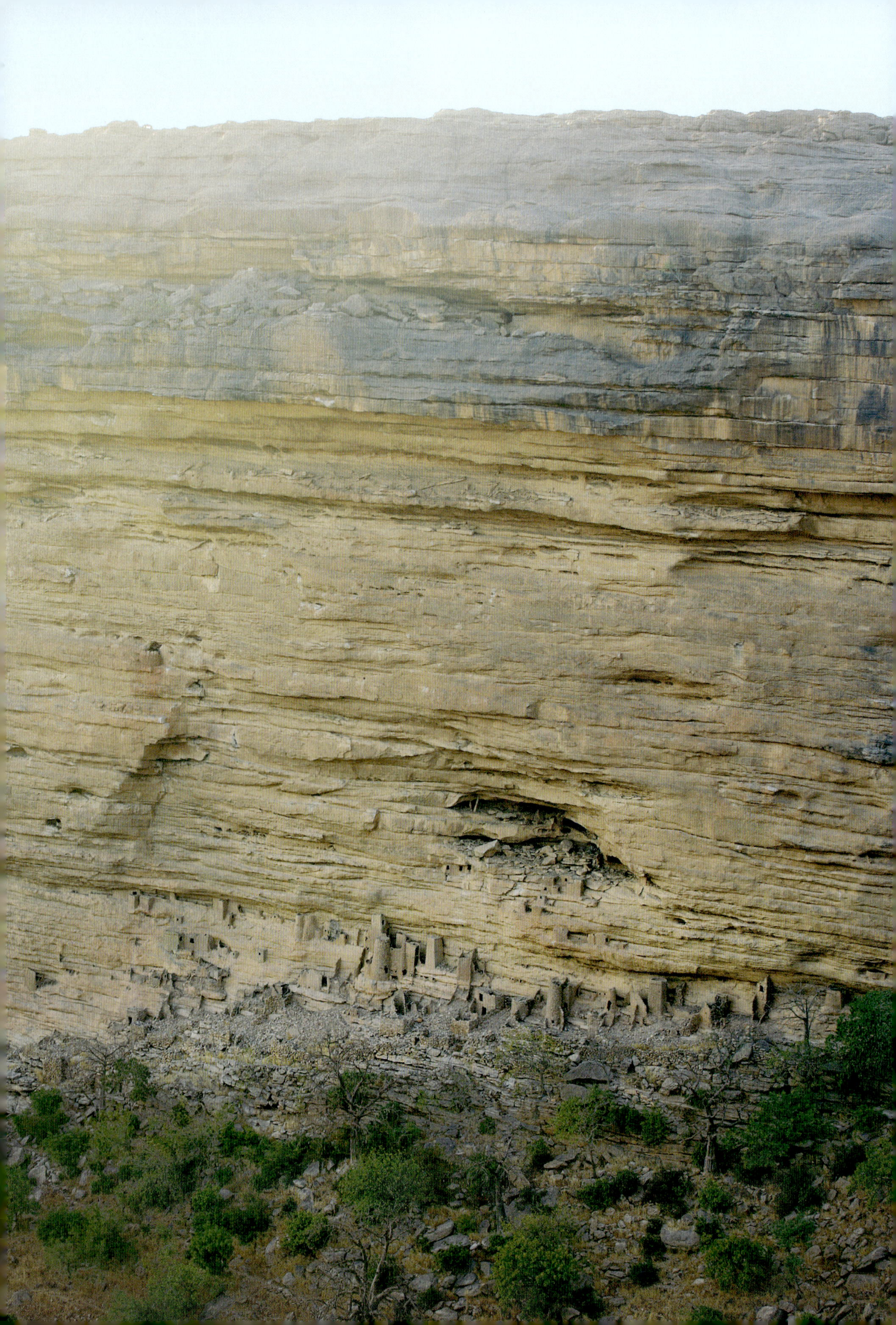

CLIFFHANGER Links de tweehonderd meter hoge klif van Dogonland. Het is een dertig kilometer lange afscheiding tussen het hoogland van Mali aan de ene kant en de vlaktes richting de grens met Burkina Faso aan de andere kant.

Retourtje Timboektoe

enorme *wetlands* (draslanden) en de grote rijstvelden aan de oever van de Niger zie, verandert mijn beeld van Timboektoe compleet. Ik heb altijd gedacht dat het een bijna door zand verzwolgen dorpje was in de woestijn, aan het einde van de wereld. Dat de inwoners van Timboektoe een machtige watervoorraad hebben in de achtertuin, bij de Niger, dat wist ik niet. Althans, tot nu toe. Net als de Niger staat ook het kanaal tijdens grote droogten compleet zonder water. Want ook al is het er nu groen, de Sahara rukt steeds verder op. Tel daar de overbegrazing en nog een aantal andere ongelukkige factoren bij op en je hebt Mali: een van de armste landen ter wereld. We rijden dwars door de stad naar de noordkant van Timboektoe. Hier staat een groot vredesmonument, waar een aantal jongeren rondhangen. In de jaren negentig waren de Toearegrebellen hier de baas. Door de grote droogte raakten ze in oorlog met de Malinese regering. Met kalasjnikovs liepen ze door de straten. Toen in 1996 de regering waterputten sloeg op hun zoutroute, kwam er weer vrede in het gebied. We komen Issaw tegen, een 22-jarige Toeareg. Hij is een van de nomadische 'blauwe mensen' van de Sahara, die in het verleden angst inboezemden door hun bandietenstreken en die nog steeds alom worden gerespecteerd omdat ze nooit echt zijn overwonnen. Historisch gezien ontstond hun macht door hun rol in de goud-, slaven- en zouthandel in de Sahara. De huid van Issaw heeft een blauwe gloed, die afkomstig is van de blauwe inkt die de Toeareg gebruiken voor hun kleding. Het laat een permanente verkleuring achter. Issaw is trots op zijn cultuur en zou zijn leven met zijn familie, de kamelen en de zware tochten langs de zoutroutes voor geen ander leven willen omruilen. Maar voor de meeste andere Toearegs is deze levensstijl slechts een herinnering aan het verleden – zij hebben gekozen voor een makkelijker bestaan elders.

Zoutkamelen

De volgende morgen hebben we om zes uur weer afgesproken voor het hotel. Massama geeft aan dat de chauffeur is gaan stappen en nog ligt te slapen. Als we hem willen wekken, geeft hij aan dat dat onverstandig is. Over twee uur zullen we weer in de auto stappen voor de terugreis en wederom vele slopende uren op slechte wegen doorbrengen. 'Wil je blijven leven, laat de chauffeur dan goed uitrusten', waarschuwt Massama. We hebben nu nog een afspraak met Issaw, die we gisteren ontmoetten, om hem te interviewen. Het is even buiten Timboektoe en Massama zal ons er zelf wel naartoe rijden. Je zou verwachten dat een Malinees weet hoe je in zand moet rijden, maar dit geldt duidelijk niet voor onze stadse Massama. Luid telefonerend rijdt hij met slechts één hand aan het stuur over de duinen en besluit in een dalletje de auto te parkeren. We zitten vast. Met zijn hoofd en gezicht gehuld in een negen meter lange blauwe tulband (een *ettal*), wacht Issaw op mij voor het gesprek. Alleen zijn donkere ogen zijn zichtbaar. Maar het interview is nog niet afgelopen, of hij ziet in de verte een zoutkaravaan van vijftig kamelen het stadje naderen. We springen direct op. 'Ik heb geen idee wie dat zijn', zegt Issaw. 'Er arriveert maar eens per twee weken een karavaan en dat zou zeker niet vandaag zijn.' Onze auto staat nog steeds tot zijn assen in het zand, dus volgen we Issaw lopend over de duinen richting de

RIJST ERBIJ? Tussen Djenné en Mopti bevindt zich een moerasgebied, dat de rijst- en gierstschuur van Mali is. Kijk hier toe hoe alles met ezelkarretjes wordt vervoerd en iedereen hard aan het werk is.

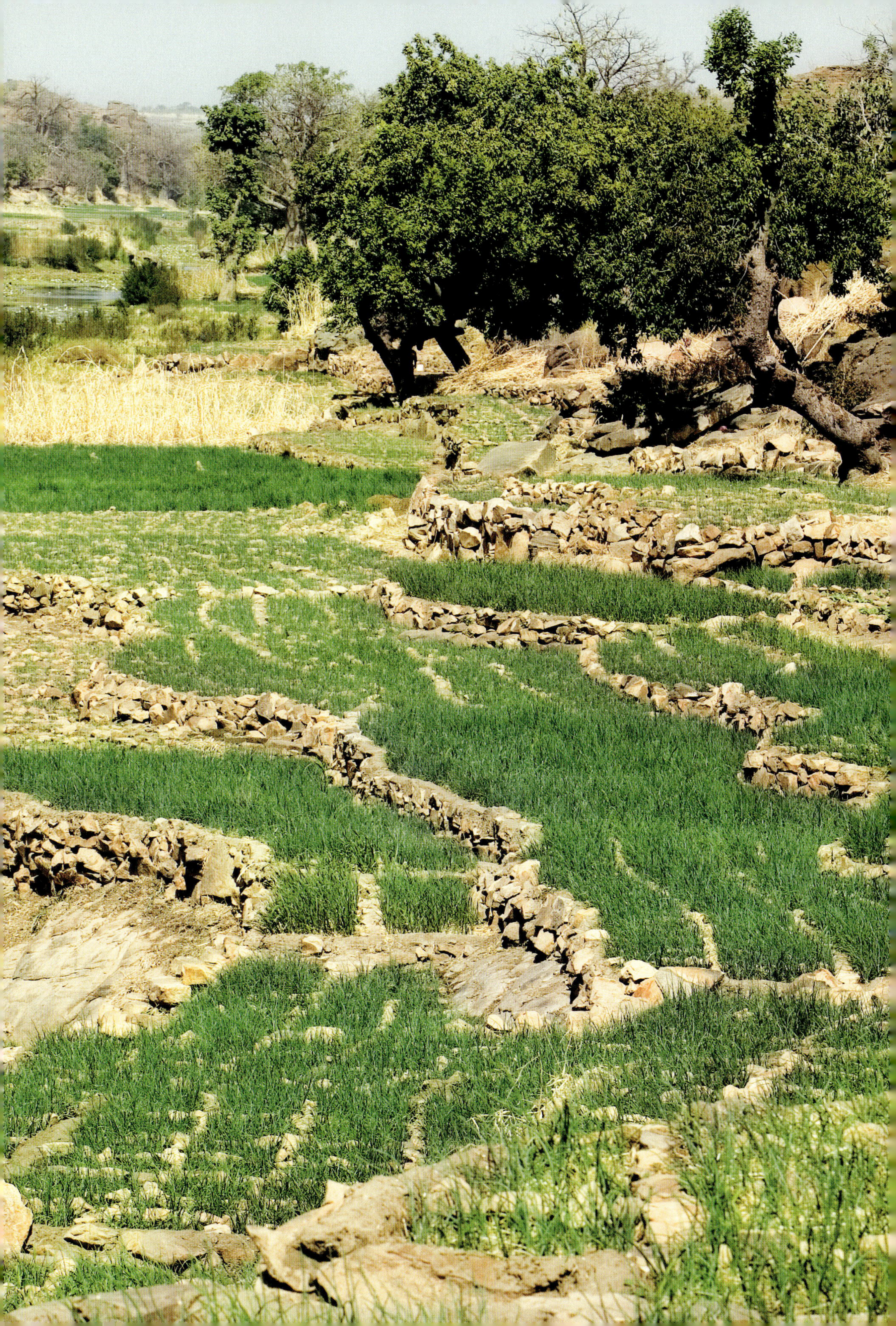

karavaan. Issaws voeten lijken het zand bijna niet te raken, zo snel als hij er vandoor gaat. Terwijl Louise en ik juist bij elke stap dieper en dieper wegzakken in het zand. 'Loop in mijn voetstappen', geeft hij aan. 'Aan de kleur van het zand kun je zien waar je het beste kunt lopen.' De lange stoet kamelen met aan beide kanten van hun lichaam grote platen zout komt in een stoffig straatje in Timboektoe tot stilstand. 'Het zijn Berbers', zegt Issaw. 'Daarom wist ik niet dat de karavaan vandaag aankwam.' Het blijkt al snel dat Berbers en Toearegs niet goed met elkaar overweg kunnen. Terwijl ik nog aan de achterkant van de stoet sta, zie ik hoe Louise haar camera pakt om het afladen van de zoutplaten te fotograferen. De Berbers stormen woedend op haar af. Issaw probeert te sussen, maar de Berbers zijn furieus en een handgemeen dreigt. Er kan niet worden gefotografeerd, zoveel is wel duidelijk. Een voordeel is dat we het tafereel nu volledig op ons kunnen laten inwerken. Elke kameel heeft een touw om zijn onderkaak gebonden, die is verbonden met de staart van zijn voorganger. De Berbers maken het touw los van de staart en duwen de kameel met kracht tegen de grond, waarna de vijftig kilo zware zoutplaten worden afgeladen. 'Zie je die grote zwarte mannen, die de zoutplaten dragen?', vraagt Issaw. 'Dat zijn de Bella, de voormalige slaven van deze Arabieren. Tegenwoordig zijn ze vrij om te gaan, maar allemaal kiezen ze ervoor om voor de Berbers te blijven werken. Het is de enige manier van leven die ze kennen.' De straat vult zich met stof door het tegensputteren van de kamelen. Hun geschreeuw is oorverdovend. Als een kameel niet snel genoeg is gaan zitten, worden zijn poten alles behalve zachtzinnig onder hem weggeschopt, zodat hij wel moet gaan zitten. Een halfuur later is het voorbij en ligt de straat vol met zoutplaten. De kamelen mogen uitrusten voordat ze weer terug moeten lopen naar de zoutmijnen van Taoudenni, waar duizenden jaren geleden meren opdroogden. Het zout wordt op twee tot zes meter diepte gewonnen via tot wel 150 meter lange tunnels.

En weer terug

De terugweg is als de heenweg. Met – wonder boven wonder – slechts één ontmoeting onderweg: de moeder van de directeur van het toerismebureau van Mopti. Kulu maakt een foto van haar en Massama samen. Zelfs Massama, die de hele reis heeft geroepen dat Malinezen alle tijd van de wereld hebben, zegt nu dat we moeten opschieten. Eenmaal in de hoofdstad Bamako slaan we de laatste cadeautjes in en verkennen we het nachtleven, alvorens weer in het vliegtuig naar Amsterdam te stappen. Terug in Nederland worden we snel herinnerd aan ons retourtje naar het einde van de wereld. Louise krijgt een Engelstalig sms'je. 'Hallo Louise, hoop dat jij je goed voelt en dat alles goed gaat met jou en je familie en dat ik snel van je hoor. Groeten van Issaw uit Timboektoe.'

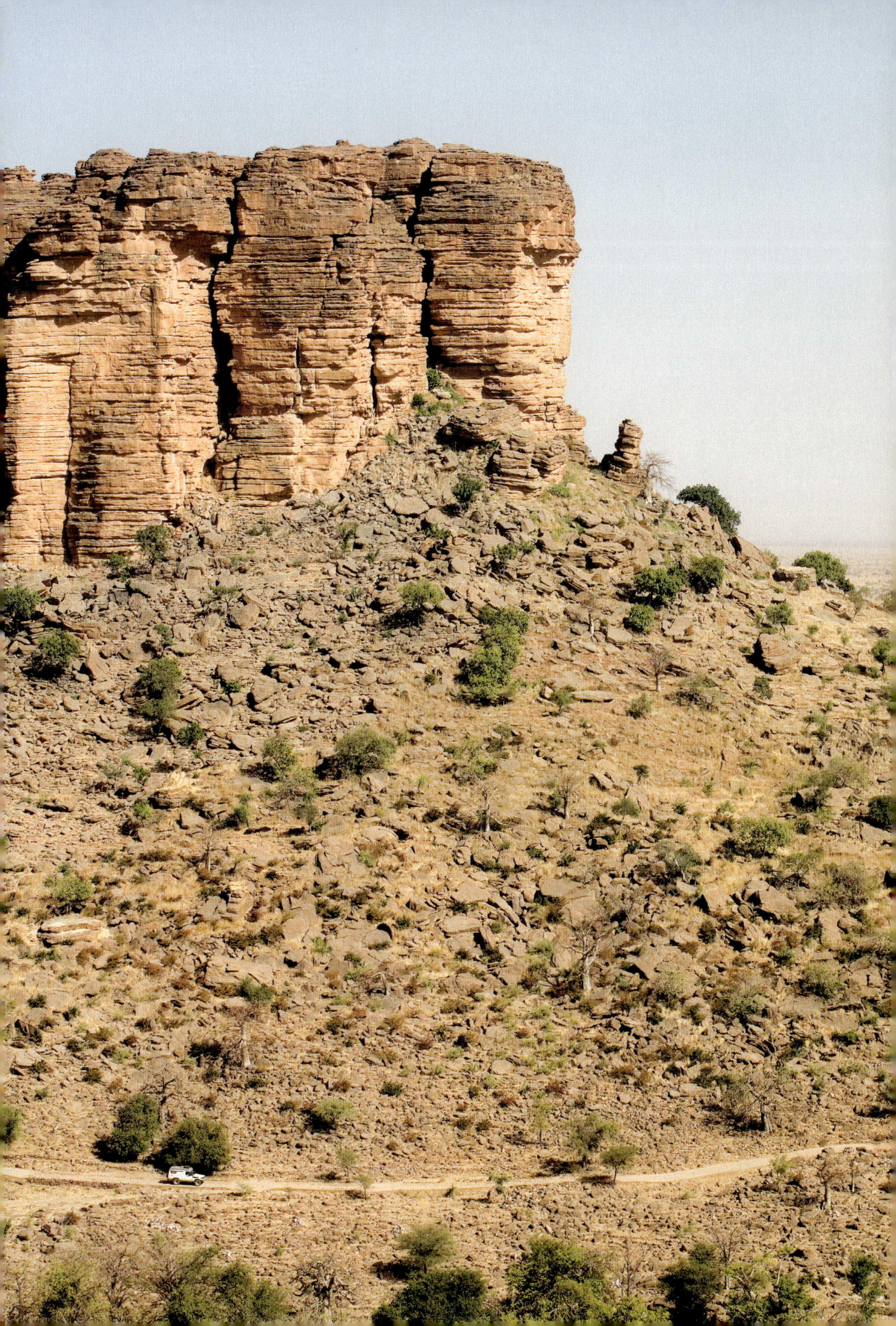

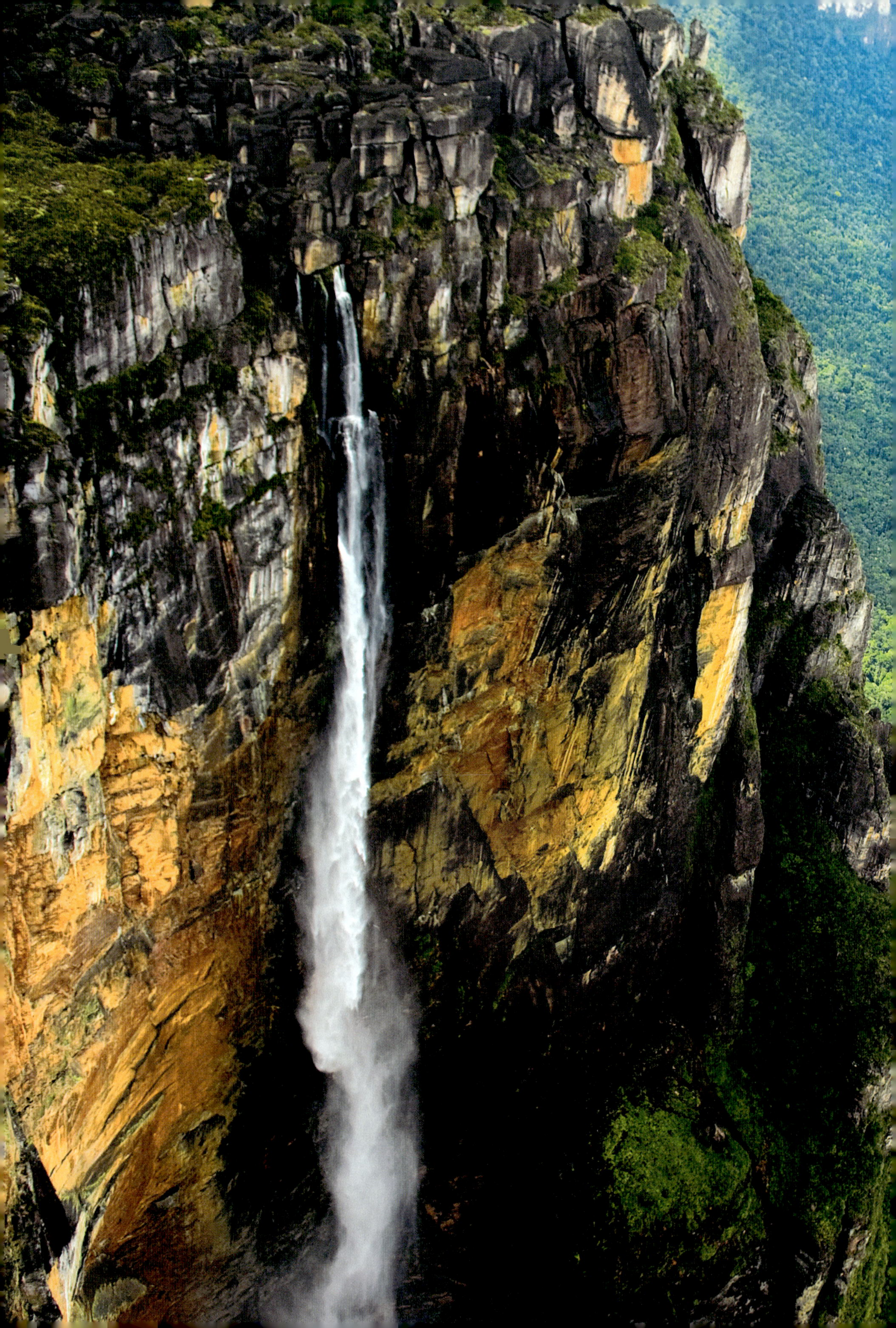

VENEZUELA

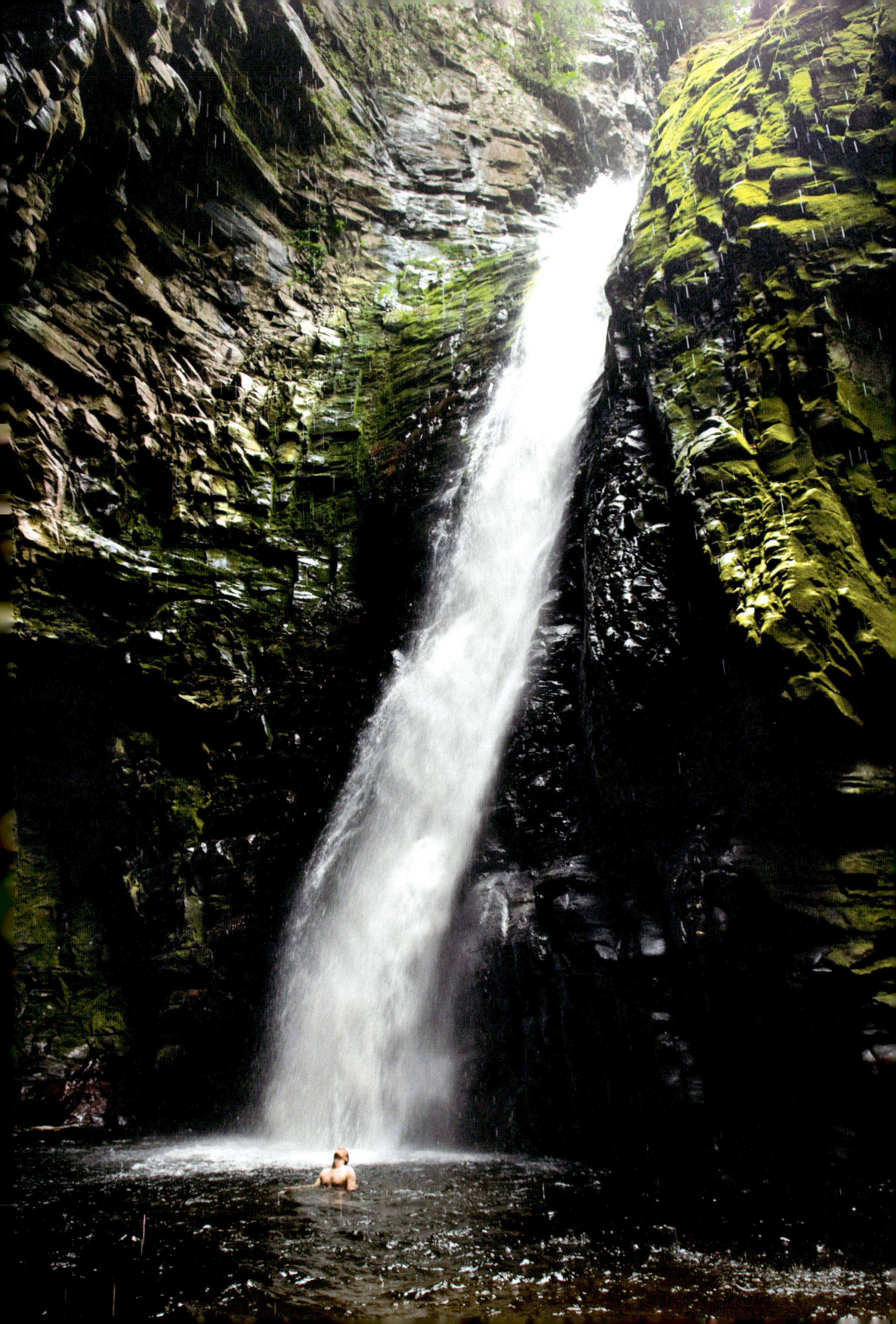

Wat we precies moeten verwachten van de met jungle overwoekerde binnenlanden van Venezuela, weten we niet. Kloppen de wilde verhalen over nog levende dinosariërs, sjamanen en boze geesten?

The lost World

De piloot van het propellervliegtuigje is een levende legende, al zou je het niet zeggen. De pensionaris heeft een flodderig t-shirtje aan en zijn kromme benen zijn gehuld in zwarte Wrangler-jeans. Met enig aplomb is hij de open eethut binnengejokt. We zitten nog aan de lunch – hij gebaart ons rustig aan te doen. Slingerend in een hangmat begint hij uit te wijden over de tijd dat hij op IJsland vloog, op de NAVO-basis op Groenland en op Goose Bay in Canada. Nu vliegt hij voor de lol naar de diepe binnenlanden van Venezuela: een verbluffend stuk natuur op de grens met Brazilië en Guyana dat gedomineerd wordt door met jungle overwoekerde *tepui's* (tafelbergen), klaterende watervallen en in de zon bakkende savanne. 'Als je nog een foto wil maken van Angel Falls', zegt hij, 'scheer ik er straks wel even langs.' Hij doelt op de hoogste waterval ter wereld, die bijna een kilometer naar beneden stort. Met zijn duim en wijsvinger laat de piloot zien hoe dichtbij hij ons hoopt te krijgen. Als ik gelovig was geweest, had ik een schietgebedje gedaan.

Huis van kwade geesten

Het is een paar dagen eerder – we zijn zojuist gearriveerd in het dorp Kamarata. Het bestaat uit een missie, twee scholen, een dokterspost en een twintigtal huizen en hutten. In de verte doemt Auyán-Tepui, 'het huis van kwade geesten', op. Het is een toepasselijke naam. De imposante tafelberg lijkt een zwart kasteel dat door prehistorische wezens is gebouwd, maar dat sindsdien is verlaten en door onkruid is overwoekerd. Geregeld is de top gehuld in spookachtige wolken, alsof er iets te verbergen valt. Het plateau bereiken vergt vele dagen hiken. Tegelijk is de *tepui* een dreigende, altijd nabije aanwezigheid. Op de stoffige landingsbaan staat Clemente te wachten, onze gids. Hij is een ernstige man met inheems bloed in de aderen – alleen *indigenous people*, legt hij uit, is het toegestaan in het uitgestrekte Nationaal Park Canaima te wonen. Dit is het gebied van de Pémondon, die een taal spreken die Pémon heet. Clemente is van zijn afgelegen boerenakker aan komen rennen en verontschuldigt zich uitgebreid voor mogelijke misverstanden en ongerief. Er zijn geen misverstanden, er is geen ongerief. Clemente is een man met te veel kopzorgen. Helemaal vreemd is dat niet. Wonen in het park is niet eenvoudig. Alles moet worden ingevlogen en dat maakt het leven duur. Waar in Caracas twee dollar betaald moet worden voor een volle benzinetank, betaal je in Kamarata hetzelfde voor één liter. In de nabije omgeving – die nog een handvol kleinere dorpjes omvat – zijn slechts vier auto's te vinden. Ze zijn stukje bij beetje overgebracht en ter plekke geassembleerd. Twee auto's zijn privébezit en twee zijn bezit van de gemeenschap, de kern waarom alles draait. Financieel hebben de Pémondon het zwaar, zegt Clemente. Het toch al bescheiden aantal toeristen – een aanvullende bron van inkomsten – is in het tijdperk Hugo Chávez flink teruggelopen. 'Met Chávez kwamen rellen en kwam ruzie met Amerika. Buitenlanders komen nu niet meer zo snel.'

Ik kijk naar het ongerepte landschap en probeer te bedenken of dat een vloek of een zegen is. We maken een wandeling door het dorp. Het oogt uitgestorven, totdat je een school binnengaat. Een zee van kinderen gaat klaslokaal in en uit, speelt op een binnenplaats of maakt huiswerk. Clemente wijst de provisorische keuken aan: een hokje van golfplaat. 'De overheid belooft veel, maar het duurt en duurt. Hier moeten we het zolang mee doen.' De klaslokalen zijn donker, want overdag is er geen elektriciteit. Dit zijn de droogste maanden – het weinige beetje stroom dat met waterkracht wordt opgewekt, wordt opgespaard voor de nacht. In het regenseizoen zullen de rivieren en de watervallen aanzwellen en kan er getapt worden naar hartenlust. Clemente droomt van de aanschaf van een generator en een koelkast. 'Dan kan ik vis en vlees invriezen en handel gaan drijven.' Alles voor de overlevingskansen van zijn gezin, dat me eigen landbouwproducten en Clemente's sporadische schnabbels als gids nauwelijks het hoofd boven water kan houden.

Toestemmende geesten

In de laadbak van een oude pick-up trekken we naar Kavac, het kamp waar we zullen overnachten. De weg is hobbelig en gaat over grasvlakten, door woud en door ondiepe stromen. Ergens is een bruggetje beschilderd met het gezicht van Símon Bolívar, de vader des vaderlands waarover een Venezolaan geen kwaad woord verdragen kan. Links en rechts domineren tafelbergen, de *tepui's*, het uitzicht. Clemente duidt een berg aan die in het Pémon 'pompoenberg' heet. Er zit, zoals zovaak, een verhaal aan vast. 'Er was eens een meisje', vertelt hij, 'dat erg van pompoen hield. Toen ze voor het eerst ongesteld raakte, werd ze echter doodziek van haar pompoendrank. De kwade geesten van deze berg hadden het drankje vergiftigd omdat het niet is toegestaan pompoen of andere zoetigheid te eten als je voor het eerst menstrueert. Haar grootvader, een sjamaan, kreeg in de smiezen wat er gaande was en heeft de geesten gesmeekt zijn kleindochter te sparen.' Vanuit Kavac – een verzameling voor toeristen opgerichte hutten – ondernemen we de ochtend erop een voettocht naar Kavac Canyon. Het eerste deel van de hike gaat tegen een steile, met ruw gras begroeide berghelling op. De zon brandt onbarmhartig op onze huid, gieren cirkelen boven het landschap. Ergens in het struikgewas klinkt geritsel: een meterslange, geel, zwart en rood gekleurde slang schiet weg voor onze voeten. Verderop begint het woud. Er klinkt een kakofonie aan dierengeluiden. Van papegaaien, brulkikkers en apen. Arthur Conan Doyle liet zich door verhalen over dit gebied inspireren tot zijn roman *The Lost World* (1912). Het vertelt over een expeditie naar een Zuid-Amerikaans plateau waar uitgestorven dieren, waaronder dinosauriërs, nog steeds in leven blijken. De expeditie wordt aangevallen door pterodactyli en is getuige van de oorlog tussen vroege mensachtigen en een kwaadaardige apenstam. Het boek is een typisch staaltje fantastisch exotisme, kenmerkend voor een tijd waarin de jungles van Afrika en Zuid-Amerika nog nauwelijks ontsloten waren. Maar in de schaduw van deze zwartgetande bergen kun je je er zowaar iets bij voorstellen. Hoe hoger we komen, hoe dichter de begroeiing wordt. We trekken ons voort

The lost World

GLIJDJANUS

Bij La Toma heeft het water de rotsen afgeslepen tot een natuurlijke glijbaan. Onze inheemse gids Clemente doet het zijn bleke reisgenoten voor.

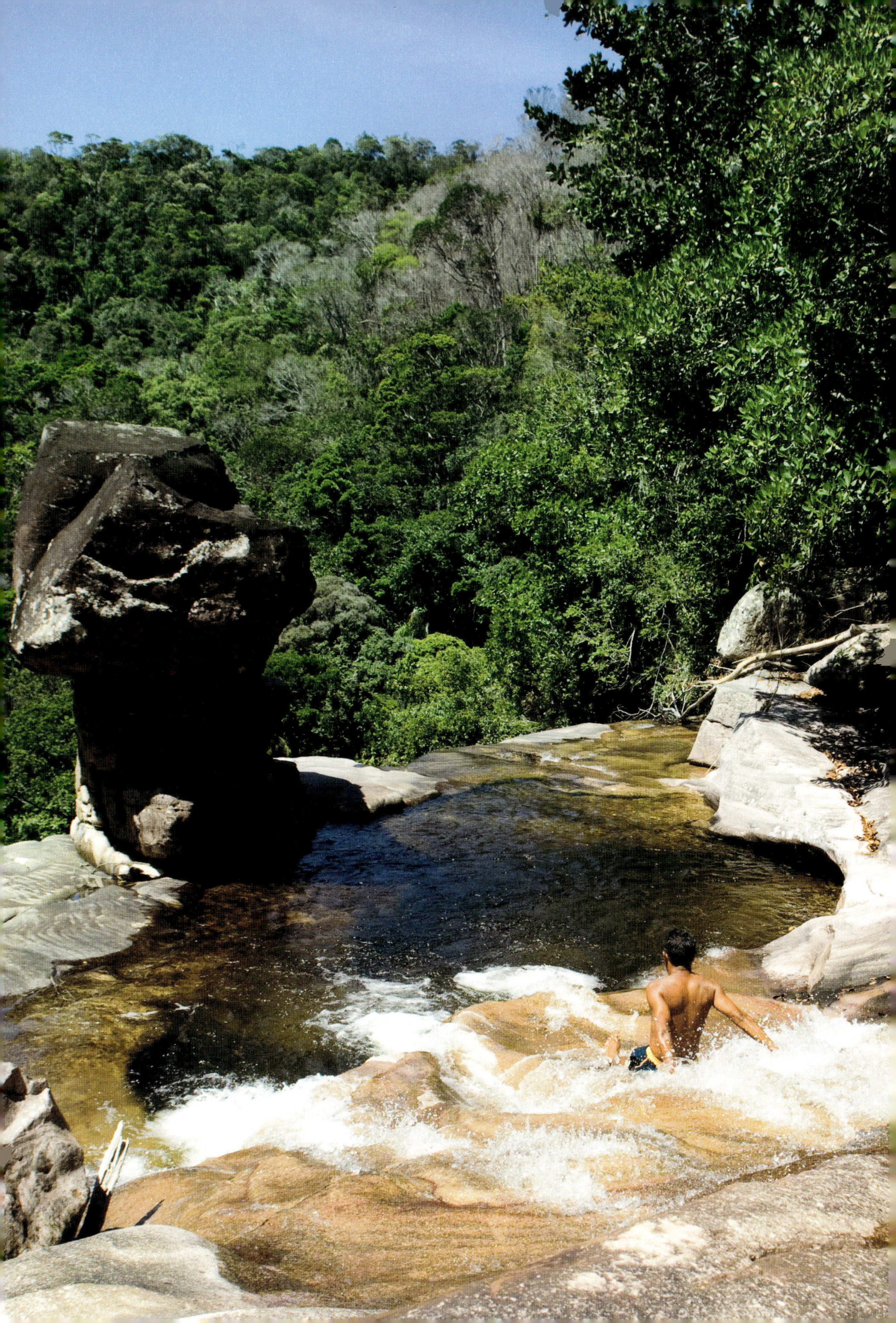

The lost World

aan takken, hijsen ons op rotsen, waden door een stroom die zich trapsgewijs naar beneden stort. Met onze voeten zoeken we een onderwaterpad van kleine steentjes, die minder glad blijken dan de grotere. Het laatste stuk zal gezwommen moeten worden. Maar niet, zegt Clemente, voor we de geesten om toestemming hebben gevraagd. Bij een corridor tussen twee majestueuze rotswanden heft hij een lied aan: '*Yese parushi. Annata apukak. Ewon tope. Ewon tope.*' Het betekent zoveel als: zwagerzuster, open uw deur opdat ik naar binnen kan. We herhalen het lied. 'Nu kan het', zegt Clemente. 'Loop achterwaarts de canyon in en draai je dan om.' We doen wat hij zegt. De beloning is een uitzicht zoals ik nooit eerder zag: een met water gevulde kloof waarin een mens zich vooral nietig voelt. Ik laat me in het water zakken en zwem naar het eind van de stroom, waar een waterval zich in een basin stort, omringd door rotswanden en hangende tuinen. Van over de rand regent het zilveren druppels, die in slow motion naar beneden komen. Ademloos kijk ik naar boven.

Ratjetoe

Ook onder indianen blijken gradaties in armoede te bestaan. Het volgende dorp dat we bezoeken heet Santa Marta. Hier geen stenen gebouwen, alleen maar strooien hutjes met daken van gedroogde palmbladen. Kippen en kuikens snellen door het stof, kinderen drommen samen – hun schooluniform is afgemaakt met rugzakken die door toeristen zijn geschonken. De keukenhut, die geen wanden heeft maar alleen een overkapping, is een ratjetoe van rommel. Er zit een familie waarvan de volwassenen het lachen is vergaan. Vergeleken bij Santa Marta is Kamarata het summum van beschaving. Even voorbij een riviertje woont een oude boer. Hij zit op een krukje terwijl zijn dochters bezig zijn de oogst van de dag te verwerken. Zijn vrouw heeft een piratenlapje voor haar oog en slingert narrig heen en weer in een hangmat. Midden in de hut ligt een lekgeslagen boot vol geschilde en gewassen cassave. De aardappelachtige knol wordt op een wasbord tot pulp geschraapt en in een kolf bijeengeperst. Na de nodige droogtijd zullen er grote plakken brood van gebakken worden: een hard en smakeloos goedje, dat bij voorkeur gedipt wordt.

Jimmie en Ruth

Twee namen hoor je in deze streek vaak: Jimmie Angel en Ruth Robertson. Angel landde in de jaren dertig als eerste bovenop de *tepui*'s en is de naamgever van de legendarische waterval. Ruth Robertson kwam in 1949 als fotografe voor *National Geographic* het gebied vastleggen. De inheemse bevolking moet raar hebben opgekeken. Een blanke had zich nog maar zelden vertoond, en de indianen gingen nog steeds naakt door het leven. Dat ze nu kleren dragen, is niet uit schaamte, zo wordt me verzekerd. Het is tegen de zon en tegen de muskieten – 'voorheen hadden we veel meer last van ziekten', weet Clemente. Florentino Piñatel Carballo is de enige nog levende local die met Robertson op expeditie is geweest. Als bleue *youngster* deed hij dienst als drager en als roeier. Nu is hij negentig, een oude man die te lijden heeft onder artritis en staar. We treffen hem in zijn hut, in een kleine dorpsgemeenschap omzoomd door mangobomen. Het is er donker en er hangt de geur van vuur. Een alcoholische cassavedrank – onaangenaam scherp van geur – wordt met een kommetje uit een grote pan geschept. Carballo ziet er, met zijn overhemd, zijn zonnebril en zijn lichaamshouding, uit als een gepensioneerde generalissimo. Zijn leeftijd heeft hij bereikt ondanks veelvuldig roken en drinken. Ruth Robertson was niet de eerste blanke die Carballo zag. Als kind ontmoette hij Jimmie Angel, de avonturier die in Caracas woonde en die Carballo's broertje zou adopteren. 'We wisten van de beschaving', zegt hij. 'Maar elkaar begrijpen was wel moeilijk. We hadden een tolk voor de tolk. De één vertaalde van Pémon naar Spaans, de ander van Spaans naar Engels.' Ik vraag of de komst van buitenstaanders zijn eigen leven heeft veranderd. Is die andere wereld gaan trekken? Carballo knikt langzaam. 'Ik heb wel eens gedacht: ik ga hier weg. Met een vriend zou ik naar een mijnstadje verhuizen. Als we daar gaan boeren, dacht ik, kunnen we goed geld verdienen. De mijnwerkers moeten toch eten en hun geld uitgeven. Maar mijn vader werd ziek en riep me terug. Ik ben sindsdien gebleven.' Waarschijnlijk, denkt hij, had hij ook niet kunnen aarden. Dáár is alles iemands bezit, wordt alles bewaakt, afgeschermd, ingekapseld. 'Ik zou me gevangen hebben gevoeld. Hier ben ik vrij en gelukkig.' Kunnen de toeristen dan niet beter wegblijven? Welnee, zegt Carballo. Zolang ze de natuur en de leefwijze van de indianen maar respecteren. 'Toeristen brengen geld en andere dingen die we nodig hebben. Tegelijk worden ze zich bewuster van het landschap en van ons leven. Dan zullen ze er zorgzamer mee omspringen. Ik zie niet hoe dat verkeerd kan zijn.'

Speling van de natuur

Het licht in de ochtend is van een verbluffende schoonheid. We trekken de jungle in, op weg naar La Toma. Andermaal watervallen, andermaal hangende tuinen en natuurschoon. Maar ook iets nieuws: uitzonderlijke rotspartijen. We stuiten op een immense kei, een zogenaamde *murey*, die boven een waterval rust op de nek van kleiner gesteente. Een speling van de natuur. Wanneer je een stukje verder trekt, zie je het gezicht van een indiaan, door wind en water uit de rotswand gehouwen. Het verhaal achter de balancerende kei is een schoolvoorbeeld van de lokale, orale traditie, zegt Clemente. Een sjamaan heeft een *murey* cadeau gekregen – hij zal de steen kunnen gebruiken als zetel. Wanneer rivaliserende stammen, behekst door kwade geesten, oorlog zoeken, vlucht de sjamaan de bergen in. Nabij de waterval waar de *murey* nu de wacht houdt, laat hij van uitputting het leven. Maar als geest weet hij lange tijd zijn *murey* te beschermen, door bezoekers aan het gebied met ziekte en dood te bezwangeren. Uiteindelijk wordt er een bestand gesloten tussen de geest en de mensen. Nu kunnen we straffeloos het gebied betreden. Zittend bij een cascade van kleinere watervallen mijmert Clemente over de toekomst van de Pémondon. Ze zouden moeten investeren in landbouw en veeteelt, vindt hij, maar voor indianen – van oorsprong vissers en jagers – is de lange termijn een moeilijk concept. Ooit zijn er duizenden koeien geïmporteerd, maar al snel wer-

JUNGLE FEVER Boven een zee van groen verheft zich Wei-Tepui, het 'Zonplateau'. Via de door de jungle kronkelende Río Churún is het mogelijk tot aan de voet van de majestueuze Angel Falls te komen.

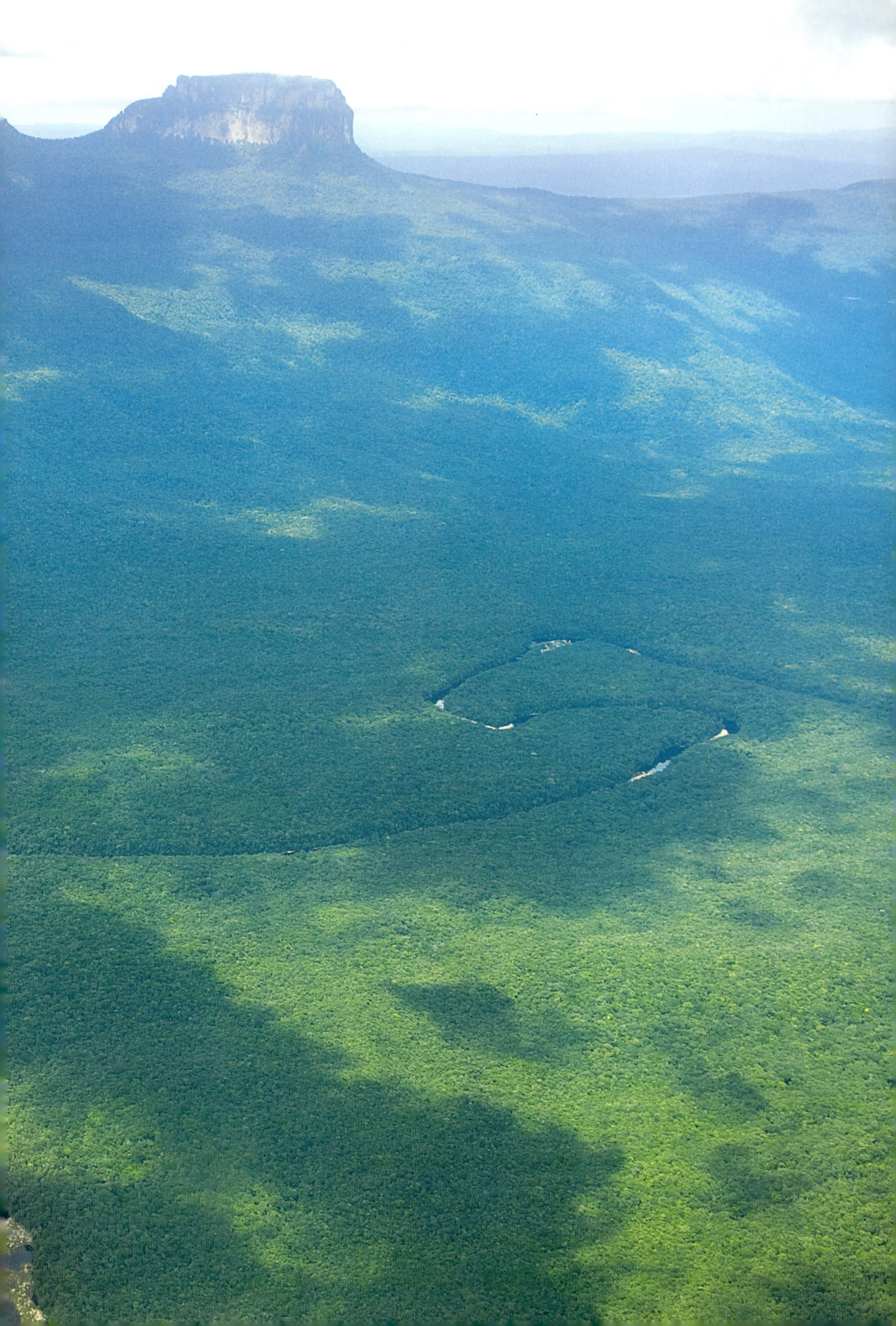

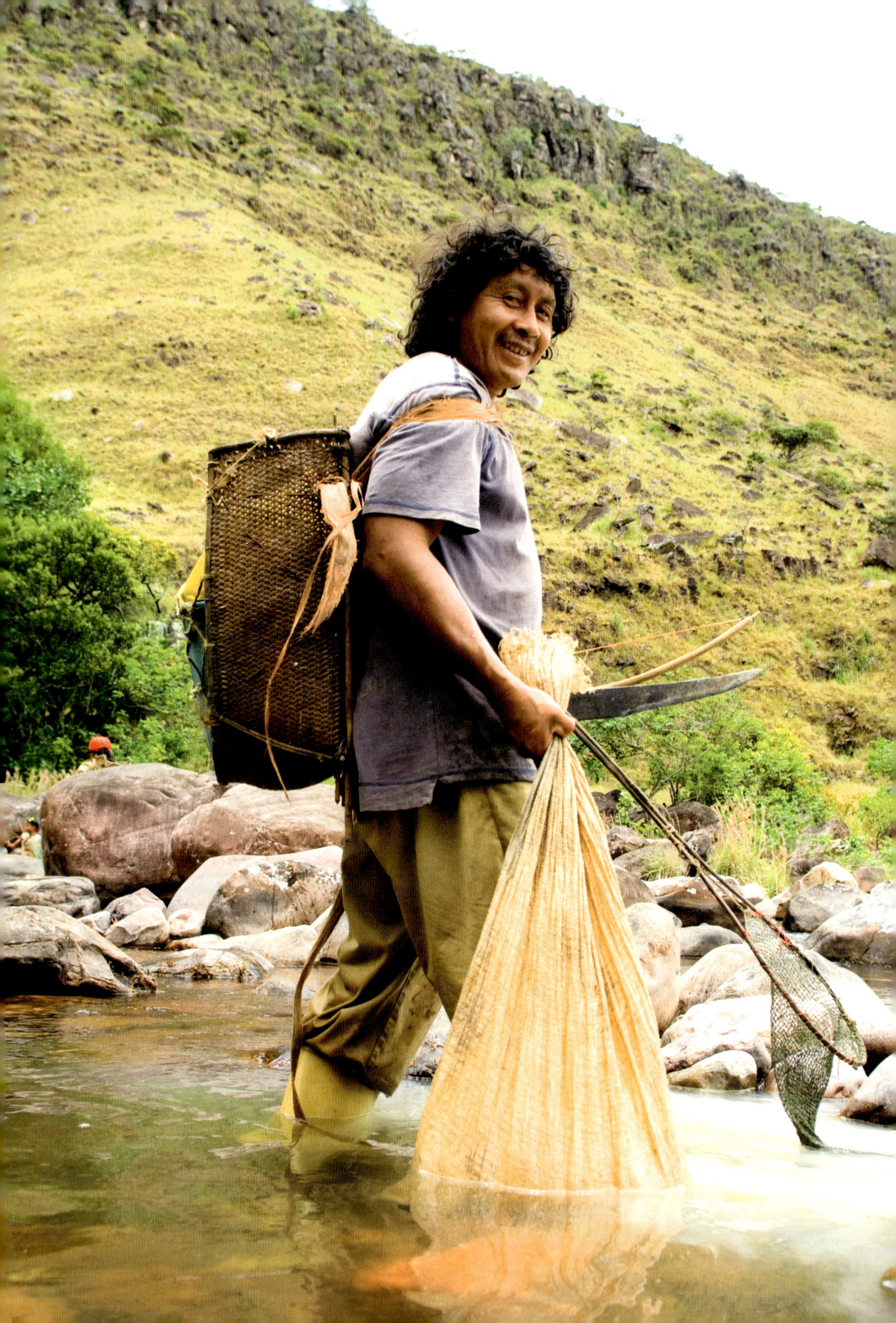

den ze ziek of gewoonweg afgeschoten. 'Er moet iemand komen die ons leert hoe we bepaalde gewassen kunnen verbouwen en hoe we vee kunnen houden. Iemand die experimenteert met de grond, om erachter te komen wat gedijen kan, en wat niet.' Het is een delicate balans, suggereer ik. Aan de ene kant wil je dat de indianen een beter leven krijgen, bijvoorbeeld door land in cultuur te brengen. Aan de andere kant wil je één van de fraaiste natuurgebieden die de aarde kent geen schade berokkenen. Clemente erkent het probleem, maar denkt dat de inheemse bevolking juist de beste rentmeester is die dit land zich wensen kan. 'Altijd hebben de Pémondon als regel gehad: neem alleen wat je nodig hebt.' Beneden zien we de traditie in de praktijk. De gemeenschap is uitgelopen om te vissen in de stroom. Er zijn strengen van giftige wortels meegebracht. Met knuppels wordt het sap eruit geslagen, vervolgens worden de wortels in het water uitgewrongen. Dronken van ellende drijven de vissen naar het oppervlak, waar ze gemakkelijk kunnen worden opgeschept, of met pijl en boog kunnen worden afgeschoten. De vissers dragen wellicht plastic duikbrillen en t-shirts met Megadeth en Jimi Hendrix erop, verder is er gedurende vele eeuwen weinig veranderd. Vrouwen, mannen en kinderen bewegen stroomafwaarts, het afdrijvende gif en de wezenloze vissen achterna.

Sluier van tranen

De laatste dag. Ons tweede kamp heet Uruyén en omvat een verzameling idyllische hutjes bij een beek. Ik heb een snelle duik genomen en ben net aan de lunch begonnen. Een propellervliegtuigje staat geparkeerd voor de hut. De legendarische Venezolaanse luchtvaartpionier blijkt in Leiden te hebben gewoond en opgeleid te zijn op Schiphol. Het is – ver weg van de beschaving – een onwerkelijke mededeling. Niet veel later vliegen we tussen de tafelbergen door naar Angel Falls. Fluitend houdt de piloot met één hand een raam open, terwijl hij met de andere het vliegtuig tot vlakbij rotswand en waterval manoeuvreert. Het is moeilijk foto's te maken en niet over je nek te gaan, zo onstuimig schieten we van links naar rechts, van boven naar beneden. Maar het lukt. Angel Falls is een sluier van tranen die van het plateau afloopt. Nog fraaier is het dak van de tafelbergen zelf: zevenhonderd vierkante kilometer waar zelden iemand komt. Het zijn grillige vormen die zich uitstrekken tot aan de horizon. Een deel staat bekend als de 'vallei van duizend kolommen'. Het ziet er uit als een zee van mythische strijders die door de kwade geesten van de berg in de tijd zijn bevroren en door de natuur zijn ingekapseld. In de diepte, ruim een kilometer onder ons, slingert een rivier zich door het land, richting de savanne. De vlucht terug naar de bewoonde wereld neemt ruim een uur en gaat over het met eilandjes bezaaide water van Embalse de Guri, een gigantisch, kunstmatig meer. Dan verschijnt de industrie van Ciudad Guyana aan de horizon. Het is een pandemonium van rook, licht en stank – een onaangename verrassing. Dít is een verloren wereld, denk ik, *the Lost World*. Niet Canaima, niet Auyán-Tepui. Dat ik de kans heb gehad die perfect bewaard gebleven wereld te zien, voelt als een voorrecht. Ik ben anders teruggekomen dan ik heen ben gegaan. En dat is wat reizen uiteindelijk met je hoort te doen.

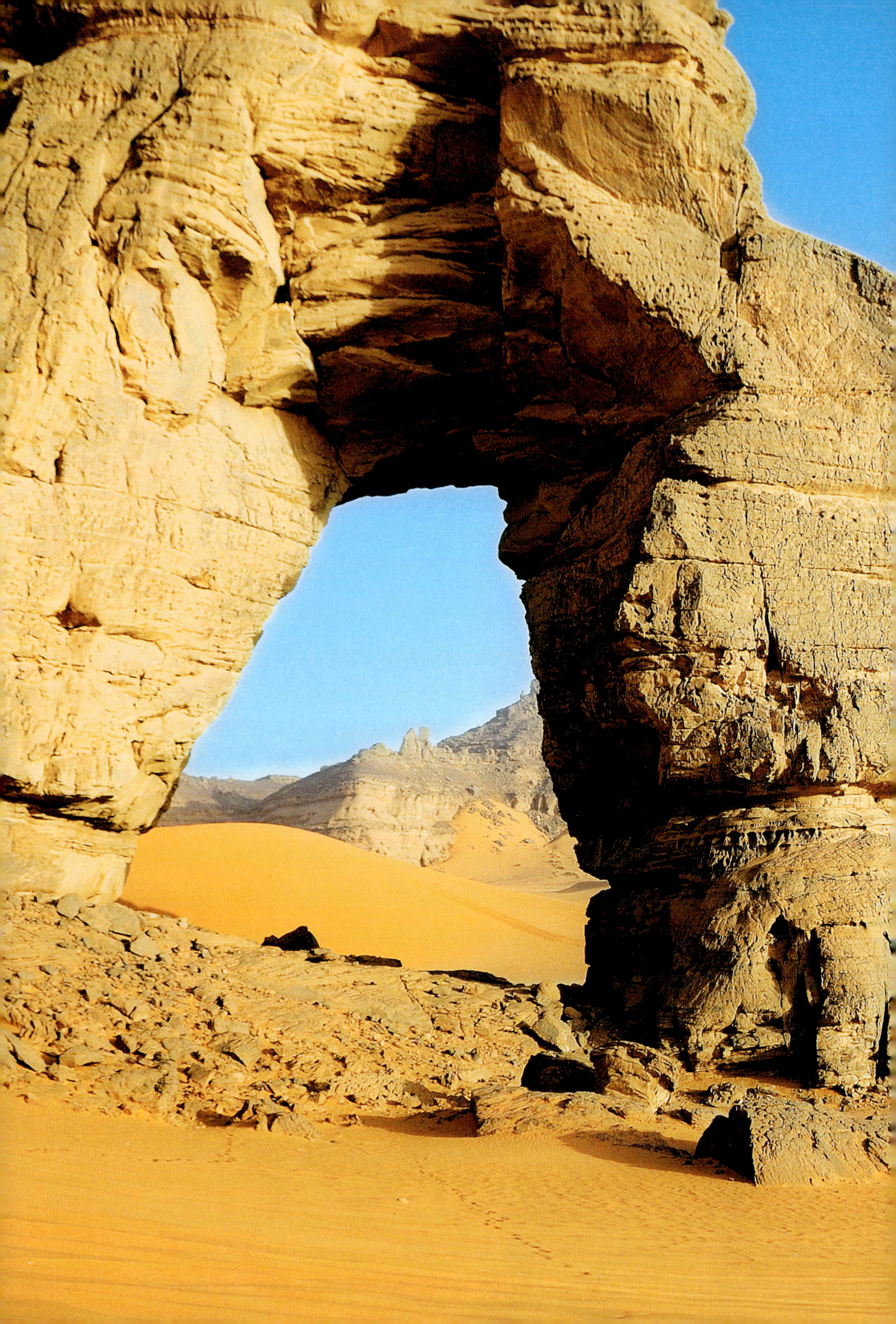

LIBIE

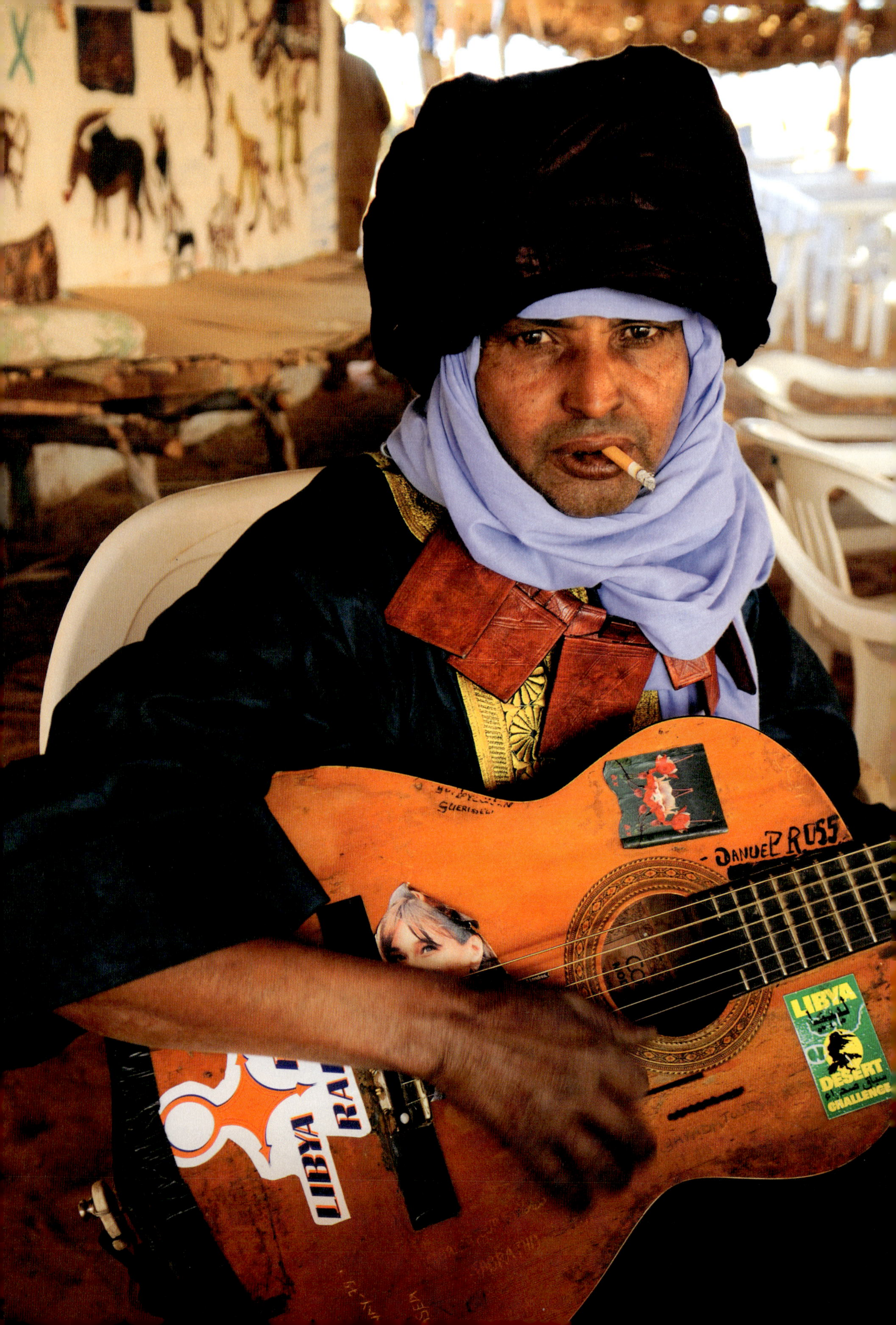
LIBYA
DESERT
CHALLENGE
LIBYA

Nu Khaddafi zijn wilde jaren achter zich heeft gelaten, worden de geheimen van Libië eindelijk geopenbaard. Met een oude rammelbak maken we een off-roadtrip door de torenhoge zandduinen en beeldschone oases van de Sahara.

Superster Van de Sahara

En gigantisch portret van Muammar al-Khaddafi hangt aan een blinde muur. Gehuld in een bruin gewaad kijkt hij met een zelfgenoegzame blik voor zich uit. Een paar straten verderop zien we opnieuw een portret van de Libische leider, maar dan in een andere uitdossing. Dit keer heeft de inmiddels 67-jarige Khaddafi met zijn donkere zonnebril wel wat weg van een rockster. Hadi is gewend aan de vele portretten. 'Onze leider houdt nogal veel van zichzelf', merkt hij op. 'Daar hebben wij mee leren leven.' Hadi, kort geknipt haar en blauw overhemd, werkt in een supermarkt in de zuidwestelijke stad Sabha, de toegangspoort tot een prachtig woestijnlandschap. Fotograaf Tom en ik zijn de enige klanten, waardoor hij alle tijd heeft om te kletsen. Voor de deur van de winkel staat onze 22 jaar oude Toyota Land Cruiser, waarmee we via Italië en Tunesië naar Libië zijn gereden. Vaak kijken Libiërs schichtig om zich heen als we vragen wat ze van hun leider vinden. De veiligheidsdienst pakt critici soms hard aan. Zelfs als niemand meeluistert, krijgen we vaak geen antwoord. Maar Hadi doet niet moeilijk. 'Khaddafi heeft een ziekelijke hang naar aandacht', meent hij. 'Hoe hij aandacht trekt, maakt hem niet uit. Als de mensen maar over hem praten.' Zo beweerde Khaddafi onlangs nog dat Barack Obama een minderwaardigheidscomplex heeft over zijn zwarte huid. Toch denkt Hadi dat de dictator in zijn hart een goed mens is. 'Als hij oproept tot gelijkwaardigheid en gerechtigheid geloof ik hem. Helaas komt er van zijn mooie woorden in de praktijk weinig terecht.' Het grote probleem met Khaddafi is volgens Hadi dat hij ongeduldig en zelfgenoegzaam is. 'Als hij zijn zin niet krijgt, gaat hij raar doen. Zowel in Libië als daarbuiten weet iedereen waar dat toe kan leiden.'

Wilde jaren

Het is inmiddels meer dan veertig jaar geleden dat Khaddafi via een staatsgreep aan de macht kwam. Al tijdens zijn tienerjaren begon hij samen met een aantal vrienden aan de voorbereiding van zijn revolutie. De machtsovername was het begin van een roerige periode. Khaddafi voerde een felle antiwesterse politiek, die een combinatie was van islam en communisme. In eigen land voerde hij de islamitische wet in, privébezit werd afgeschaft. Om het westen te straffen voor koloniale uitbuiting steunde hij terreurorganisaties als de IRA en de ETA. Zijn antiwesterse politiek beleefde zijn absolute hoogtepunt in de jaren tachtig. Volgens inlichtingendiensten zat Libië achter twee aanslagen op westerse vliegtuigen: een Amerikaans

ZOUTE INVAL Het water van de oase van Gabron is zouter dan dat van de Dode Zee en doet gemeen pijn op de huid. In plaats van zwemmen in het meer kun je dan ook maar beter 'sandboarden' van de omliggende zandduinen – een favoriet uitje voor veel Libiërs.

Superster Van de Sahara

toestel boven het Schotse Lockerbie en een Frans toestel boven het Afrikaanse Niger. De handelssancties die daarop volgden, werden pas in 1999 opgeheven, nadat Khaddafi eindelijk besloot de Libische verdachten uit te leveren. De dictator is de afgelopen jaren een stuk zachtmoediger geworden – het ene na het andere staatshoofd komt nu gewoon bij hem op de thee en de relaties tussen Libië en het westen zijn volledig genormaliseerd. De Libiërs zelf merken ook dat Khaddafi zijn 'wilde jaren' achter zich wil laten. Hij regeert nog steeds als een dictator, maar zijn communistische experimenten zijn verleden tijd. Rijke Libische families wier bezittingen waren afgenomen, krijgen compensatie voor geleden schade. Markten in Libië, jarenlang gesloten omdat Libiërs alleen inkopen mochten doen in staatswinkels, zijn levendiger dan ooit. Goedkope spullen uit China, zoals batterijen en kleding, liggen nu overal te koop. In Sabha is zelfs een speciale markt met alleen maar koopwaar uit zwart Afrika, zoals huidcrème en goedkope sigaretten uit Nigeria.

Tweede Dubai

Veel Libiërs vinden het prima zo. 'Natuurlijk heeft onze leider wat minder goede kanten, maar alles bij elkaar ben ik heel tevreden', zegt Mabrouka, een studente tandheelkunde die we in de hoofdstad Tripoli ontmoeten. Samen met haar broer pikt ze ons op bij de fontein op het Groene Plein, om daarna bij haar thuis wat te gaan eten. Haar huis, een eenvoudige maar ruime woning van twee verdiepingen, deelt ze met haar ouders, twee broers en drie zussen. In de woonkamer zit de hele familie op roze matrassen op de grond. Nadat iedereen is voorgesteld wordt een grote pan couscous met kip voor ons neergezet. Daarna verschijnen nog wat kleine schaaltjes met tajine, bonen, sla en olijven. 'Ik wil dat jullie zoveel eten als je kunt', spoort Mabrouka aan. 'Er is meer dan genoeg.' Mabrouka, die net als bijna alle vrouwen in Libië een hoofddoek draagt, vraagt naar onze mening over haar land. Daar hoeven we niet lang over na te denken. De woestijn is prachtig: eindeloze vlaktes, afgewisseld met honderden meters hoge zandduinen en bizarre rotsformaties. De afgelopen dagen hebben we in een tentje midden in de lege woestijn geslapen. Ook over de Libiërs zijn we erg enthousiast. In andere Afrikaanse landen vragen mensen vaak tot vervelens toe om een gift, maar hier zijn het juist de inwoners zelf die bezoekers overladen met cadeaus. Het enige waar we minder enthousiast over zijn, is het leiderschap van Khaddafi. 'Dat kunnen jullie niet menen!', reageert

HOOG EN DROOG

Het Acacusgebergte, ten oosten van de stad Ghat, is een van de droogste delen van de Sahara. Je vindt er onder andere bizarre rotsformaties en rotstekeningen uit de tijd dat het hier nog groen was en er volop wilde beesten rondliepen. Tegenwoordig hoef je slechts bang te zijn voor schorpioenen als je hier 's avonds je tentje opslaat.

Superster Van de Sahara

Mabrouka half verontwaardigd. 'We hadden het echt veel slechter kunnen treffen. Kijk maar naar de landen om ons heen. Armoede bestaat in Libië niet.' Door de enorme olie- en gasvoorraden is Libië inderdaad relatief rijk. De baten gaan voor een groot deel naar individuen rond Khaddafi, maar gewone mensen profiteren ook. Met een gemiddeld jaarinkomen van ruim zevenduizend euro is Libië het rijkste land van Afrika. Op de Human Development Index van de Verenigde Naties staat het land hoger dan Roemenië en Turkije. Talloze producten zijn door subsidies extreem goedkoop. Benzine kost € 0,10 per liter en een stokbrood gaat voor 3 cent over de toonbank. Aziatische bedrijven bouwen ondertussen in de hoofdstad Tripoli nieuwe futuristische wolkenkrabbers. 'Het wordt hier een tweede Dubai', meent Mabrouka.

Het Groene Boekje

Ook Khaddafi's geboorteregio is in de ban van de bouwwoede. De dictator werd geboren in een tent in de woestijn, twintig kilometer ten zuiden van de kustplaats Sirte. Ooit een onbeduidend visserdorpje is dit nu een van de grootste steden van het land. Overal zijn moderne woonblokken gebouwd. Het nieuwe centrum ligt landinwaarts, langs een drukke vierbaansweg die dwars door de stad loopt. Strak gesnoeide buxusbomen staan netjes op gelijke afstand op het trottoir, met daartussen terrassen waar je wat kunt eten en drinken. De boulevard langs de kust is zo goed als verlaten. Vis is nergens te koop. In de op een heuvel gelegen binnenstad staat nog steeds Khaddafi's voormalige lagere school: een vervallen, wit gepleisterd gebouw met scheuren in de gevel. Aan de andere kant van de straat is de moskee, waar hij 's nachts sliep. Alleen in de weekeinden ging Khaddafi naar huis, meestal liep hij dan de twintig kilometer naar het tentenkamp. Nog steeds trekt Khaddafi zich op gezette tijden terug in de woestijn. In de jaren zeventig schreef hij er het *Groene Boekje*, waarin hij in navolging van de Chinese leider Mao zijn ideeën over de ideale samenleving uiteenzette. De ondertitel luidt: *De Derde Universele Theorie*, waarmee Khaddafi wilde aangeven dat hij een alternatief had bedacht voor kapitalisme en marxisme. 'Helaas bestaat het grootste deel uit onsamenhangende onzin', meent Isa, een zakenman die we ontmoeten in ons hotel in Sirte. 'Ik kan er weinig logica in ontdekken.' We gaan de stad in om koffie te drinken. Isa, in een bruine corduroybroek, beweert dat Khaddafi nooit goed heeft nagedacht over het *Groene Boekje*. De Libische leider schrijft onder meer dat westerse parlemen-

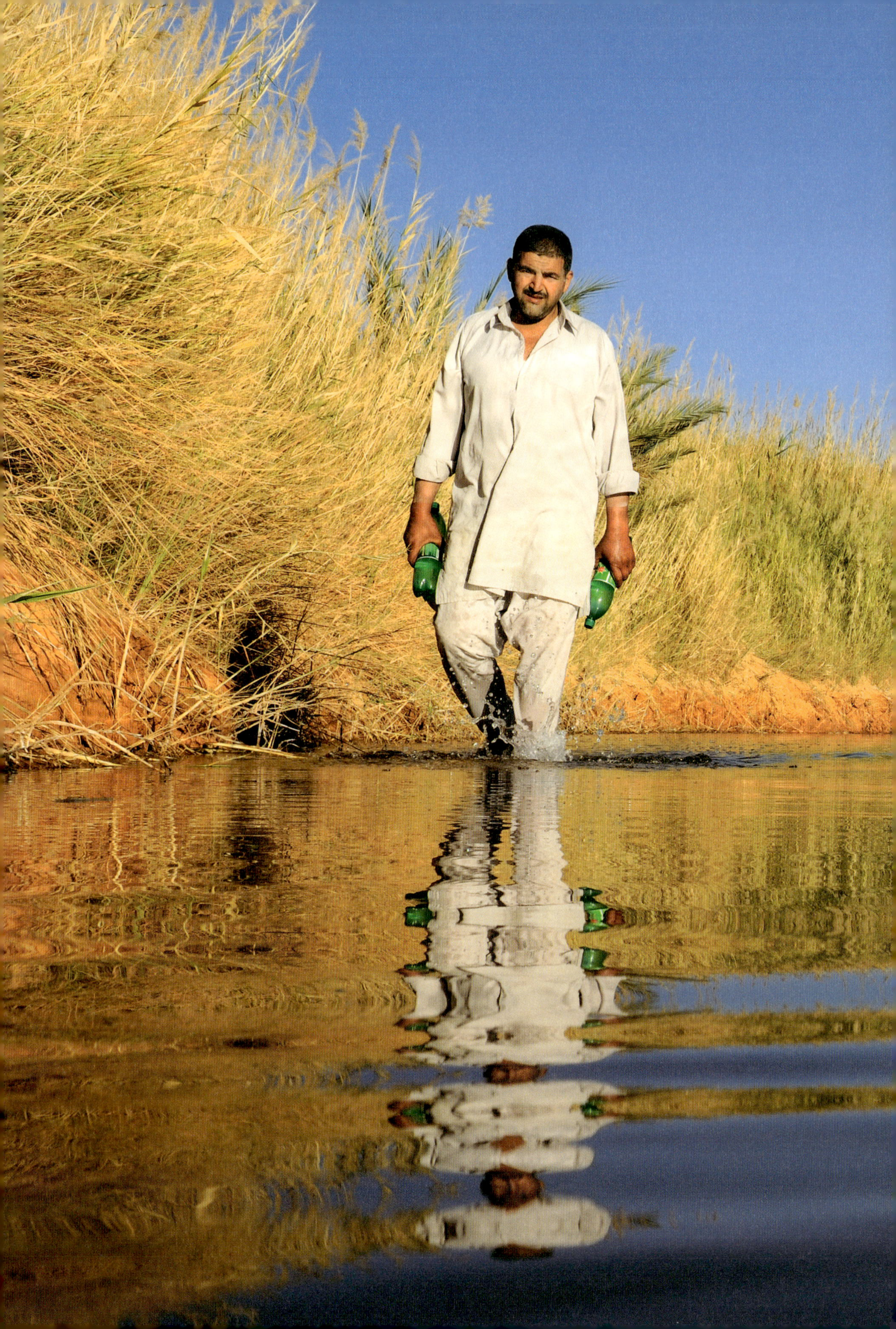

TERUG NAAR DE BRON

In de Ez-Zellaf-zandduinen liggen een aantal prachtige oases: blauwe meertjes omringd door honderden meters hoge zandduinen. Gabron is de bekendste, maar er zijn nog een tiental andere oases. In de duinen rondom de oases kun je uitstekend wildkamperen. Je tent opslaan aan de oever is echter niet aan te raden – er zitten hier veel muggen.

taire democratieën geen echte democratieën zijn, omdat de minderheid zich neer moet leggen bij de meerderheid. In plaats daarvan bedacht Khaddafi het systeem van de gekozen volkscomités. Maar op welke manier die verschillen van westerse gemeenteraden, heeft hij nooit goed duidelijk kunnen maken. 'Daarbij komt dat Khaddafi zich in de praktijk niks aantrekt van de volkscomités', zegt Isa. 'Toen hij ontdekte dat de meerderheid van de Libiërs heel andere ideeën heeft dan hijzelf, besloot hij gewoon zijn eigen gang te gaan.' Behalve over economie en politiek bevat het *Groene Boekje* ook handleidingen over de rol van de vrouw en vrijetijdsbesteding. Vooral het hoofdstuk over sport is vermakelijk. Daarin keurt Khaddafi het bezoeken van sportwedstrijden af. Net zoals je in een moskee niet naar biddende mensen gaat kijken, schrijft Khaddafi, zo ga je niet naar een stadion om sporters toe te juichen. In plaats daarvan is het volgens hem beter zelf aan sport te doen. Maar na massale volksprotesten is Khaddafi van mening veranderd. Overal in Libië staan tegenwoordig voetbalstadions. 'Khaddafi is niet helemaal gek', aldus Isa. 'Hij beseft dat het soms verstandig is om wél de wil van het volk te volgen.'

Droomoase met hangjongeren

Terug bij het hotel, vlak voor vertrek, beginnen we ons zorgen te maken over de Toyota. De afgelopen dagen horen we geregeld een gierend geluid, dat niet bepaald geruststelt. Omdat het linkervoorwiel wat speling heeft, proberen we het wiellager bij te stellen. Isa vraagt of hij kan helpen. Als ik uitleg wat er aan de hand is, begint hij te lachen. 'Maak je geen zorgen', zegt hij. 'Een beetje speling kan geen kwaad. Dat hoort bij een oude auto. Neem maar van mij aan dat je nog duizenden kilometers zonder problemen kunt rijden.' En ja hoor, zonder noemenswaardige problemen bereiken we de woestijnoase Gabron, bijna duizend kilometer ten zuiden van Sirte. Gabron ziet eruit zoals je denkt dat een oase er uit hoort te zien. Geen put met wat struikgewas, maar een prachtig blauw meer omgeven door palmbomen en honderden meters hoge zandduinen. In het weekeinde, dat op vrijdag en zaterdag valt, brengen Libiërs hier graag hun vrije tijd door. Een gezin picknickt aan de oever van het meer. Een aantal jongeren glijdt op een snowboard van de zandduinen naar beneden. Zwemmen doet bijna niemand. Het water van het meer, dat zouter is dan de Dode Zee, doet gemeen pijn op de huid. Ook een groep van enkele tientallen jongeren van de Gaddafa-stam, de bevolkingsgroep waartoe de Libische leider behoort, is in Gabron. Zingend en klappend staan ze in een kring om een paar muzikanten. Om de beurt gaan ze de cirkel binnen om hun danskun-

ZAND EROVER! Vrijwel nergens is de Sahara zo mooi als in Libië. Een van de belangrijkste trekpleisters is het Acacusgebergte. Grillige rotsformaties komen op sommige plaatsen bijna loodrecht omhoog uit de aarde. Lichtrood gekleurd zand is er door de wind tegenaan geblazen.

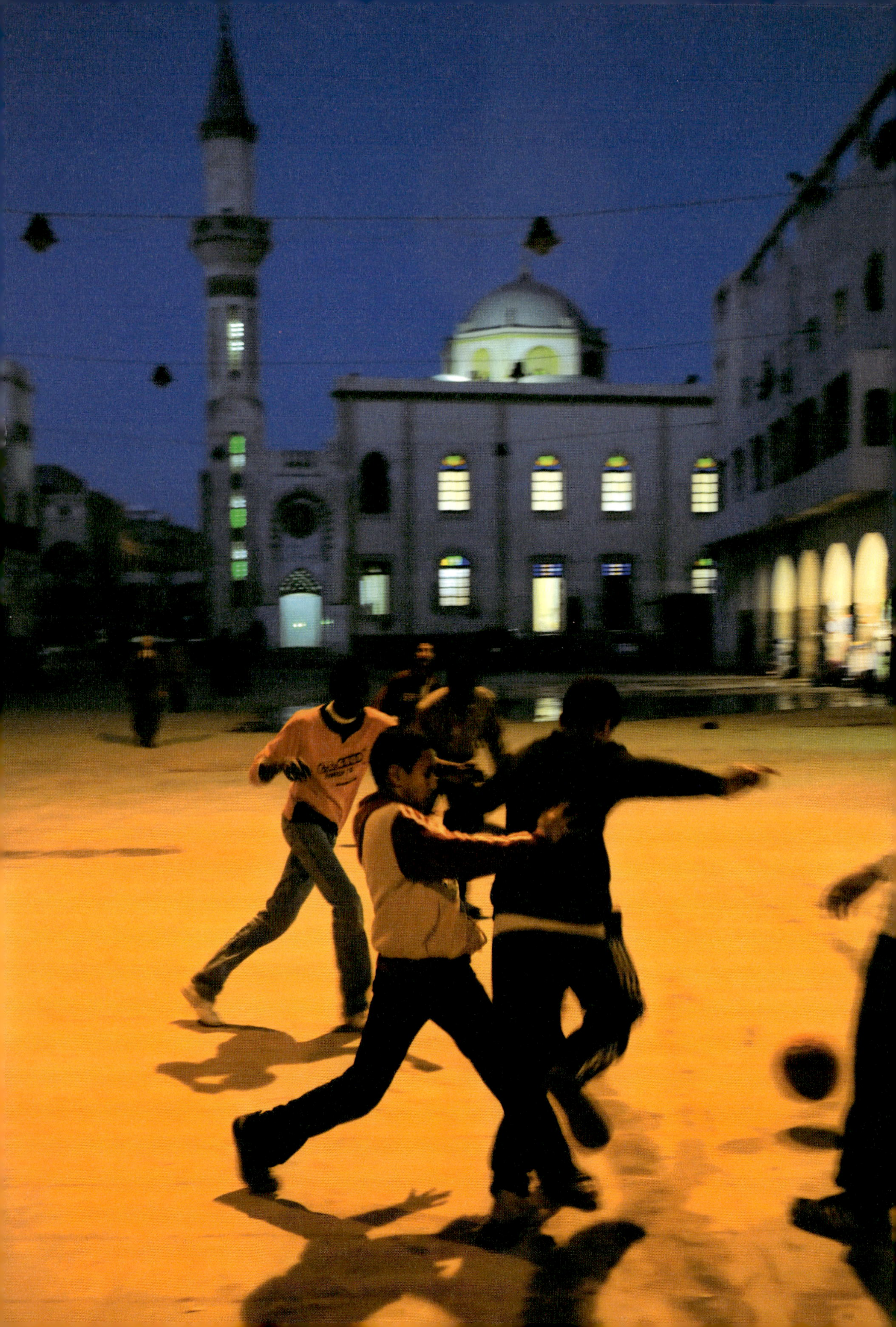

VOETBAL IS OORLOG

Libiërs zijn wild van voetbal. Toen Khaddafi het bezoeken van sportwedstrijden afkeurde, braken er dan ook massale volksprotesten uit. Khaddafi veranderde snel van mening. 'Hij is niet helemaal gek', aldus Isa, een praatgrage zakenman die we op reis tegenkwamen.

Superster Van de Sahara

sten te laten zien. Een van de feestvierende jongens wenkt als hij ons ziet. Hij wil dat we ook mee doen en duwt ons lachend de cirkel binnen. Mijn danspassen, een paar bewegingen die in de verte op de twist lijken, oogsten groot succes. Ook de fotograaf ontvangt gejuich. De stemming wordt uitbundig, wat een van de jongens doet besluiten om zijn geweer uit de auto te halen en een paar keer in de lucht te schieten. Een paar anderen volgen zijn voorbeeld. Als een half uur later de schemering invalt, besluiten de jongens dat het tijd is om te gaan. Ze stappen in hun gloednieuwe *fourwheeldrives*, om vol gas slippend door het zand weg te rijden. Een van de bestuurders kan maar net twee wandelaars ontwijken. Met grote snelheid verdwijnen de auto's over de zandduinen in de verte.

Recht van de sterkste
Een beetje beduusd van het spektakel gaan we zitten op een terras. Een dak van gedroogde palmbladeren, dat rust op een paar boomstammen, zorgt voor schaduw. Naast ons zit Mohamed, een gepensioneerde ambtenaar die met wat vrienden in Gabron is. Met een stuurse blik kijkt hij voor zich uit. 'Khaddafi heeft een monster gebaard', zegt hij als we hem naar zijn mening vragen over de feestende jongeren. 'Door zijn falende leiderschap geldt steeds vaker het recht dat hij er werkelijk tegen gaat optreden', verzucht Mohamed. 'Want we moeten het nog wel even met hem uitzingen. Khaddafi blijft zitten tot zijn dood, daarvan ben ik overtuigd.' van de sterkste. Niemand durft tegen deze jongeren op te treden.' Ik haal een fles water uit onze auto, waarop ik weer volop vertrouw. Gelukkig maar, want over een paar dagen willen we weer op weg naar Nederland, via dezelfde route als we gekomen zijn. Mohamed, in een lang gewaad met daarover een grijze jas, legt een zak dadels op tafel. Hij nodigt ons uit er een paar te nemen. 'Veertig jaar na de revolutie is het de hoogste tijd voor veranderingen', vervolgt hij. Omdat de miljarden euro's die Libië jaarlijks verdient aan de olie-export slechts verdeeld hoeven te worden over zes miljoen inwoners, is de gemiddelde welvaart nog steeds redelijk. Maar de klachten over corruptie en machtmisbruik door mensen onder Khaddafi nemen toe. Lichtpuntje is dat de dictator tijdens publieke optredens de afgelopen maanden diverse malen erkende dat dit een probleem vormt. 'Nu maar hopen dat hij er werkelijk tegen gaat optreden', verzucht Mohamed. 'Want we moeten het nog wel even met hem uitzingen. Khaddafi blijft zitten tot zijn dood, daarvan ben ik overtuigd.'

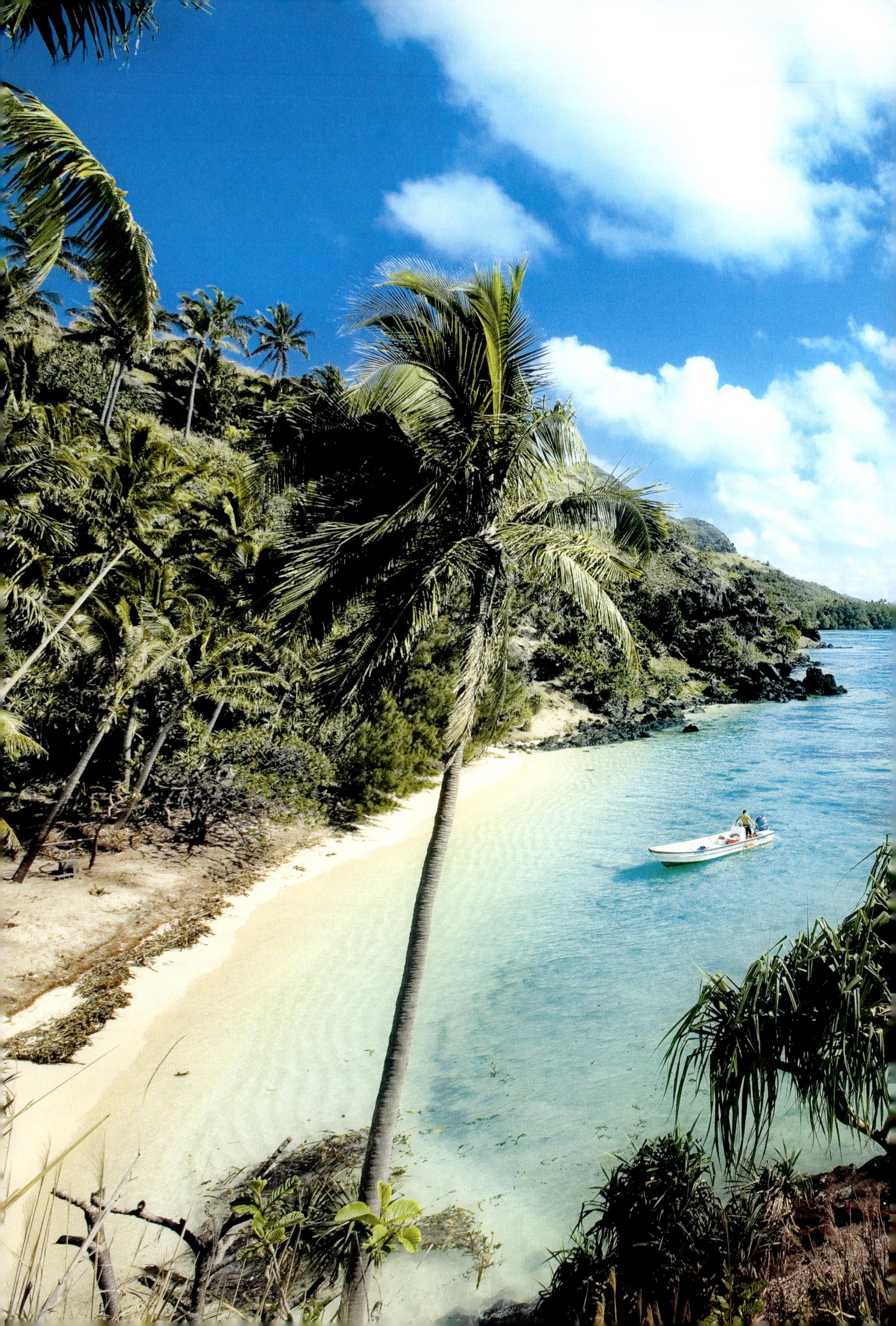

FRANS-POLYNESIË
GAMBIERS

ALLE VARIATIES BLAUW Het mooiste blauw vind je net binnen het barrièrerif dat de archipel omsluit. Op het barrièrerif zijn een groot aantal eilanden ontstaan, allemaal onbewoond. Het onderwaterleven is door de lagere temperatuur iets minder uitbundig dan op andere Polynesische archipels. De koraalriffen zijn echter nog volledig onaangetast – bijna een unicum in de wereld. Het kleine Bird Island, hier op de achtergrond, dankt zijn naam aan de vele zeevogels die er broeden. Het strand ligt bezaaid met de mooiste schelpen.

Het lijkt erop dat ik het paradijs heb gevonden. Er zijn geen watervilla's op palen, butlers of infinity pools, zoals je die elders in Frans-Polynesië vindt. Zelfs Tahitianen vinden het ver weg. Ze zuchten als je zegt dat je er naartoe gaat, maar geven toe dat ze er zelf nooit zijn geweest.

Atomic Pizza in Paradise

Om de Gambier-archipel — want zo heet mijn paradijs — te bezoeken moet je lang reizen. Heel lang. Voor de eilandengroep, die zo'n 1600 kilometer ten zuidoosten van Tahiti ligt, vlieg je eerst twee uur naar Parijs, vervolgens elf uur naar Los Angeles, negen uur naar Tahiti, vier uur naar het atol Tureia en ten slotte nog veertig minuten naar de landingsbaan die is aangelegd op een stuk omhooggekomen koraalrif: de ring van het Gambier-atol. Dit is Donald Ducks Verweggistan. Verder weg van de rest van de wereld is bijna niet mogelijk. Maar dan ben je er nog niet — het atol is duizelingwekkend groot. Vanaf de landingsbaan wacht nog een ritje van een halfuur in een wiebelig bootje naar het stadje Rikitea. Op het vliegveldje bekijkt een twee meter lange politieagent met brede schouders, legerbroek, zwarte zonnebril en armen vol tatoeages me argwanend aan. Gedurende dertig jaar is deze archipel wegens Franse kernproeven in de regio verboden gebied geweest. Gendarmes checken nog steeds wie er komt en wie er gaat. Als blijkt dat deze gendarme tevens de kaartjesknipper is en de koffers voor iedereen op het pontje tilt, doet hij ineens een stuk minder stoer aan. Iedereen lijkt hier een dubbelfunctie te hebben. Zo werkt pensionhoudster Maroi, die ons op de wal staat op te wachten, tevens bij Air Tahiti en heeft ze een klein supermarktje (laat dat 'super' maar weg). Ook werkt ze — zoals bijna iedereen hier — in de parelindustrie. En dan is er de stokoude Fransman Jacques Sauvage, die vanaf zijn krakkemikkige stoel alle bedrijvigheid in de haven aanschouwt. Na zijn vele omzwervingen over de wereld is hij hier teruggekomen om te sterven maar voor het zover is, beheert hij de sleutel van de kerk (gewoon, omdat hij het dichtstbij woont) en bewaart het eilandarchief. Op de plaatselijke begraafplaats ligt reeds zijn marmeren grafsteen, alsof hij al heen is gegaan. De grafsteen is nu nog blanco. Jacques heeft het allemaal gepland.

Scherp kantje

Vaak hebben paradijzen een scherp kantje. Een keerzijde van de medaille. Een prijs die je moet betalen om er te mogen verblijven of beter nog, er te mogen wonen. Ik noem er een paar: extreme tropische hitte. Is voor mij altijd al een paradijs *killer* geweest, hoe mooi het er ook is. Of: armoede onder de lokale bevolking (die er voor zorgt dat het voor jou een paradijs is). Niet oké. Allesverslindende orkanen, ook zo'n vervelend verschijnsel. Ook erg: grootschalige natuurvernietiging (omdat jij niet de enige bent die op die paradijselijke plek wilt wonen). Op de Gambiers heb ik echter vooralsnog geen scherp kantje kunnen vinden. Door de zuidelijke ligging op de steenbokskeerkring is het klimaat mild: 19 graden in de winter, 24 in de zomer. Ooit kwam een orkaan langs maar niemand weet nog precies wanneer, zo lang is het geleden. De natuur is ongerept en het water zo azuur als rond het bekendere Frans-Polynesische zusje Bora Bora. De inwoners zijn niet financieel rijk, maar ook zeker niet arm – ze hebben goed te eten, hun eigen auto of boot en een leuk huisje aan het water. Allemaal. Dankzij de zwarte parelindustrie. Vrijwel alle 1400 zielen die deze archipel rijk is, hebben wel een paar duizend oesters onder water hangen waaruit grote, glanzende en vooral peperdure zwarte parels moeten komen. Als ik hier zou mogen wonen, zou ik het dan op een gegeven moment niet beu worden om de godganse dag naar iedereen die ik tegenkom te zwaaien? Nee, ik vind het hartstikke leuk! Ook al kom je iemand tegen die je tien minuten eerder ook al tegen het lijf liep – er wordt altijd vol overgave gezwaaid en breeduit gelachen. Alsof iedereen het weet: wij wonen in het paradijs. Maar dat is niet altijd zo geweest...

Atomic Pizza

Op de Gambiers is welgeteld één restaurant, met de veelbetekenende naam Atomic Pizza. Die verwijst naar het explosieve verleden van de regio. De Franse overheid gebruikte het nabijgelegen eiland Mururoa in de jaren zestig voor bovengrondse kernproeven. Tot 1995 werden er ook nog ondergrondse kernproeven gedaan. De haven en landingsbaan van de Gambiers dienden al die tijd als logistiek steunpunt. De bewoners van Mangareva werden verzameld in een metalen hok tegen de straling, waar ze soms dagenlang moesten doorbrengen. Mururoa ligt zo'n vierhonderd kilometer verderop. Dat klinkt ver weg, maar niet als je het over kernproeven hebt. Dan is alles dichtbij. De Gambiers waren dan ook dertig jaar lang verboden terrein voor buitenlanders. Marois echtgenoot Michel wordt onrustig als ik hem naar deze periode vraag. 'Enkele jaren geleden woedde er een storm en is mijn aluminium boot losgeslagen en weggedreven', vertelt hij. 'We hadden de hoop 'm terug te vinden al opgegeven, toen we zes maanden later door Franse militairen werden gebeld. Mijn boot was gevonden bovenop een rif bij het eiland Fangataufa, waar net als op buureiland Mururoa atoomproeven waren gehouden. Ik mocht samen met een hulp de boot ophalen, op voorwaarde dat we vooraf onze namen zouden doorgeven en maximaal één uur in het gebied zouden blijven.' Michel haalt diep adem. 'Toen we bij de boot kwamen,

GOUDEN SCHOONHEID

Achille, de schoonzoon van onze pensionhoudster Maroi, meert zijn boot aan op een van de gouden stranden van Taravai. Recht voor hem staat een pandanus (schroefpalm). De vruchten, kenmerkend voor de Gambier-archipel, zijn oneetbaar. Ze worden vanwege hun sterke geur gebruikt voor onder andere parfums.

Atomic Pizza in Paradise

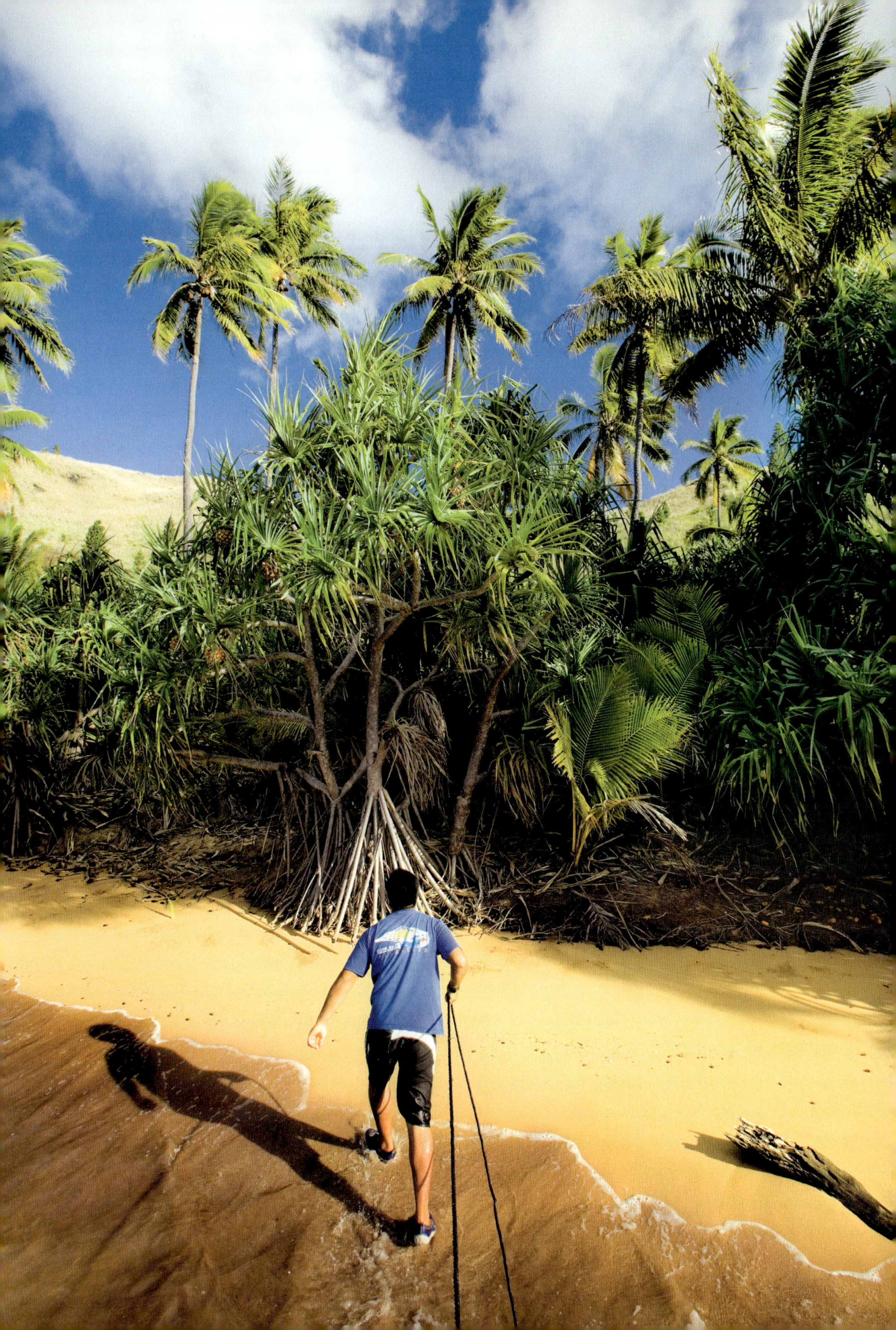

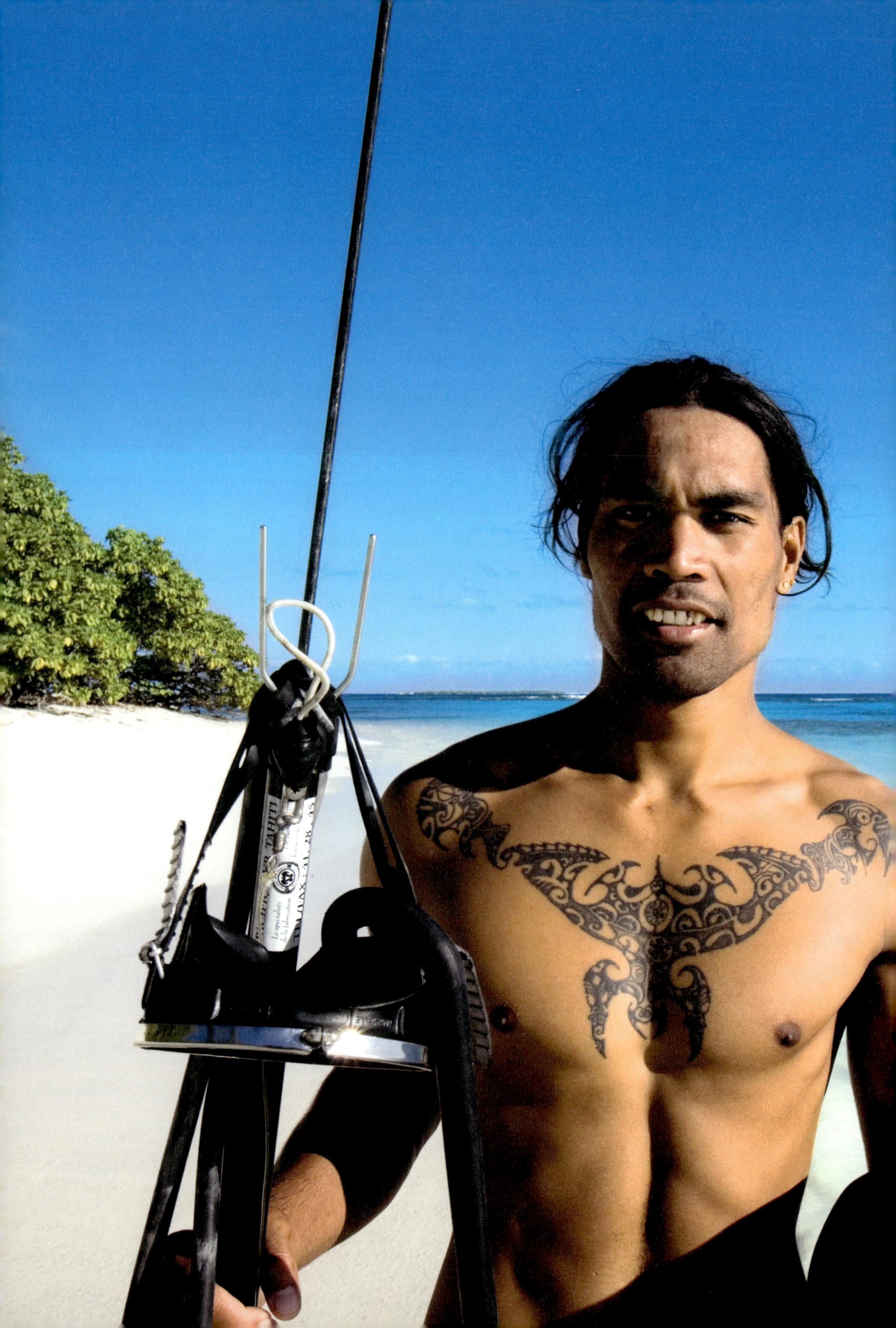

ALS EEN SPEER

Sly Rafael Teapiki met zijn speervisuitrusting. De speer wordt afgeschoten door het spannen van een katapultelastiek. Op Teapiki's borst prijkt een tatoeage van een mantarog.

Atomic Pizza in Paradise

sloeg de schrik ons om het hart. Overal stonden kleine bordjes in het water met het internationale symbool voor radioactiviteit. Erger nog, het rif was over kilometers gescheurd en een deel ervan was omhooggeduwd.' Het wees op iets dat de Fransen altijd hebben ontkend en nog altijd geheim willen houden: hun ondergrondse proeven waren niet veilig. Radioactieve straling is mogelijk door deze scheuren in de lucht en in de zee terechtgekomen. 'Ik ben niet echt dol op de Fransen', zegt Maroi begrijpelijkerwijs. 'Maar ik denk niet dat er in de toekomst nog proeven gehouden zullen worden, althans niet hier.' Het is een beetje wrang, maar de geschiedenis maakt de Gambiers voor reizigers nú alleen maar interessanter. Omdat de eilanden pas sinds 1995 weer toegankelijk zijn voor buitenlanders, is het toerisme er nauwelijks ontwikkeld en de ongereptheid overweldigend.

Maison à la campagne

Zaterdag. Vandaag gaan we met de familie van Maroi een dagje naar de *motus*, de kleine eilandjes op het tientallen kilometers lange barrièrerif dat de Gambiers omcirkelt. Daar waar de grote, centraal gelegen eilanden met hun koele klimaat en heuvels met naaldbomen aanvoelen als Canada of Nieuw-Zeeland, is het barrièrerif één groot tropisch luilekkerland. De familie van schoonzoon Achille, de Teapiki's, heeft een vakantiehuisje op een van de *motus*. Als we het kleine, verder verlaten eiland naderen, probeer ik te bepalen welke kleur van het water ik het mooist vind. Het vrijwel onzichtbare blauw van ondiep water, het turkoois van een meter diep of het kobaltblauw van zo'n twee meterdiep. Kiezen is moeilijk, maar je verdiepen in de bonte schakering van tinten is een heerlijke bezigheid. Achter het eiland loopt het barrièrerif, dat een natuurlijke bescherming vormt tegen de woeste zee op nog geen honderd meter afstand. Huizenhoge golven geven een perfect krul waarop elke pro-surfer zijn kunstjes zou willen vertonen. De Teapiki's zijn ook zojuist gearriveerd en druk bezig hun golfplaten huisje en het strand schoon te maken. Zeewier wordt weggeharkt, dode palmboombladeren afgekapt. Polynesiërs zijn propere mensen. Altijd aan het boenen en steeds met een *tiaré*, de bekende bloem van Tahiti, achter het oor. De picknicktafel wordt gedekt en de jongens trekken snel hun wetsuits aan om te gaan speervissen. Hier regel je namelijk je eten zelf. Er wordt geteld: er zijn twaalf mensen op het eiland dus gaan we precies twaalf vissen vangen. Als ik meeduik, sta ik versteld van het uithoudingsvermogen van deze gasten. Waar ik al binnen een minuut onderwater weer naar boven moet, liggen zij lange tijd op vijf tot zeven meter diepte — net boven het koraal — te wachten op de juiste vis. Ze zijn op zoek naar *ume*, een bruinblauwgele rifvis met rode lippen. Als je 'm ziet, zou je denken dat-ie giftig is, zo kleurrijk. Als de jongens de eerste *ume* hebben gevangen, laten ze deze gewoon aan de speer zitten. Andere vissen komen nieuwsgierig kijken wat hun vriendje is overkomen en tsjak, worden zelf doorboord. In een klein uurtje zijn de twaalf vissen gevangen en kan de lunch beginnen. Als we uit de boot stappen, cirkelen er anderhalve meter lange rifhaaien door het ondiepe water. Alsof ze weten dat we twaalf lekkere visjes bij ons hebben. Hun zwarte vintippen steken boven het water uit. 'Jagen jullie ook op haaien?' vraag ik Achille. 'Nee, haaien hebben het al moeilijk genoeg', antwoordt hij. 'Japanse vissers hebben er te veel gevangen.' Gelukkig is het gebied sinds enkele jaren verboden voor commerciële visvangst. De *ume* komt terecht op de barbecue en wordt opgediend op de picknicktafel. Ik moet lachen als ik de opdruk op het tafelkleed zie: eilandjes met palmbomen in een turkooizen zee. Alsof ze een foto hebben gemaakt van het eiland waarop we nu zitten. De *ume* is heerlijk en eet makkelijk weg. Wat een paradijs, denk ik, zelfs de vis heeft geen graatjes.

Het zwarte goud

De inwoners van de Gambiers zijn zuinig op hun onderwaterleven. En dat is niet enkel omdat ze dagelijks een lekker visje willen eten. De parelindustrie, waar vrijwel de gehele bevolking van afhankelijk is, kan alleen floreren in een onaangetaste zee. Frans-Polynesië is vooral bekend om haar zwarte parels. Bora Bora – of Bora Boring zoals sommigen het atol hier noemen – maakt er de blits mee, maar ze komen uit de Gambiers. Vlieg je over de archipel, dan kijk je uit over een lagune waarin kleine huisjes op palen staan, slechts bereikbaar per boot. Dit zijn parelboerderijen. Hier worden kernen, kleine knikkertjes van schelpmateriaal afkomstig uit de Amerikaanse rivier de Mississippi, in oesters geplaatst. De oesters worden in de wateren rondom de boerderij uitgezet waar ze, gevoed door het tropische water, als een dolle dit onbekende materiaal proberen te omkapselen. 'Elke inwoner kan een eigen boerderij beginnen', vertelt Michel. 'Je huurt een paar hectare lagune van de gemeente en zet daar je oesters uit.' Zelf heeft hij inmiddels een kleine vijftigduizend oesters in alle verschillende stadia onder water liggen. Hij pakt een colafles van anderhalve liter, die voor de helft is gevuld met zwarte parels. Het is de oogst van gisteren en, met een gemiddelde straatwaarde van 150 euro per parel, de duurste colafles die ik ooit heb gezien. Maar de familie moet er hard voor werken en 150 euro is zeker niet de prijs die zíj er voor krijgen. Het werk is eentonig (de hele dag oesters in een rooster plaatsen) en moeilijk (met een soort pincet de kernen plaatsen of de parel verwijderen zonder de oester te verwonden). Alles van de oester

De kathedraal van Sint-Michiel in de hoofdstad Rikitea. De kerk is dermate vervallen dat er geen diensten meer kunnen worden gehouden.

VERGANE GLORIE

Atomic Pizza in Paradise

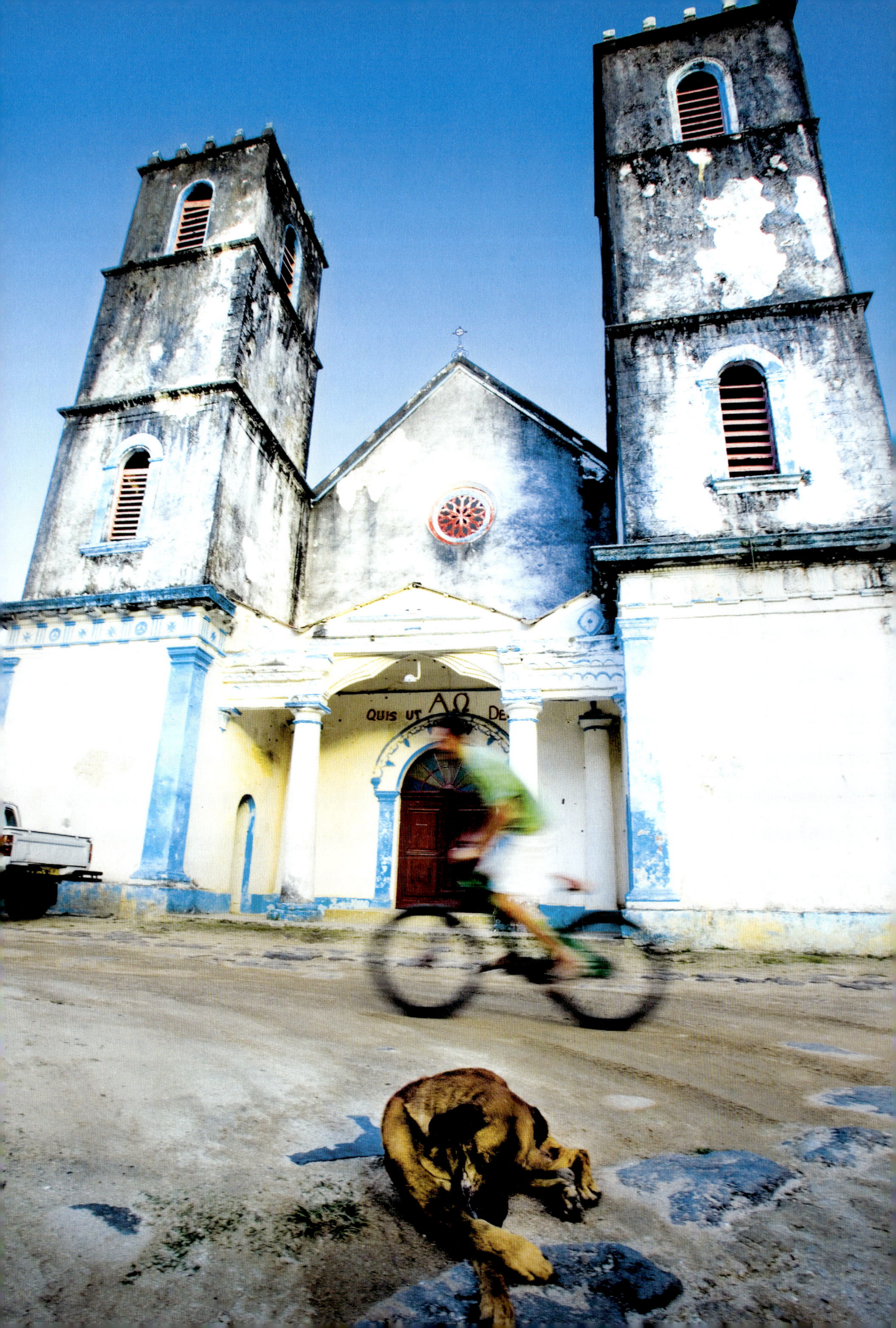
QUIS UT AΩ DE

wordt gebruikt. De oester zelf wordt gegeten, de parel verkocht en van de schelpen worden medaillons van moeder Teresa, Maria en Jezus gemaakt.

Robinson Crusoe

Als we terugvaren, bezoeken we nog een paar andere familieleden van Maroi (het lijkt wel of iedereen hier familie is van iedereen en waarschijnlijk is dat ook zo). Bernard en Denise hebben zich na hun pensioen op een ander klein eiland gevestigd om hun oude dag te slijten. '*Néerlandais*, waar ligt dat ergens?' vraagt Bernard mij. 'Naast Frankrijk?' Ik leg geduldig uit dat *les Pays-Bas* boven Frankrijk liggen en dat *la Belgique* daar nog tussen zit. Het doet geen enkele bel rinkelen. Het stel woont dan ook al acht jaar in deze afgelegen baai op het eiland Taravai. Aan de andere kant van het eiland wonen vijf mensen, maar aan hun kant zijn zij de enige. Vroeger was dat wel anders. In de achttiende eeuw leefden op dit eiland nog duizenden mensen. De bevolking werd gedecimeerd door allerlei ziektes die de Europese handelaars en missionarissen meebrachten. De Gambier-archipel was het eerste deel van Frans-Polynesië dat werd geëvangeliseerd. Op veel eilanden staan dan ook nog de mooiste kerkjes, die door het gebrek aan inwoners en pastoors niet meer worden gebruikt. Uitzondering op de regel is het kerkje, opgetrokken uit blokken koraal en met een altaar versierd met parels en parelmoer, waar elk jaar op 15 augustus een processie wordt gehouden. De hele archipel is dan aanwezig, uitgedost in de vrolijkste kleding. De dames dragen hoedjes met grote bloemstukken erop. Alle mannen hebben een *tiaré* achter het oor gestoken en een Hawaï-shirt (wat natuurlijk eigenlijk een Polynesië-shirt is) aangetrokken. Bernard en Denise leven volledig zelfvoorzienend. Als moderne Robinsons Crusoes. Regenwater wordt via het dak van hun huis opgevangen en gefilterd tot drinkwater. Elektriciteit wordt via hypermoderne zonnecollectoren opgewekt. Het echtpaar verbouwt zoete aardappelen en aubergines die in de hoofdstad Rikitea voor koffie en suiker wordt ingeruild. Hun varkentjes – ze hebben er zeven – krijgen verse kokos te eten. Het is hier dan wel paradijselijk mooi, maar zou het niet vreselijk eenzaam zijn, vraag ik me af. Aan de overkant van de baai, op een nog veel kleiner eilandje, zie ik een hut. 'Dat is mijn buurman', merkt Bernard op. 'Hij verbouwt marihuana, die hij in Rikitea verkoopt aan jongelui. Het is een foute man.' Jammer, toch een kleine smet op het paradijs, hoewel ik er nooit achter ben gekomen waarom marihuana een probleem zou zijn in Frans-Polynesië. Criminaliteit bestaat vrijwel niet en je ziet niemand stoned zijn tijd verdoen. Wellicht dat elk paradijs zijn smetje moet hebben, al is het maar zodat erover gepraat kan worden. ◆

Atomic Pizza in Paradise

VISSEN VOOR JE LUNCH

Op het eilandje Tekava, waar we met de familie van Maroi zijn, varen we met een bootje naar het rif om onze lunch te vangen. We duiken mee met onze gastheren en zien hoe ze net boven het koraal met een speer op vissen jagen. De speer is een soort kruisboog met elastiek en trekker. Op de punt wordt een nog levende vis vastgemaakt als aas. Met kleine, van elastiek voorziene harpoenen wordt de lunch al snorkelend en duikend bij elkaar geschoten.

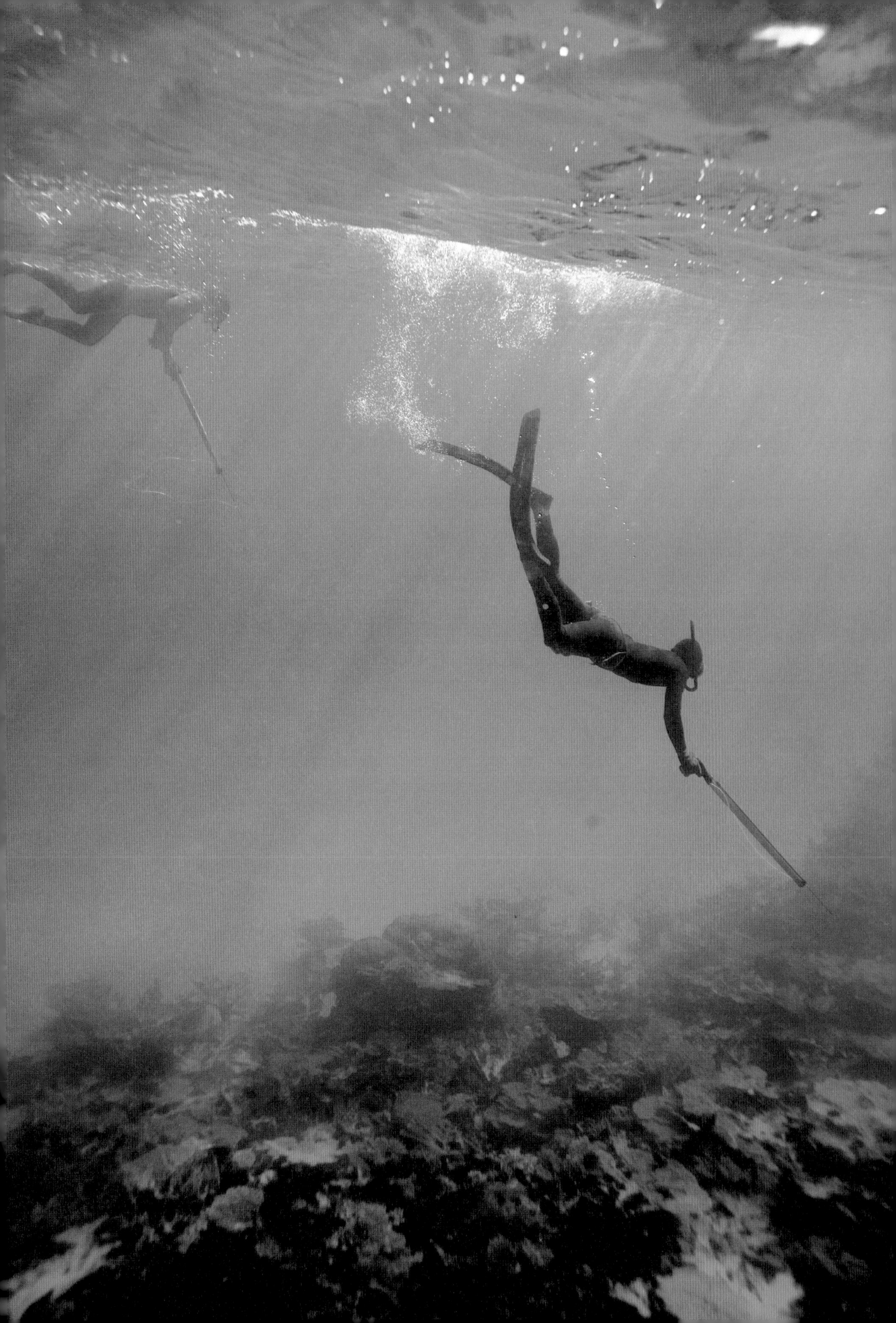

BEZOEK ROBINSON CRUSOES

Vanaf dit kleine eilandje op het barrière-rif heb je zicht op de grote vulkanische eilanden van de Gambiers. Dankzij zijn afgelegen locatie is de Gambier-archipel voor sommigen een perfect toevluchtsoord. Bezoek de eigenzinnige, volledig zelfvoorzienende Robinson Crusoes per boot. Als je aan komt varen, staan ze al naar je te zwaaien. Zo vaak krijgen ze immers geen bezoek! Vraag op Mangareva na welke Robinsons op dat moment in de archipel zijn en openstaan voor een bezoekje.

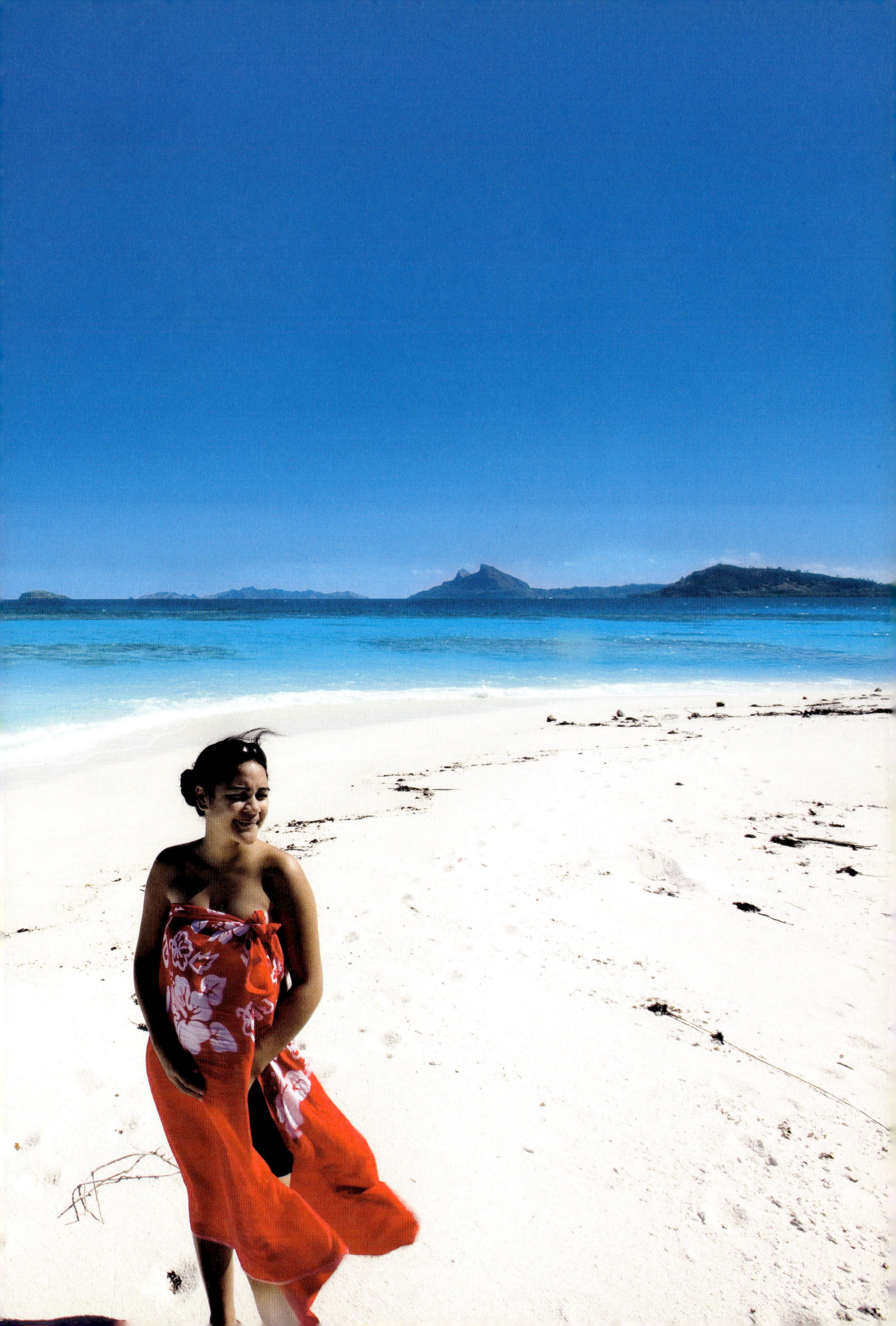

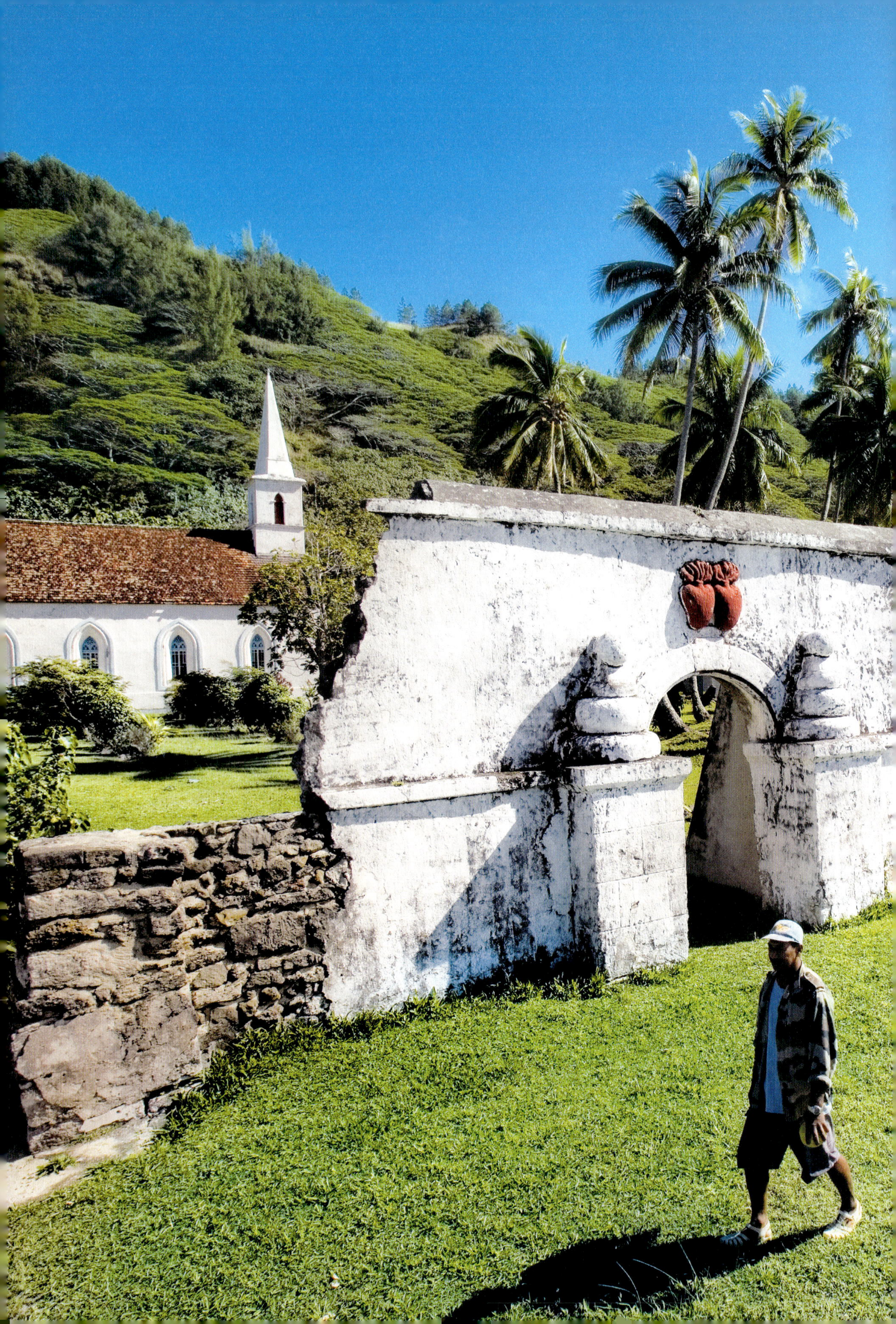

EEN GROOT KERKHOF

Op de Gambier-archipel arriveerden in 1834 de eerste Franse katholieke missionarissen in Frans-Polynesië gearriveerd. Al snel werd de bevolking bekeerd en aan het werk gezet om van alles te bouwen. In nog geen vijftig jaar bezweek een groot deel van de bevolking door ziektes die de buitenstaanders hadden meegebracht. Aan het eind van de negentiende eeuw waren er nog maar vijfhonderd mensen over. De missionarissen lieten een kathedraal achter en negen kerken op verschillende, grotendeels uitgestorven eilanden. Ook de Sint-Gabriël, hier op de achtergrond, is in onbruik geraakt. Op de voorgrond staan de overblijfselen van de toegangspoort van de bijbehorende missiepost.

PICKNICK OP ONBEWOONDE EILANDJES

Motus zijn kleine, onbewoonde eilandjes op het rif. De Gambiers hebben misschien wel de mooiste van heel Frans-Polynesië. Bezoek Bird Island om zijn zwarte sterns of vaar naar zomaar een eilandje voor een feestelijke picknick. Eet poisson cru (rauwe vis) of vis van de barbecue. Aan de ene kant van het eiland zie je enorme oceaangolven kapotslaan op het rif. Aan de andere kant ligt de kobaltblauwe lagune met de bergachtige, centrale eilanden.

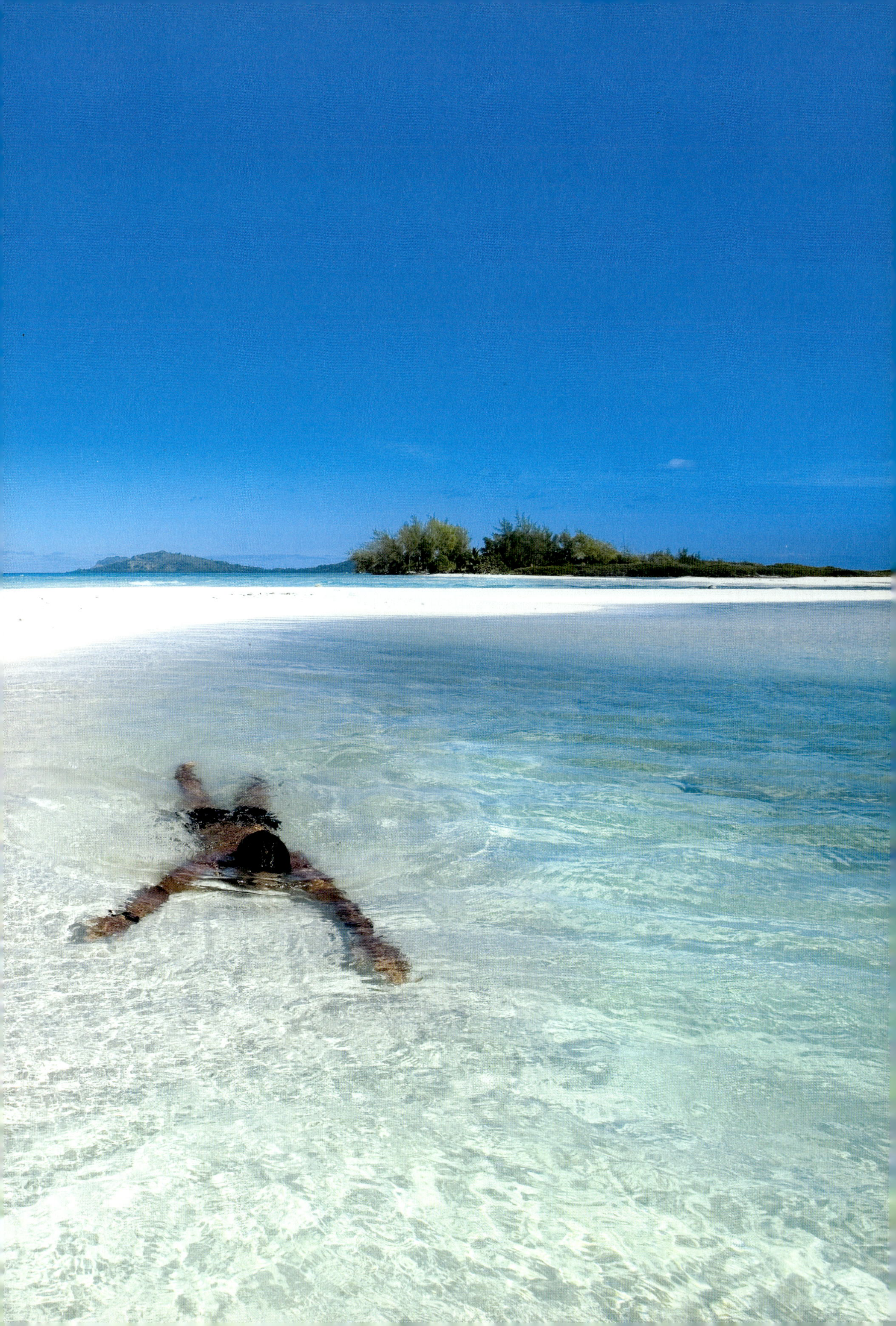

EEN EILANDRONDJE

We maken een rondje om het eiland. Het barrièrerif dat achter het eiland loopt, vormt een natuurlijke bescherming tegen de woeste zee op nog geen honderd meter afstand. Kijk voor het filmpje over dit eilandrondje op louisetenhave.reisreporter.nl

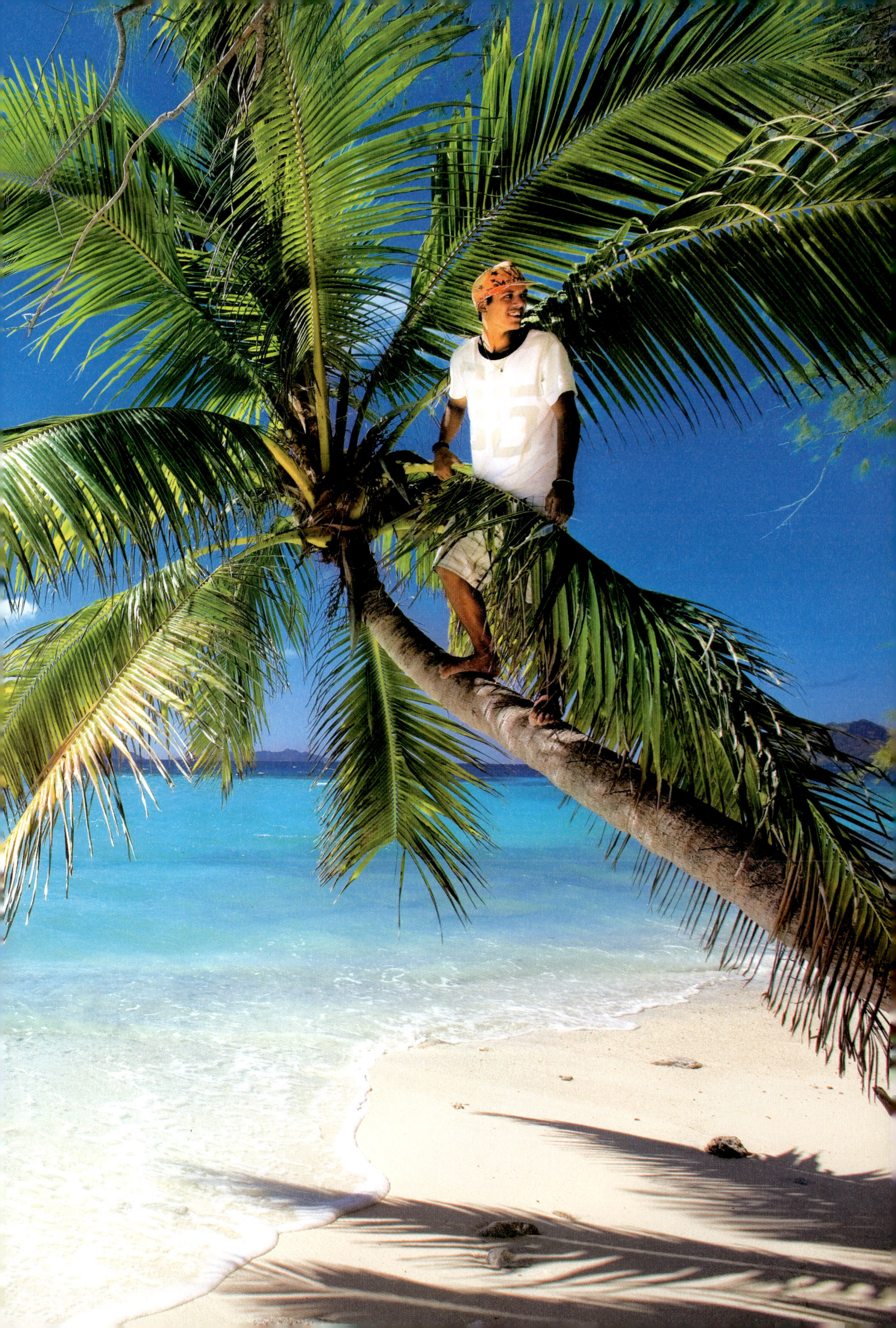

OMAN

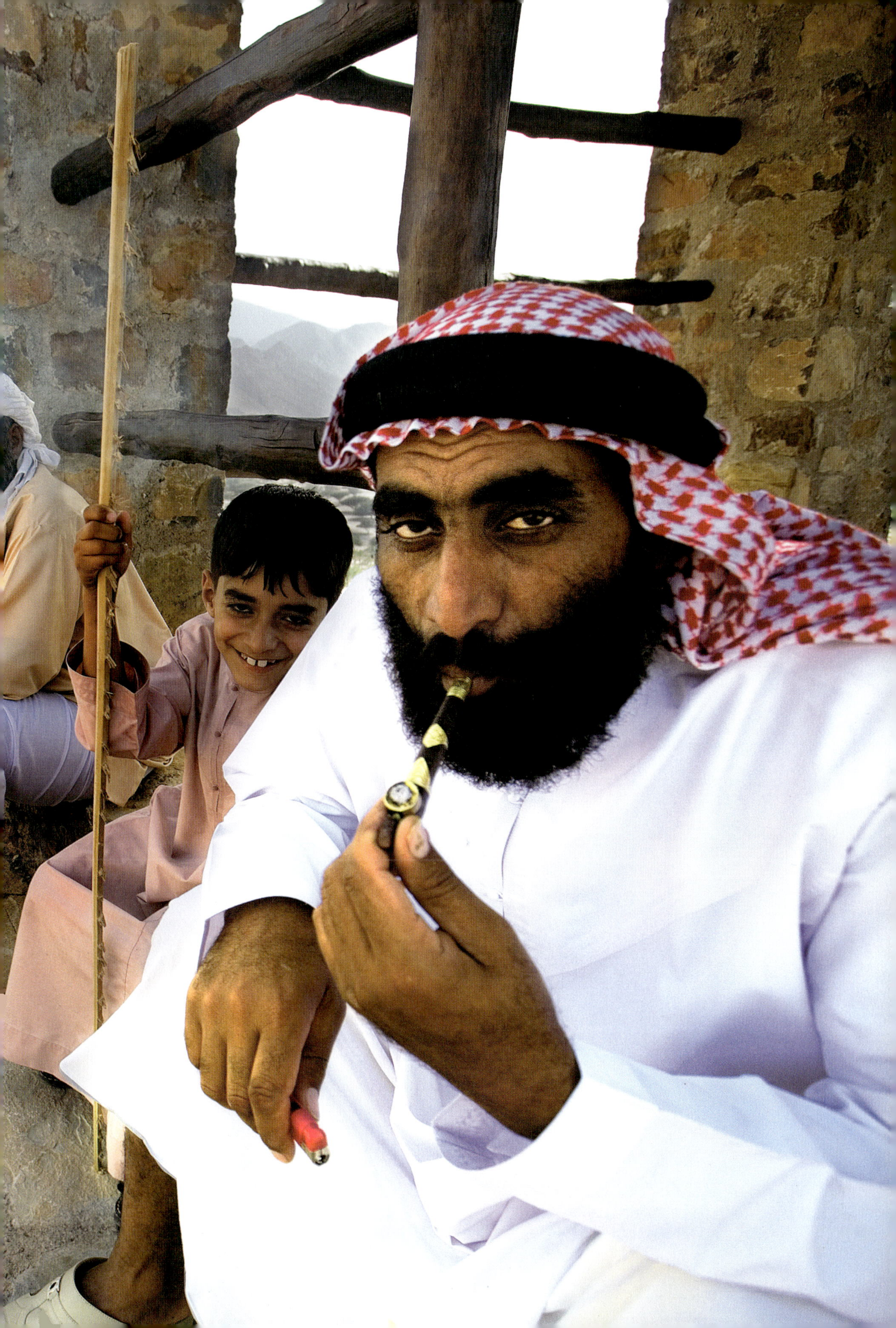

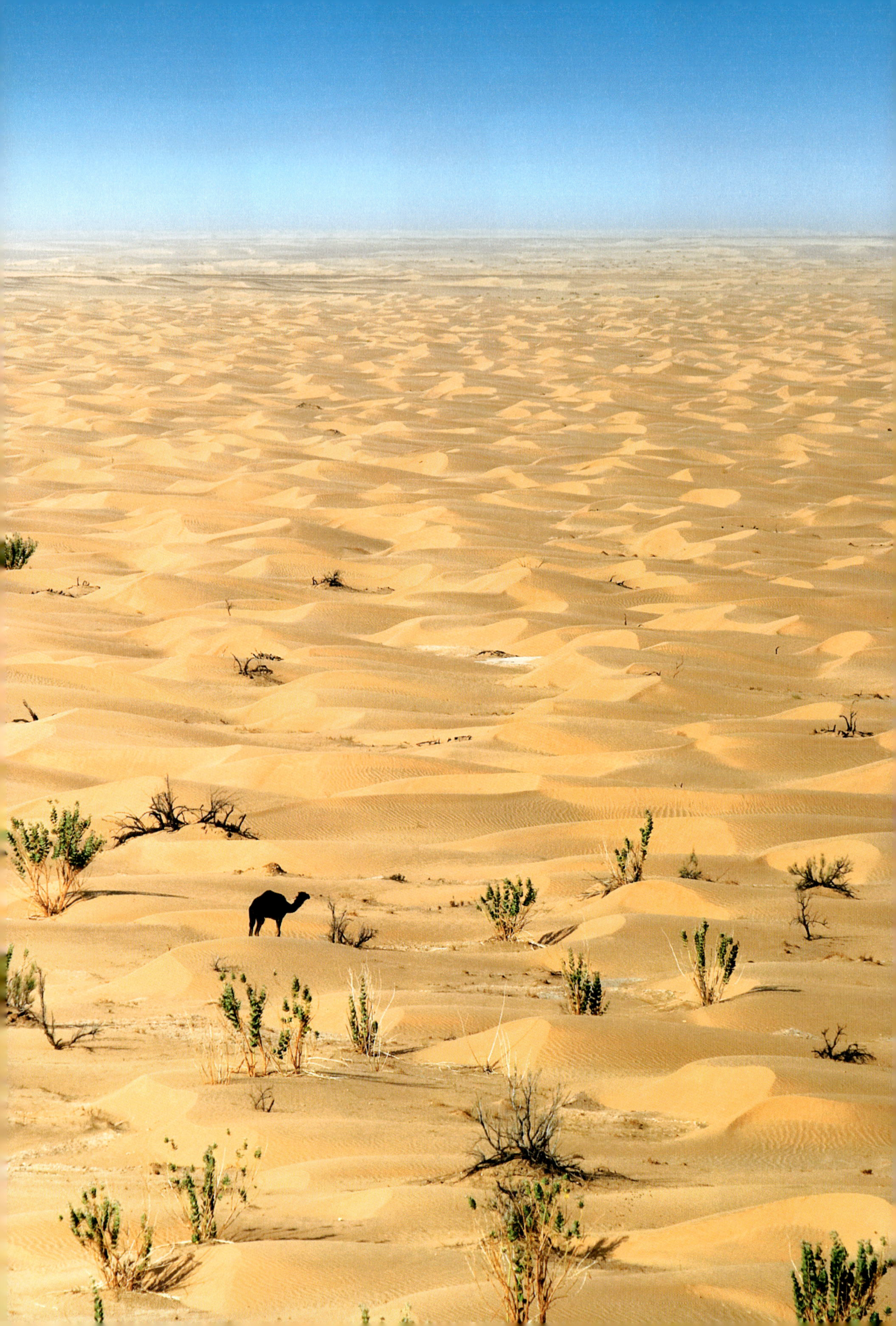

'De sultan van Oman? Jazeker, die heb ik ontmoet. Vorig jaar. Zenuwachtig dat ik was! Mijn lichaam trilde helemaal. Niet dat het gesprek lang was, nee. Hij schudde mijn trillende hand en vroeg wat ik voor de kost deed. Ik antwoordde: "Ik ben schaapherder." "Mooi", zei de sultan. "Het was leuk je ontmoet te hebben, het beste." En weg was hij.'

Een Zoon Voor de Sultan

Ahmed, trots over zijn ontmoeting met het staatshoofd, kijkt ons lachend aan en vraagt of we thee komen drinken bij hem thuis. Thuis is hier in Wadi Bani Awf, waar we nu staan: de diepste en langste bergkloof van Oman. Na een ijzingwekkende bergrit van zes uur staan we aan de rand van een kabbelende bergrivier die zich via de bodem van de kloof een weg naar zee baant. Onze terreinwagen staat half in de rivier geparkeerd, aangezien het stroompje de enige weg is die de dorpen in de kloof met de rest van het land verbindt. Het is nu de droge tijd, maar je vraagt je af hoe je in de regentijd bij de dorpen kunt komen als het stroompje tot een diepe en snelstromende rivier is uitgegroeid. Het antwoord blijkt simpel: dan kom je er niet.

Sprookjesland

We nemen Ahmeds vriendelijke uitnodiging aan en even later zitten we met de benen gekruist op een Arabisch kleed aan een kopje thee. Een ingelijste foto van een vriendelijk glimlachende sultan pronkt aan de wand. Een goede man, schijnt. Iedereen praat vol lof over hem. Geen fout woord is nog voorbij gekomen in de vele verhalen en anekdotes die we reeds hebben gehoord. Sultan Qaboos, de 'koning' van Oman; het klinkt als de titel van een sprookje. De koning van een land dat op toeristisch gebied nog maar een dreumes is, maar dat binnen tientallen jaren wel eens zou kunnen uitgroeien tot een gigant. Een land dat wordt geassocieerd met woestijn, maar dat bij nadere kennismaking eerder zal worden herinnerd om haar lange onontdekte stranden, ruige bergen en idyllische oases. Een land dat voor de reiziger die gewend is een eigen plan te trekken, aanvoelt als een walhalla. Want wat heb je nu eigenlijk nodig in een land waar de zon constant schijnt, de bevolking de vriendelijkheid zelve is en criminaliteit niet bestaat? Oké, misschien is in Muscat het eerste cokesnuivertje gesignaleerd en is er laatst iemand, nadat hij een lichte aanrijding had veroorzaakt bij het inparkeren, stiekem doorgereden. Maar dan heb je het wel gehad. Met dank aan het iedereen-kent-iedereen-effect en de sharia, de islamitische wetgeving. Want als Omani laat je het wel uit je hoofd om hier foute dingen uit te halen. De straffen zijn zwaar en bovendien, je ligt er meteen helemaal uit. Vrienden, familie, kennissen en iedereen die je ook maar vaag kent: ze kijken je met de nek aan. Een voorbeeld van het totale gebrek aan criminaliteit in Oman is de wekelijkse lokale wapenmarkt. In de provincie lopen veel mannen rond met een geweer. Dat is altijd handig wanneer een wolf een van je schapen of geiten aanvalt, maar eigenlijk is het vooral een traditie. En waar denk je dat die wapenmarkt gehouden wordt? Op de meest logische plek natuurlijk, daar waar je geld kunt wisselen: recht voor deur van de 'Bank of Oman' in het centrum van Muscat. Elke week lopen er meerdere Omani's gewapend de bank binnen. 'Goedemorgen, ik heb net dit geweer gekocht. Kunt u misschien een briefje van honderd voor me wisselen?' Ja, in Oman heb je weinig nodig, ook als reiziger. Een terreinwagen is wel een absolute must om de meest bijzonder plekken in dit land te ontdekken. Zo eentje met niet één, maar twee benzinetanks. Wij hadden er nog nooit van gehoord, maar gezien de grote afstanden tussen de Shellstations is het geen overbodige luxe. Dat is één. Verder natuurlijk een goede kaart en een tent. Je zal immers lang niet overal zomaar een hotelletje tegenkomen.

Donkere dagen

Het sultanaat, pakweg even groot als Frankrijk maar dan wat langgerekter, ligt op de noordoostpunt van het Arabisch Schiereiland. Aan de noordkant grenst het aan de Straat van Hormuz, de strategisch belangrijke nauwe zeedoorgang naar Irak, Saoedi-Arabië en Koeweit, waardoor eenvijfde van de wereldolieproductie wordt afgevoerd. Aan de noord- en oostkant wordt het land omrand door een slordige 3200 kilometer kustlijn – waarvan zo'n 2500 kilometer ongerept, wachtend op bezoekers – en aan de westkant door de grootste woestijn ter wereld. In het binnenland vind je zeer ruwe en hoge bergen met diepe kloven, waar bergvolken leven. Zoals hier dus. 'Jebels' noemen ze de mensen van de bergen. En gastvrijer vind je ze niet. We drinken onze thee op, bedanken vriendelijk, en vervolgen onze tocht door de kloof. Verderop ligt de hoofdstad Muscat, waar we morgen weer op het vliegveld worden verwacht voor de vlucht naar huis. De moderne tijd heeft in Muscat haar sporen achterlaten in de vorm van dubbele snelwegviaducten, gefrituurde kip uit Kentucky en grote kitscherige hotelketens. Muscat is zo wijd uitgespreid dat het een auto noodzakelijk maakt. Ons kan de stad niet echt bekoren. De Grote Moskee trekt veel toeristen en de plaatselijke soek staat bekend als een plek waar je van alles kunt kopen. Zoals wierook, de aangenaam ruikende hars van de boswelliaboom. Eeuwenlang werd wierook door de Omani's verhandeld en over de wereld verscheept. Het volk was er een van grote zeevaarders met handelsroutes naar India en China. In de zeventiende eeuw was Oman een rijk dat niet alleen het zuidelijk deel van het Arabisch Schiereiland omvatte maar ook Zanzibar en Mombasa aan de Afrikaanse oostkust. In 1650 kwamen de Portugezen en was het met de onafhankelijkheid gedaan. Maar niemand kon toen vermoeden dat het leven nog veel moeilijker zou worden. De vader van sultan Qaboos, Saïd geheten, kwam in 1938 aan de macht en daarmee braken de donkerste dagen van Oman aan. De deuren van het land gingen dicht en Oman werd ongeveer zo geïsoleerd en paranoïde als Albanië ten tijde van het Warschaupact. In 1970 lag er in het hele land slechts vijf kilometer verharde weg, waren er twaalf doktoren en vijftien telefoontoestellen en gingen de poorten van de stad bij het vallen van de nacht dicht. Als je dus na zonsondergang bij de stadspoort arriveerde, had je echt een groot probleem. Zeker als je het wachtwoord niet kende. De poort was potdicht en kon je de wachters

Een Zoon Voor de Sultan

GEUREN EN KLEUREN

De provincie Dhofar staat vol met wilde wierookbomen. De bomen produceren een sap dat vroeger lucratief werd verhandeld en verscheept naar andere Arabische landen en India. Naast de geliefde geur heeft wierook een bacteriedodende werking. De hars wordt nog steeds gebruikt in parfums.

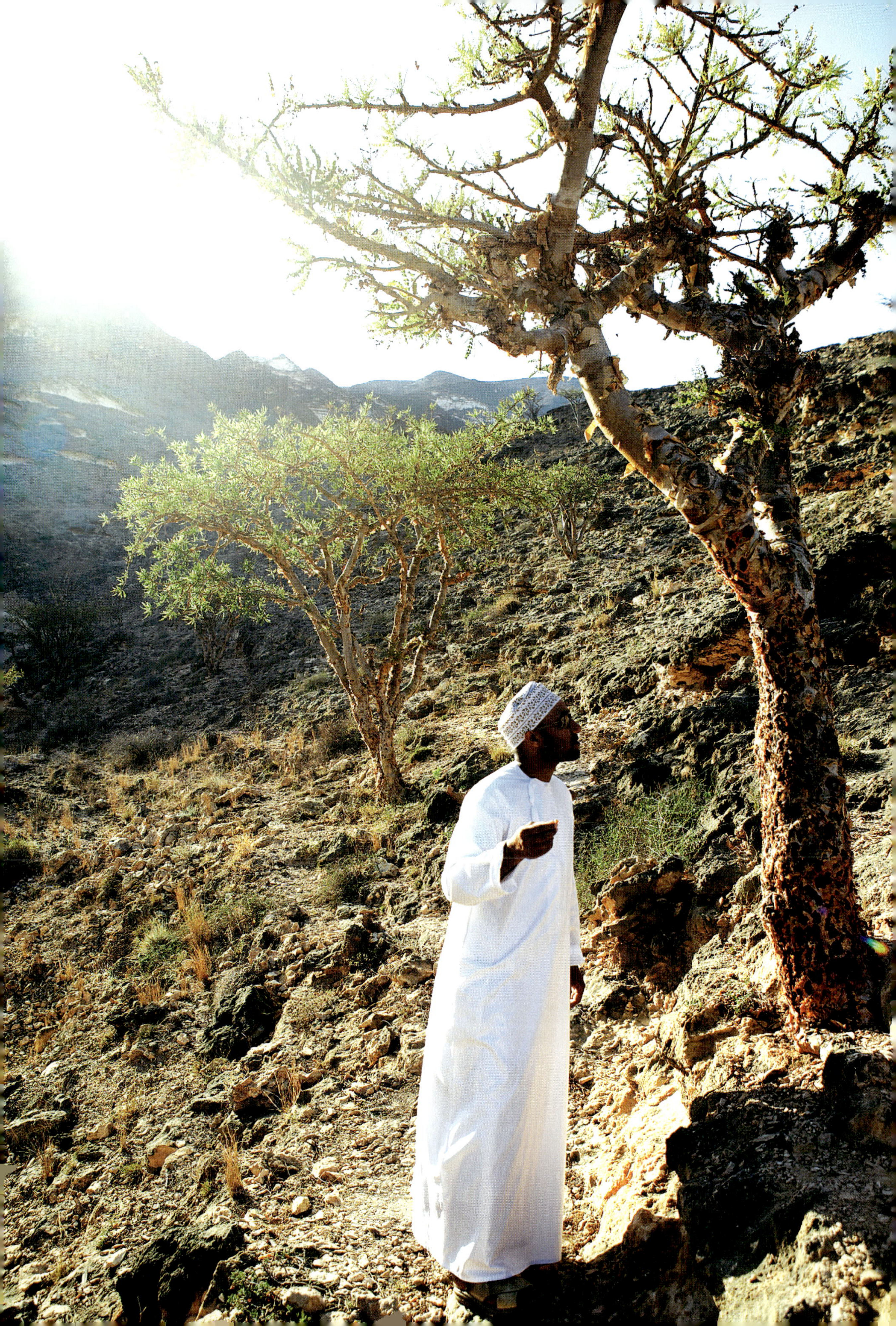

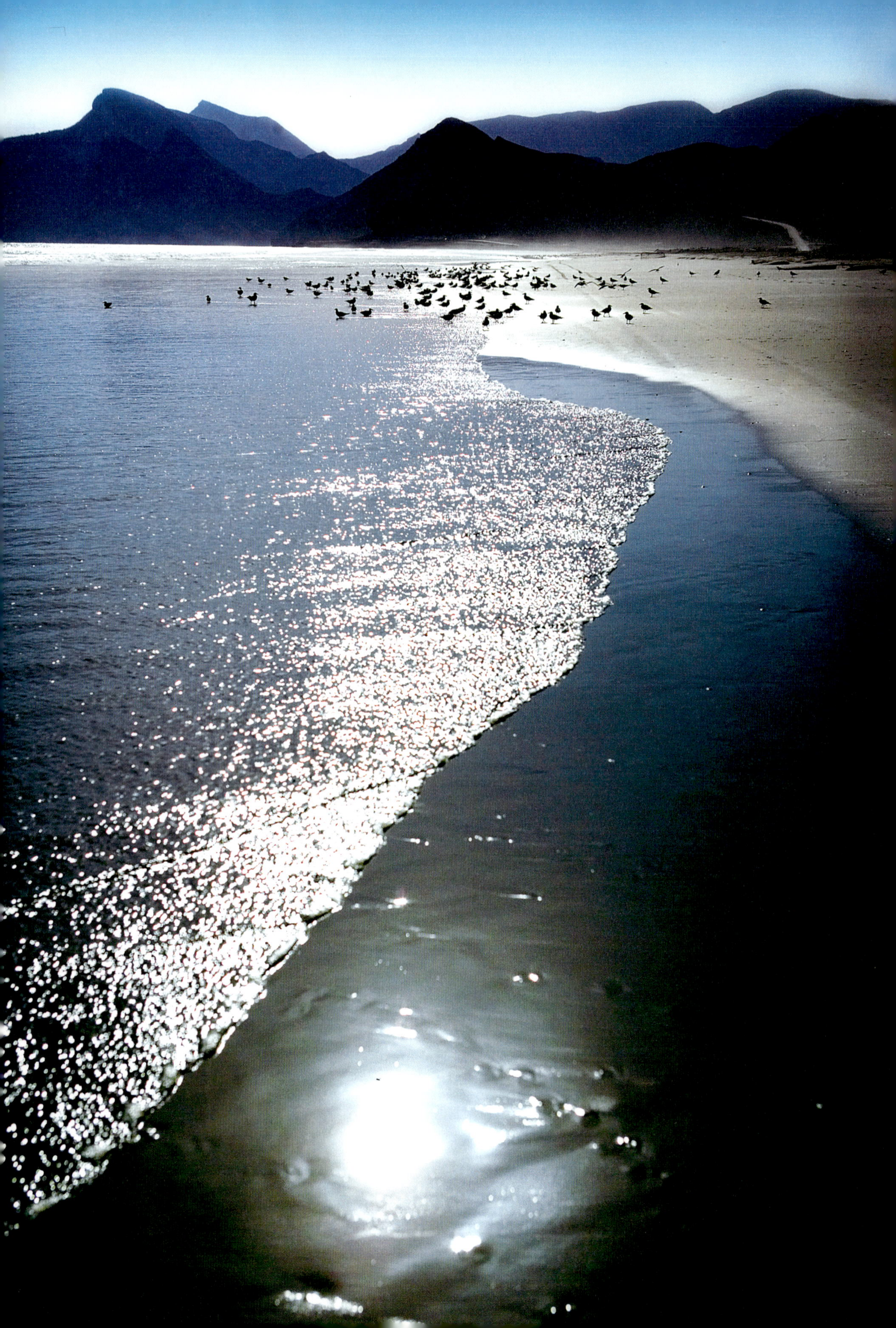

STRAND VOOR JOU ALLEEN

Oman heeft duizenden kilometers verlaten strand. Met name de stranden van de provincie Dhofar zijn lang en wit. Maar ook in Muscat liggen er heel veel verborgen baaien en mooie witte zandstranden. Kies je eigen baai en relax een dagje tussen de locals, bijvoorbeeld bij het Oman Dive Center in Muscat.

Een Zoon Voor de Sultan

er niet van overtuigen dat je in de stad woonde, dan kon je maar beter snel wegrennen. Anders liep je het risico neergeschoten te worden. Let wel, dit was in de tijd van Apollo 13, Woodstock en de Deltawerken. Oman zuchtte onder haar leider, die bang was voor buitenlandse invloeden. Roken, radio's, fietsen, dansen, westerse kelding: het was allemaal streng verboden. Vrouwen mochten niet naar school en slechts het huis verlaten in een *abaya*, een vormloze tent die de drager meer deed lijken op een pinguïn dan een mens. Omani's willen die 32 jaar van isolatie het liefst zo snel mogelijk vergeten.

Surprise sultan

En toen, in 1970, kwam de grote verrassing. Niemand wist namelijk dat sultan Saïd een zoon had. Een zoon die in Engeland was opgeleid, hield van opera, en zeker niet trots was op wat hij zag gebeuren in zijn geboorteland. Met een handjevol Britse adviseurs verscheen hij bij het paleis van zijn vader met een ultimatum. Saïd protesteerde zwakjes, om zich vervolgens morrend per vliegtuig in Londen te laten droppen. Daar werd hij ondergebacht in een hotelsuite, waar hij in 1984 op vijfentachtigjarige leeftijd overleed. Sultan Qaboos had ondertussen de deuren naar de wereld langzaam maar gestaag opengezet. In een café ontmoeten we Abdullah, die leraar is op een jongensschool, en we vragen hem naar de sultan. Zijn ogen beginnen te glinsteren en hij vertelt dat hij veel aan sultan Qaboos te danken heeft. 'Ten tijde van sultan Saïd vluchtten mijn ouders naar Tanzania; in Oman hadden ze geen toekomst. Toen Qaboos aan de macht kwam, vroeg hij alle gevluchte Omani's naar hun vaderland terug te keren en dat hebben mijn ouders toen gedaan. Elke Omani mag hier eenmalig een stuk land kopen van 650 vierkante meter voor 650 rial (1300 euro). Moet je je voorstellen, 650 Rial, dat is een koopje!' Hij lacht alsof hij het allemaal een goede grap vindt. Gekleed in hun eigen versie van het westerse maatpak (een witte lange jurk met geborduurde pet) lijken Omaanse mannen überhaupt over een bijzonder goed humeur te beschikken. Altijd een lach en een grap, altijd beleefd. Of dat goede humeur ook voor Omaanse vrouwen geldt, wordt ons niet duidelijk, want tegenkomen doen we ze niet of nauwelijks. Die vrouwen zitten thuis of begeven zich zo snel mogelijk en gesluierd van de ene binnenlocatie naar de andere. Welkom in Arabië. Het blijft een vreemde gewaarwording. Maar de houding hier ten opzichte van mensen met een ander geloof is wél tolerant. Wellicht omdat de geschiedenis van Oman zo doorspekt is van buitenlandse invloeden en handelsbetrekkingen. Zou het aan de sultan te danken zijn dat Oman haar cultuurgoed heeft weten te bewaren – in tegenstelling tot buurland Dubai, waar geld, blingbling en superlatieven de macht hebben overgenomen en de oorspronkelijke waarden en normen het onderspit delven? Velen zeggen van wel. Oman, of beter gezegd, de sultan van Oman koos voor een veel voorzichtigere, langetermijnstrategie met als doel Oman wel mee te laten profiteren van het comfort van de moderne tijd, maar dan zonder de eigen cultuur en afkomst te verloochenen. Het enige echte nadeel van Oman lijkt eigenlijk een groot pluspunt. De olievoorraden zijn in tegenstelling tot die van de buurlanden maar beperkt. Wel groot genoeg om de ontwikkeling van het land een flinke slinger te geven, maar te klein om als een getalenteerde maar overbetaalde voetbalmiljonair de weg kwijt te raken. En de knaken die er wel zijn, lijken goed te worden besteed. De meeste bewoonde delen van het land zijn nu goed bereikbaar (als je bepaalde bergregio's tijdens de regentijd niet meetelt) en zowel jongens als meisjes gaan naar school.

Onzekere toekomst

Terwijl wij bedenken wat een handige en kordate leider die sultan toch is, gaat Abdullah verder met zijn verhaal. 'Elk jaar reist de sultan een hele maand rond door het land en elke dag slaat hij zijn tentenkamp op een ander plek op. We wisten een paar jaar geleden dat hij ook naar ons dorp zou komen en besloten hem te vragen of we hier elektriciteit konden krijgen. Nooit geschoten is altijd mis, toch? Het ongelooflijke gebeurde: op dag één was de sultan in ons dorp, op dag twee verschenen er twee landmeters en op dag drie reed er tot onze stomme verbazing al een vrachtwagen vol elektriciteitspalen het dorp binnen. Drie weken later waren we aangesloten.' Oman heeft een koning die zijn land in *no time* heeft weggetrokken uit de middeleeuwen en naar de eenentwintigste eeuw heeft geleid. Maar koning Qaboos is nu 66 jaar, gescheiden, vrijgezel en hij heeft geen zoon. In Europa gaan er geruchten dat de goede man homofiel is. Wat zal de toekomst brengen? Een vriend van Abdullah schuift aan en we vragen hem of hij niet bang is voor wat er zou gebeuren als de sultan overlijdt. En weer wordt er gelachen 'Ik ben niet bang voor de toekomst. De sultan is een slimme man, die zou ons nooit achterlaten zonder een en ander geregeld te hebben. Niemand wist dat zijn vader Saïd een zoon had, die stond in 1970 opeens voor de poort van het paleis. Misschien heeft Qaboos ook een zoon in het buitenland, wie weet?'

Leve de dictatuur

We rijden Muscat weer in, onze reis zit erop. We zijn wel wat verward; een sprookjesland is Oman zeker, zo mooi is het wel. En ja, de sultan heeft hier toch echt een knap staaltje hoe-regeer-je-een-land vertoond. Een dictatuur met een goede leider is misschien nog wel veel beter dan een halfzachte democratie... We lopen richting check-in en wensen dat sultan Qaboos stiekem inderdaad ergens een zoon heeft zitten. Een goed opgeleide, goedhartige leider die staat te trappelen om het stokje van zijn vader over te nemen. We wensen die zoon stilletjes succes, want moeilijk zal het wel zijn. Overtref zo'n vader maar eens. Niet te doen.

Een Zoon Voor de Sultan

De doorgaans gesluierde bedoeïenenvrouw hierboven laat haar ware gezicht zien. De schapenhoedster rechts communiceert met haar man door te roepen en fluiten. De hoge wanden weerkaatsen het geluid.

KLEURIGE VROUWEN

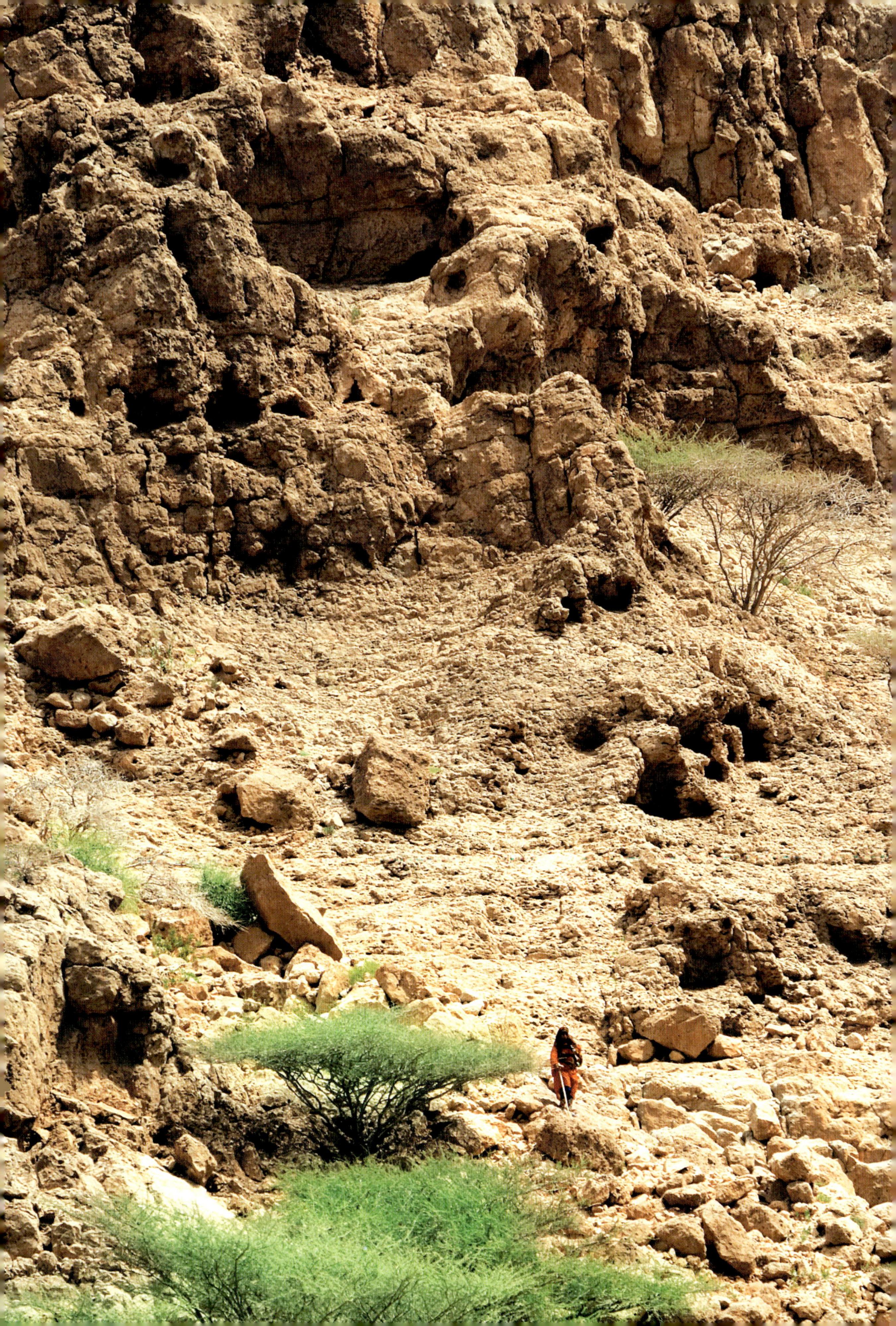

LAND VAN DE MOOIE DEUREN

Overal in Oman zijn de deuren prachtplaatjes. Helaas worden ze niet goed onderhouden. Je vraagt je af hoelang ze nog meegaan voordat ze uit elkaar vallen.

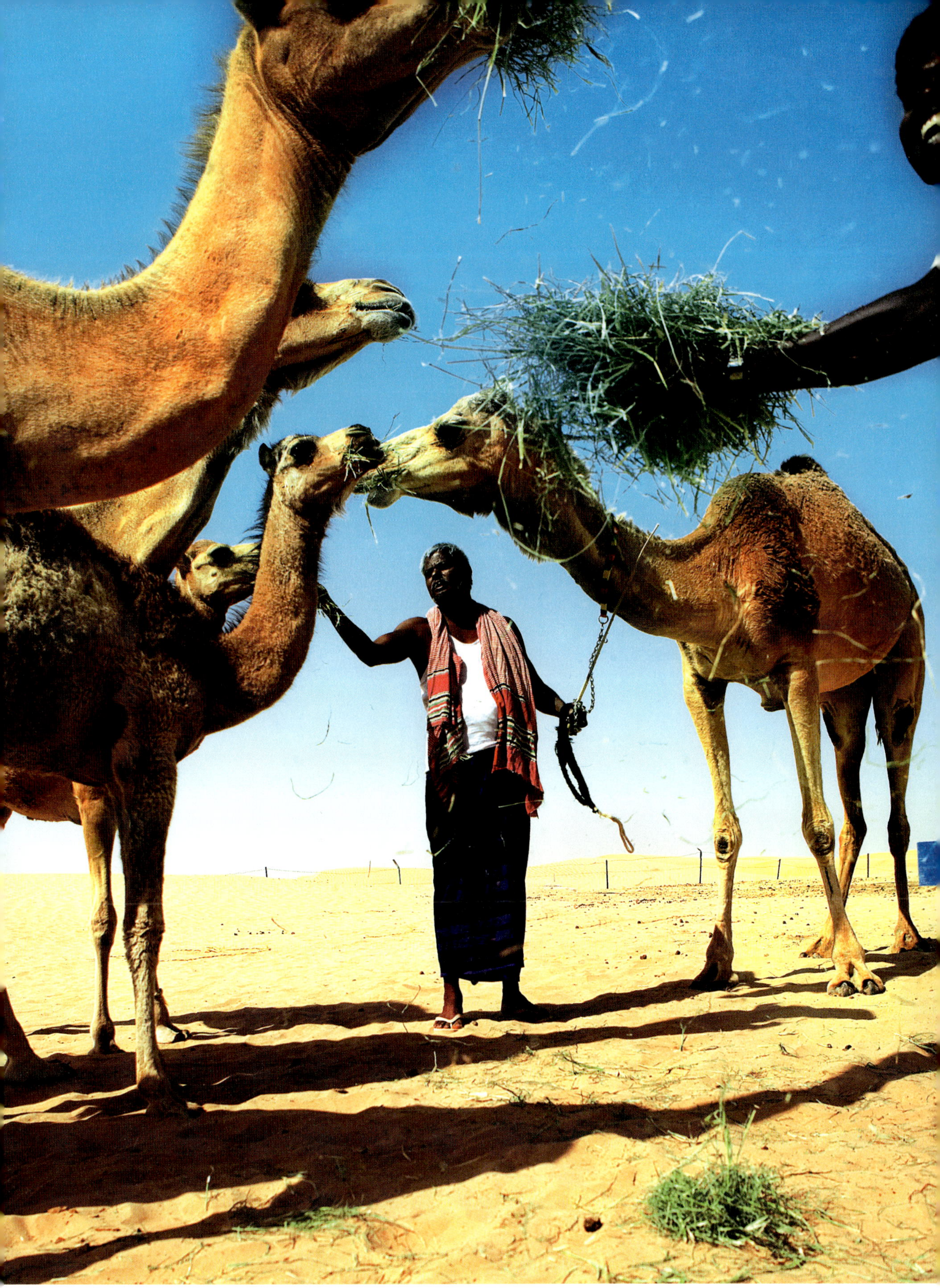

AUSTRALIË
ARNHEMLAND

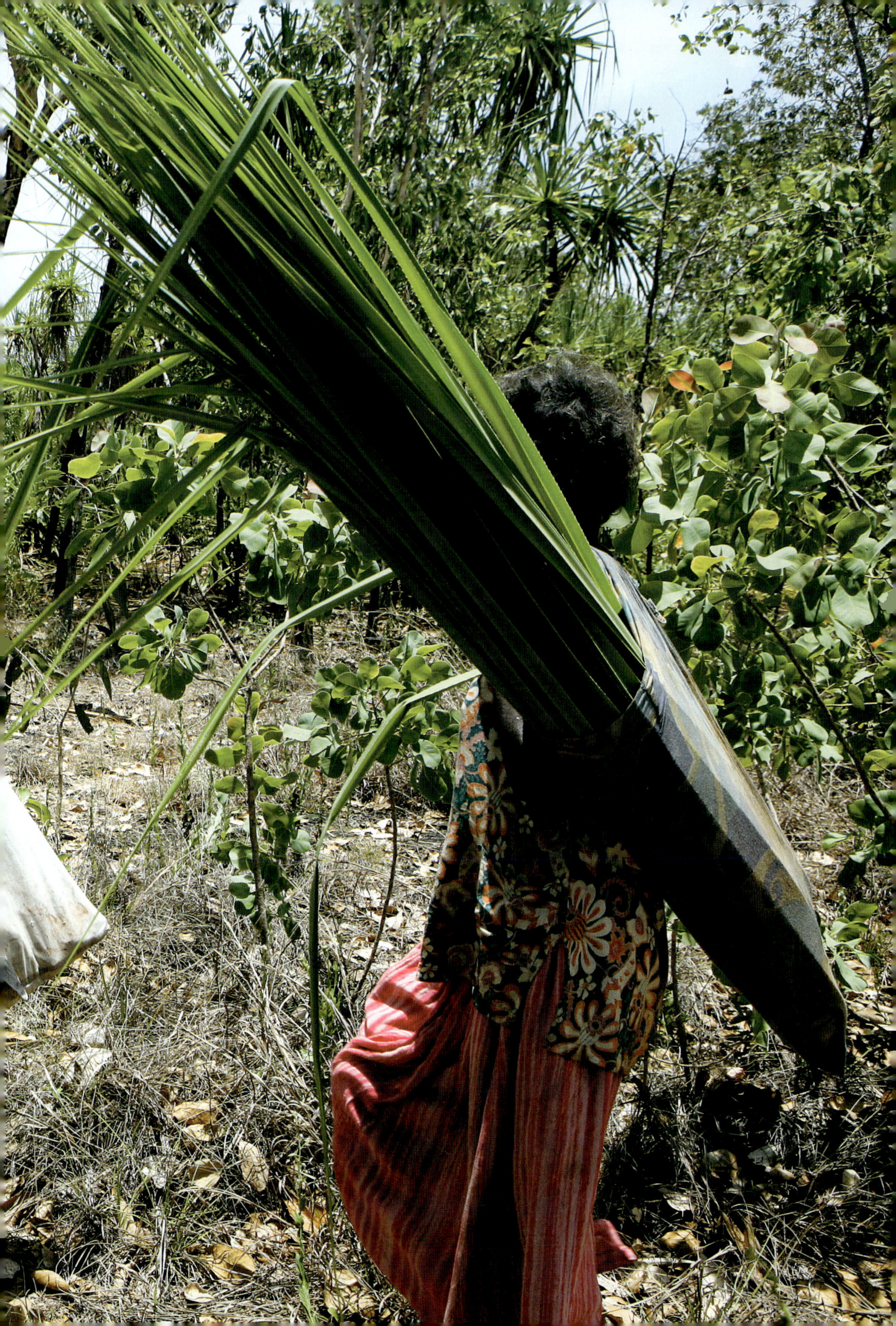

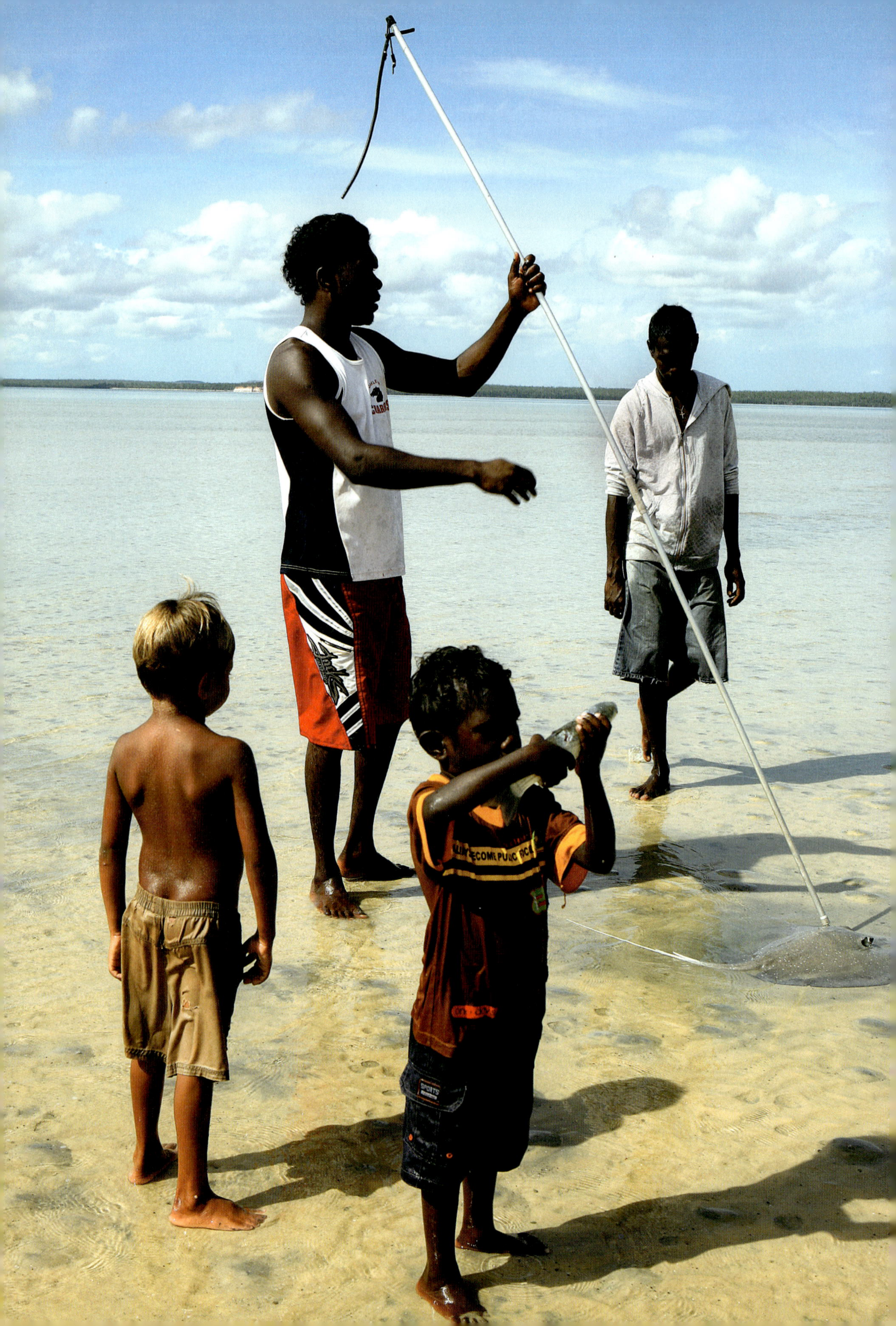

Om het magistrale, geheimzinnige Aboriginalreservaat Arnhemland in het noorden van Australië in te mogen, kun je het beste een jaar van tevoren beginnen met het aanvragen van je vergunning. Reizigers worden slechts mondjesmaat toegelaten. Hier vind je nog échte Aboriginalcultuur in een woest en onaangetast landschap.

'Onze cultuur verdwijnt nooit!', werd ons verzekerd door de dronken maar felle Aboriginalvrouw Gammjah in een troosteloze buitenwijk van Darwin, de bescheiden hoofdstad van het Northern Territory. 'Hoe wij overleven? De blanke man zou zeggen dat ik een briefje invul bij de Sociale Dienst, voor geld. Het Aboriginalantwoord is dat we voedsel verzamelen in het bos en dat we jagen. We eten python, op het hoofd na, want dan val ik dood neer, haha!' Gammjah is verslingerd aan drank en daardoor aan de stad. Haar levensverhaal is tekenend voor veel Aboriginals, wier cultuur – de oudste levende cultuur ter wereld – ten prooi is gevallen aan onderdrukking, armoede en alcoholisme. Gammjah komt oorspronkelijk uit Arnhemland, een gebied ten oosten van Darwin dat twee keer zo groot is als Nederland. Sinds 1978 is het – op een paar mijnen en toeristenaccommodaties na – weer helemaal in handen van de traditionele Aboriginallandeigenaren. Het reservaat is misschien wel het meest onaangetaste en ontoegankelijke gebied van Australië. En wij mogen op bezoek – met een felbegeerd toegangsbewijs. Maar heeft de beschermde status van het reservaat ook daadwerkelijk de buitenwereld buiten gehouden? En is hun leven er ook echt op vooruitgegaan?

Puur

'"Vooruitgang" is een westers concept', meent onze gids Vince Collins (48), een stevige, ronde kerel met rode wangen, een camouflageoutfit en een constante *'no worries, mate'*-uitdrukking op zijn gezicht. 'Geloof me, het enige wat er voor de Aboriginals in Australië is veranderd, is opgelegd door de blanken. En dat is géén vooruitgang. Door armoede en slechte weerstand tegen alcoholverslaving gaan Aboriginals zo'n zeventien jaar eerder dood dan blanke Australiërs.' We rijden al een paar uur over de Arnhem Highway, langs bossen, moerassen en savannes. En twintig miljoen termieten per hectare, met bijbehorende metershoge, grijze, puntige termietenheuvels. Vince: 'De Aboriginals geloven niet in vooruitgang. Het gaat erom dat je morgen wakker wordt. En als je niet wakker wordt, nou ja, dan maakt het toch niet uit. *The sun will rise, the birds will fly.* Zo zien zij het.' Voor de komst van de blanken was drie uurtjes jagen per dag genoeg, vertelt Vince. Er werd tot een eeuw geleden ook druk gehandeld met de Indonesiërs. De rest van de tijd konden de mensen verhalen vertellen en kunst maken. Dat is allang niet meer zo, ook niet in Arnhemland. Net als in andere Aboriginalgemeenschappen elders in Australië vormt armoede een hardnekkig probleem. Toch is het reservaat in zekere zin een succesverhaal – de Aboriginals kregen hier in vergelijking tot andere stammen elders in Australië relatief vroeg hun land terug. Ook het vergunningenstelsel is vrij uniek en bijzonder strikt voor zo'n groot gebied – per dag mogen maar twintig vreemde voertuigen in het reservaat rondrijden. De Aboriginals kunnen er ongestoord leven en zowel de natuur als de cultuur zijn nog relatief puur.

Dreamtime

Een uurtje of zes en twintig verhalen van Vince later stuiven we Gunbalanya binnen, een van de twee grotere Aboriginalnederzettingen in Arnhemland. Ik had ergens gehoopt dat de Aboriginals hier nog zouden leven als de ouders van Gammjah een generatie terug, als een soort Adam en Eva naakt in de bush. Maar het blijkt een heel gewoon dorp. Met gewone houten huizen. En Aboriginals in kleren. Al heeft hun huid de oerkleur van de roestbruine rotsen in de omgeving: bergen die miljoenen jaren zijn afgesleten door water, zand en wind. 'Dat vind ik nou echt vervelend, dat mensen vaak denken dat we nog in lapjes rondrennen', geeft Wilfred Gunwinjku te kennen, met zijn 48 jaar een van de oude, wijze mannen uit het dorp. 'Onze situatie is veranderd! Wij lopen nu ook met een paspoort en kleren. Al vinden we ons land en onze tradities nog net zo belangrijk.' Dat landschap is voor de Aboriginals even onmisbaar als de bijbel voor een strenge christen. Het vertelt ze een duizenden jaren oud verhaal: over het ontstaan van de aarde, over hoe ze in evenwicht met de natuur moeten leven, over hun voorouders en over de *Dreamtime*. Wat dat precies is? '*Dreamtime* is het heden, verleden en de toekomst', zegt Wilfred, alsof het vanzelfsprekend is. Oftewel: een soort parallelle tijdsdimensie waarin de geesten van voorouders in het landschap aanwezig blijven, en dan vooral op heilige plaatsen. Als een Aboriginal daarheen gaat, naar die heilige plek, dan blazen zijn voorouders hem nieuwe levenskracht in. Goed beschouwd kúnnen Aboriginals dus helemaal niet fatsoenlijk leven zonder het land van hun voorouders. Wilfred laat ons de heilige Injalak Hill achter zijn dorp Gunbalanya zien. Tientallen, nee honderden okeren, witte en roodbruine rotstekeningen zijn er geschilderd, variërend van zestig tot meer

Aboriginalland

ONAANGETAST

Arnhemland is twee keer zo groot als Nederland, met slechts zestienduizend inwoners. Buitenstaanders worden geweerd. Hierdoor is het een van de meest onaangetaste gebieden van Australië.

Aboriginalland

dan 30.000 jaar oud. 'Kijk, hier zie je het voedsel van onze voorouders: wallaby's, rivierkrokodillen, pythons, vissen. Die eten we nog steeds. We jagen en verzamelen. Veel gezonder dan dat eten van de blanken uit de winkel.' We zijn moederziel alleen op de berg. Aan alle kanten om ons heen strekt het vlakke landschap met oerbos zich uit, zo ver als ik kan kijken. Behalve ontelbare bomen en een gigantische hemel zie ik verderop één berg, één dorp (Ganbalunya) en, in de verste vertes, vier rookpluimen. Ah, rooksignalen! 'Nee, bosbrandjes', legt Vince uit. Wilfred vult aan: 'We brandden van oudsher kleine stukjes bos af in een soort mozaïekpatroon. Op die manier willen we het evenwicht in de natuur bewaren.' De berg verderop blijkt een heilige plaats, al kan Wilfred niet zeggen waarom. 'Dat zijn mannenzaken.' Hij wendt zijn blik vastberaden af. Basta! Sommige geheimen hier zullen we nooit kennen, zal deze week uitwijzen. De Aboriginals die wij tegenkomen, blijken niet van het spraakzaamste soort.

Vrouwenzaken

We moeten genoegen nemen met vrouwenzaken, en dan alleen nog de zaken die óók aan blanken mogen worden getoond. We zijn hier in hun land, en dat betekent dat we niet veel keus hebben. Na lang zeuren mogen we mee verzamelen met de verlegen vrouwen van het Injalak Arts en Crafts Centre van Gunbalanya. Ze maken daar manden, zitmatten en verzameltassen voor hun eigen rituelen en om te verkopen aan toeristen. De vrouwen hebben nieuwe

HEILIGE HEUVEL Een wandeling over de heilige Inyalak Hill leidt je langs honderden rotsschilderingen en gunt een prachtig uitzicht op de omgeving van de Aboriginalnederzetting Gunbalanya.

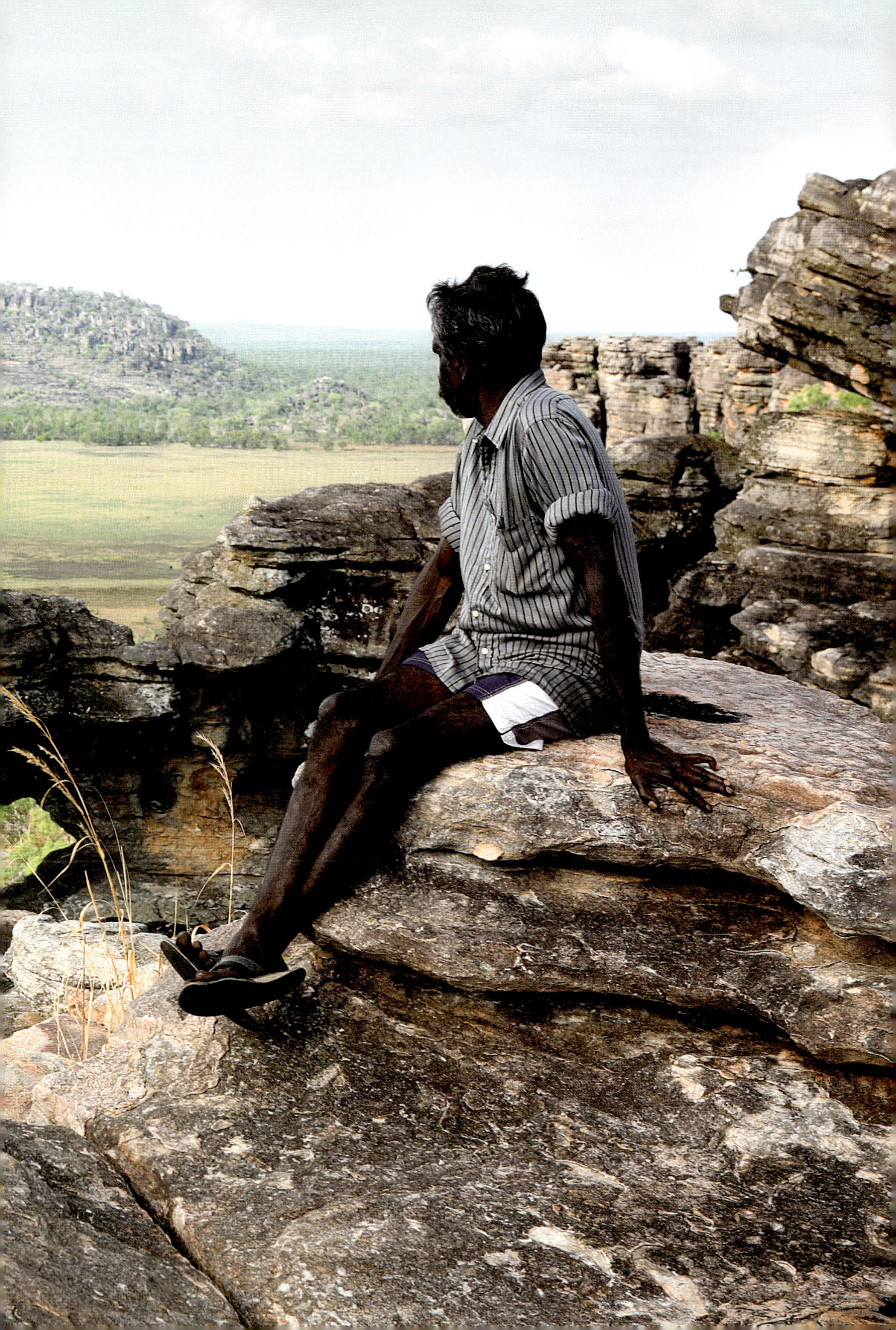

kleurstof en *pandana's* nodig – grote, stekelige bladeren van een lage palmboom die hier veel voorkomt. Gezellig babbelen is er niet bij. Zwoegen zullen we! Wortels voor gele verf worden op het heetste, meest goddeloze moment van de dag zonder morren uitgegraven. Ik geef het al na tien minuten zwetend op, terwijl de oudste vrouw uit het gezelschap het langst doorwerkt. Ze heeft grijs haar en een hoofd zo gerimpeld als een gedroogd appeltje. Geen kik geeft ze. De enige man die mee is ook niet trouwens. Hij is ontzettend verlegen, maar hakt wel met krachtig geweld een holle eucalyptusboom om, voor een nieuwe *didgeridoo*, het wereldberoemde blaasinstrument dat hier doodgewoon vandaan komt. Vragen worden beantwoord met een stapel stekelbladeren. 'Hier', wijst de oudste vrouw, waarmee ze zoveel bedoelt als 'Hup, stapelen!' Het werken geeft ons tijd om na te denken. Ik had meer rituelen verwacht en bijzondere verhalen bij het kampvuur, maar dit is blijkbaar veel authentieker. Het is vergelijkbaar met een oude vrouw die ons bij de kaptafel in haar schemerige slaapkamer de juwelen van haar overgrootmoeder laat zien. Dit land van hun voorouders: het is hun dierbaarste bezit. 'En ze waren het verdomme bijna kwijt geraakt!' Terug in het Art Centre vormt de blanke directeur Anthony Murphy een contrast met 'zijn' zwijgzame Aboriginalkunstenaars. 'De vorige regering wilde het systeem van toegangsbewijzen voor bezoekers afschaffen, zodat iedereen hier in Arnhemland zomaar naar binnen kan. Godzijdank is dat niet doorgegaan. Er is in honderd jaar zó veel veranderd voor de Aboriginals. Als ze hier Arnhemland niet hadden gehad, was de lokale cultuur zeker verloren gegaan.' Anthony vreest ook voor de natuur in Arnhemland – uranium- en gouddelvers liggen op de loer – en voor de duizenden onontdekte rotsschilderingen onder de blote hemel. 'Als je hier toeristen laat wildkamperen, dan moet je die ineens gaan bewaken.'

R&B-Aboriginal

De volgende dag zien we die natuur en afgelegen rotsschilderingen met eigen ogen, als we er van het totaal afgelegen Davidson's Safari Camp met een gids op uit trekken. *Billabongs* (waterpoelen bij een rivier) met duizenden vogels en tientallen krokodillen worden afgewisseld door heilige bergen en ontelbare rotsen met schilderingen. Het is een landschap dat om de haverklap overgaat van vlak en kaal naar heuvelachtig, met woeste tropische bossen, weelderige begroeiing aan het water en afgesleten rotsen, ouder dan de dino's. En. Geen. Enkel. Mens. Te. Bekennen. Nergens een bordje met uitleg. Geen stemmen, geen reizigers, geen Japanse gidsen met rode parapluutjes. 'Als je wilt, kunnen we er morgen op uit trekken om wat nieuwe rotstekeningen te ontdekken', zegt de jonge gids droogjes. Twintig uur later voelt de lucht al warm aan als ik ontwaak in mijn halfopen bungalowtent aan een turkooizen baai in het Venture North Base Camp. Deze plek op de Cobourg Peninsula, een landtong in het noordoosten van Arnhemland, roept het gevoel 'Zou God dan tóch bestaan?' bij me op. Het is de laatste dag van onze reis en ik begin me af te vragen hoe het zit met de nieuwe generatie Aboriginals. Hoe denken zíj over Arnhemland en de problemen waar veel Aboriginals mee worstelen? Contact lijkt onwaarschijnlijk. We hebben alleen nog maar

BUITENSPEL

De vijftienjarige Robby speelt met de overblijfselen van een paraplu. Sommige Aboriginals leven in grote armoede, vergeleken met blanke Australiërs. Velen hebben geen goede opleiding gehad en zijn voor onderdak en eten afhankelijk van de Sociale Dienst. Ook in Arnhemland.

Aboriginalland

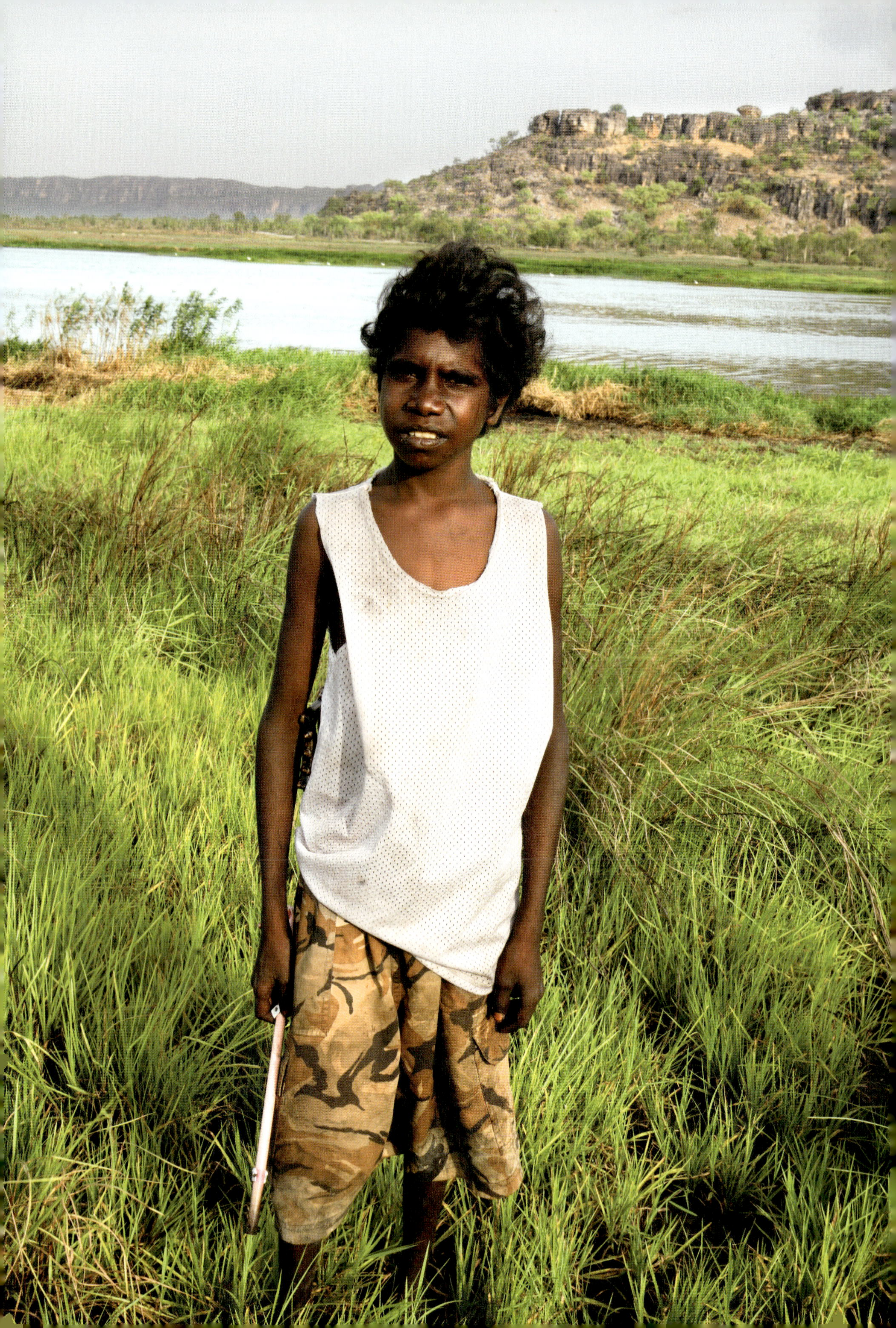

ALL IN THE FAMILY

De Aboriginalbroers Robert en Daniel zijn westers gekleed maar weten nog precies hoe je met een speer een vis vangt. In de uitgestrekte bossen achter dit hagelwitte strand op de Cobourg Peninsula, het geboorteland van hun tante, is geen levende ziel te vinden.

de oude garde ontmoet. Maar wat blijkt? Een stel jonge Aboriginalvrienden van de blanke Venture North Base Camp-eigenaar wil spontaan met ons mee om een dag te gaan vissen. Ik raak aan de praat met de 25-jarige Daniel Cunningham, die letterlijk toekomstmuziek maakt. 'Ik speel met mijn band een soort R&B gemixt met inheemse volksmuziek', vertelt hij terwijl we met onze blote voeten door het lauwe, heldere zeewater waden. Hij geeft me zijn Myspace-webadres. 'Hier, kun je luisteren. We hebben al een grote prijs gewonnen op een landelijke talentenjacht.' Kleine krabbetjes schieten weg over het witte zand. De zon staat hoog aan de hemel. 'Met onze muziek willen we een boodschap uitdragen. Aboriginals drinken te veel en het zelfmoordpercentage is heel hoog. Wij zingen dat je sterk moet zijn. Alleen dan hebben we een toekomst.'

Nieuwe generatie

Daniel behoort tot de familie die traditioneel gezien landeigenaar is van dit deel van de Cobourg Peninsula. Toch wonen ze kilometers verderop, op het drukbevolkte Bathurst Island, sinds zijn moeder jaren geleden ziek werd. Daniel verlangt hevig terug naar zijn thuisland, net als zijn broers Robert (27), Roland (22) en Charles (13). Ze willen dolgraag aan het werk voor hun oude buurman Brendon Bainbridge, nu de baas van Venture North Base Camp. En dat gaat ook gebeuren. Brendon: 'Veel oudere mensen die nu in Arnhemland wonen, hebben geen opleiding gehad. Ze weten niet hoe ze hun leven in eigen hand kunnen nemen. Maar deze jongens zijn wél naar school geweest. Ze hebben geluk dat ze bij mij een baan kunnen krijgen als *ranger* op hun eigen land. Maar ik geloof hoe dan ook dat er echt dingen gaan verbeteren met die nieuwe generatie.' Hij wordt onderbroken door een luide schreeuw. Robert – Amerikaans honkbalpetje, shorts en sportshirt – heeft een pijlstaartrog gespietst met zijn speer. Dan volgt een grote vis. Niet veel later zitten we op het witte strand bij het kampvuur en eten verse vis en oesters. Zo uit het water op onze... boombast. Op de terugweg wordt er een haai gevangen. Doodnormaal. Hoewel wíj ons druk maken over het feit dat het gevaarlijk is om te zwemmen in dit prachtige water, is het voor deze Aboriginals een vertrouwd risico dat er hier giftige kwallen en haaien rondzwemmen. Ze zitten onder de littekens: omdat ze tóch het water in gaan. 'Alleen over krokodillen maken we geen grapjes', zegt Brendon en wijst een twee meter lang exemplaar aan dat vlakbij ons in het turkooizen water zweeft. 'Zijn kaken zijn oersterk.' Daniel wijst naar de overkant van de baai. 'Elke plek daar heeft van mijn voorouders een Aboriginalnaam gekregen. Ik heb die stranden alleen nog maar gezien vanaf een boot, ik heb ze nog nooit onder mijn voeten gevoeld. Het is mijn grootste wens om ze allemaal te zien, van dichtbij. Daar lopen is het eerste wat ik ga doen als ik hier volgend jaar als *ranger* kan gaan werken.' Daniel staart in de verte. Ik kijk naar zijn strand. Ik vraag me af of er mensen zijn die méér van dit land kunnen houden dan de Aboriginals. Zij weten als geen ander hoe je hier morgen wéér wakker wordt. En als je niet wakker wordt, nou ja, dan merk je daar toch niets van... *The sun will rise, the birds will fly.* Zeker hier.

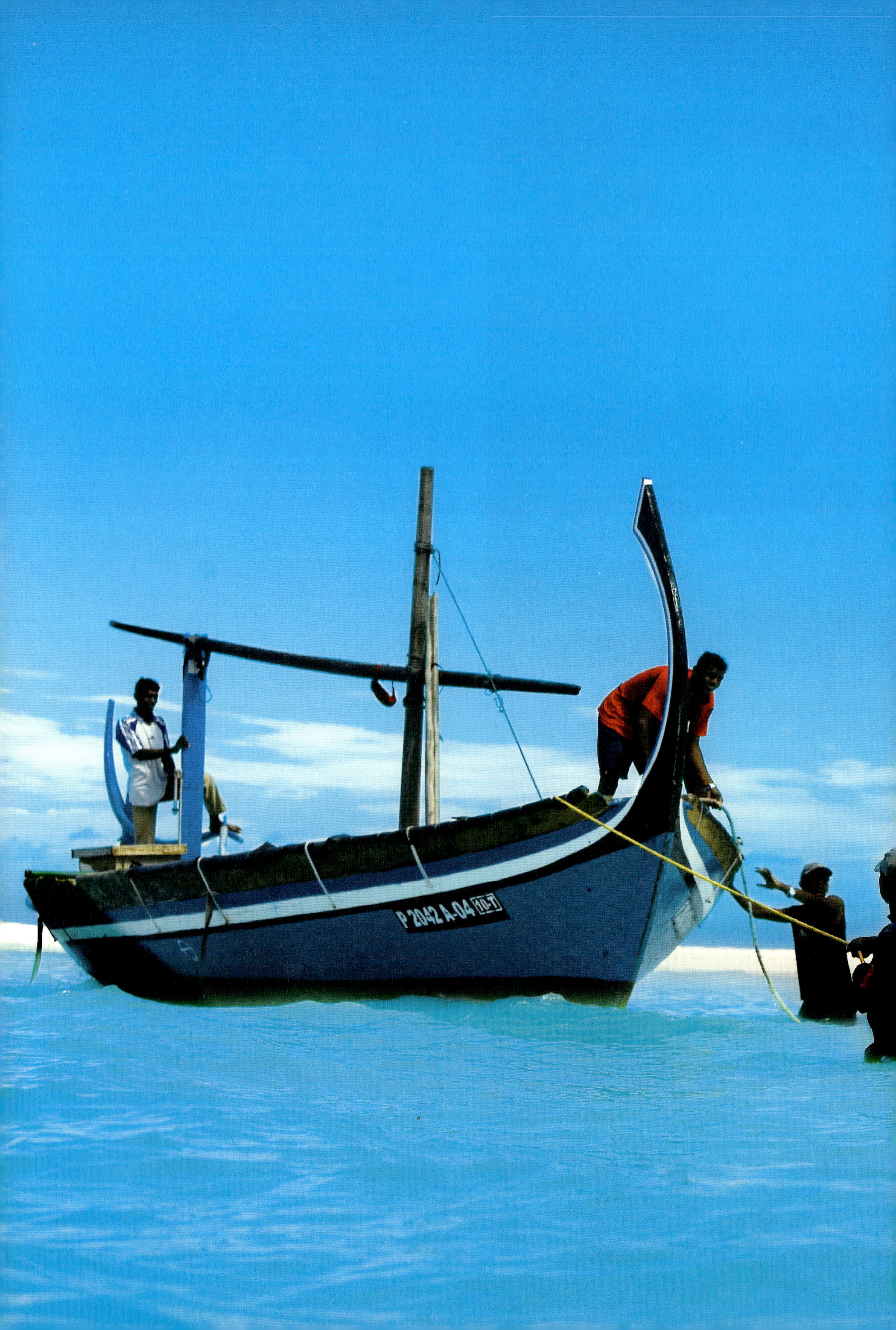
P 2042 A-04 10-T

MALEDIVEN

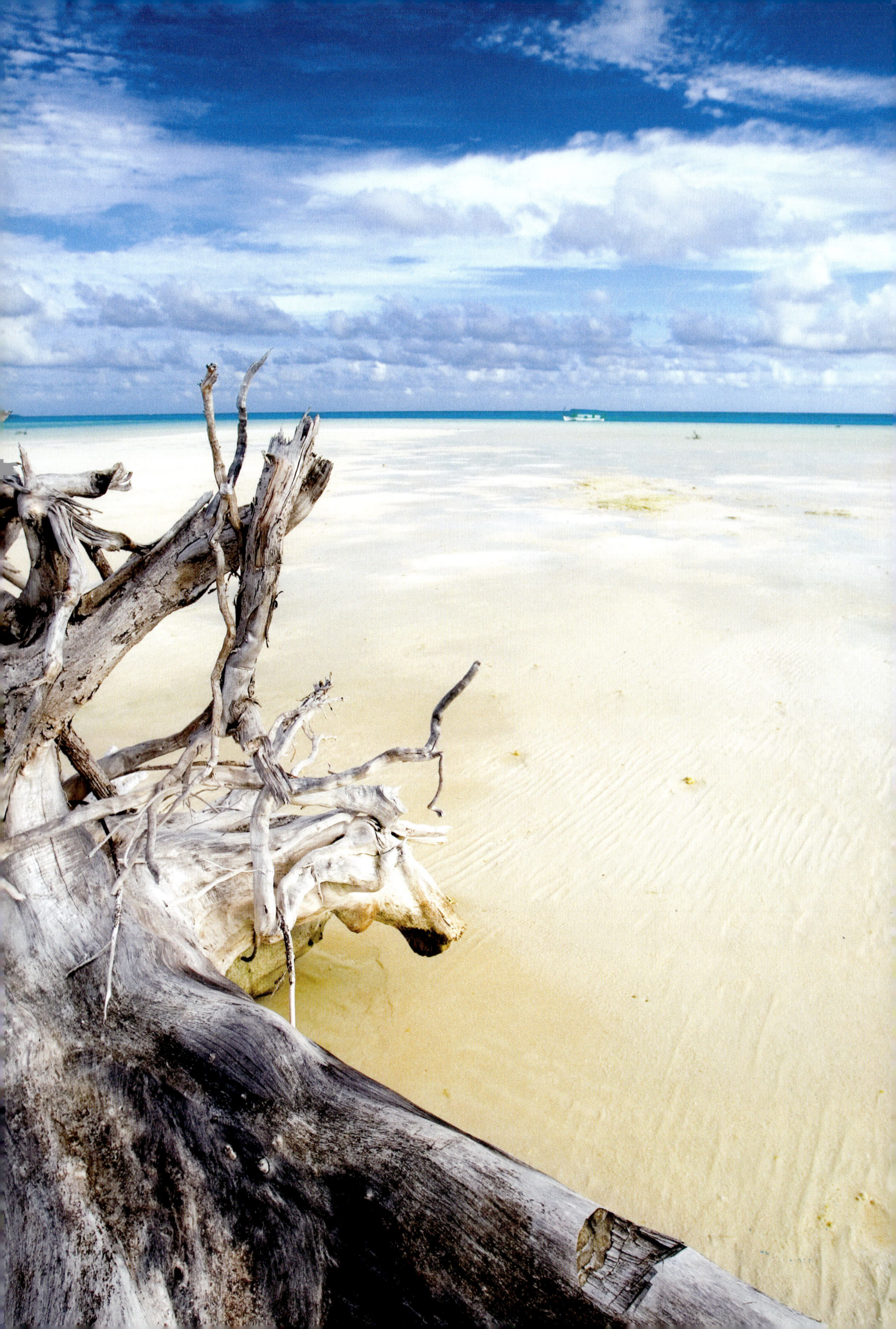

Hoe mooi wil je het hebben?
De Malediven bestaan uit honderden
onbewoonde en onaangetaste eilanden
die op een bezoek liggen te wachten.
Maar er overnachten is taboe.

Op een onbewoond eiland

Mijn eigen Vrijdag heette Afeef, maar hij bleef niet. Hij kwam pas dinsdag weer. Althans, dat hoopte ik. Dat hadden we tenminste afgesproken. Iets wat nog de nodige voeten in de aarde had – hij met zijn drieënhalf woord Engels en ik met mijn nul komma nul Dhivehi, de taal die ze hier spreken. Maar toen was er uitgebreid over en weer gelachen. Zeker nadat ik hem een aardige stapel rufiyaa's had overhandigd, die hij haastig wegstak. Want het was een clandestiene operatie die we gingen uitvoeren. Afeef zou me naar een onbewoond eilandje brengen. Iets wat voor buitenlanders helemaal niet is toegestaan op de Malediven, althans het overnachten niet. Ongelovige buitenlanders zijn het verderf zelve, vindt de islamitische overheid. Dat wil zeggen: hun dollars niet natuurlijk, en die mogen ze dan ook uitgeven op de tot resorts omgebouwde natte palmbomendromen. Al heeft de overheid eigenlijk het grootste gelijk van de wereld, want door deze aanpak vormen de Malediven het laatste eilandenrijk dat voor tachtig procent onaangetast is gebleven. Van de resorts zijn er tientallen en er is stuk voor stuk maar weinig mis mee. Of ze nu White Sands heten (niet bijster origineel, het koraalzand knettert overal verblindend aan je ogen) of Royal Island of Tai Coral. Bijna alles is piepklein, je loopt zo'n eilandje in minder dan tien minuten rond. Bij aankomst staat er veelal een vriendelijk lachend persoon klaar om je een verfrissend handdoekje aan te reiken om de klamme tropenhitte van je gezicht te vegen; het strandmeubilair ligt in rotten van drie op nieuwkomers te wachten; de keuken is toppie; wie er de puf voor heeft, kan een balletje slaan en hoe je het ook wendt of keert: overal leiden de bescheiden wegen wel naar het watersport- annex duikcentrum. Want overal, op welk atol en welk eiland je ook komt, ligt het warme Indische Oceaanwater uitnodigend te wachten. Of je nu een *novice* aangaande de wonderlijke onderwaterwereld bent of een doorgewinterde sportduiker die zijn eigen trimvest en automaat heeft meegenomen. Niet voor niks. Wie in het juiste seizoen komt, maakt grote kans reusachtige mantaroggen of zelfs een walvishaai te zien. Maar ook wie daar net naast zit, ziet evengoed het verzamelde werk van Jacques Cousteau voorbij de bebrilde ogen trekken. Wie daar zin in heeft natuurlijk. Er zijn genoeg gasten die uitsluitend voor de zon komen. Van een deel van de cliëntèle vraag ik me af waarom ze de verre reis überhaupt hebben gemaakt. Die komen hun huisje – in de smaken rieten dak dan wel steen met airco – alleen uit om te eten, om vervolgens rap terug te keren voor de invulling van hun *honeymoon*. Oftewel: over het leven valt hier doorgaans weinig te klagen. Één ding blijft desondanks knagen. Als ik de boekjes goed heb gelezen, bestaan de Malediven uit 1176 eilanden, verdeeld over diverse atollen. Minus wat eilanden met resorts erop waar je elke vier minuten dezelfde gezichten tegenkomt en minus de eilanden die door de veelal vissende Maledivianen zelf worden bewoond (en waar een buitenlander voor een dagbezoek slechts op uitnodiging van een bewoner kan aanleggen), blijven er meer dan genoeg onbewoonde exemplaren over. Mijn hart maakte een vreugdedansje bij het idee. Een onbewoond eiland (op mij na dan), dat moest ik meemaken! En als het al ergens kon, dan was het wel hier! Op de Malediven en vrijwel nergens anders op de hele wereld. Noem het maar eens níet bijzonder!

Illegale trip

Ik besloot acuut te gaan polsen bij het personeel, dat ongetwijfeld van de hoed en de rand moest weten. Dat ging nog niet een-twee-drie van een leien dakje; de tuinman kwam namelijk uit Bangladesh, de ober uit India en de jongen van de surfplankenverhuur uit Sri Lanka. En van inheemse bewoners bitter weinig sporen. Na een uurtje rondhangen bij de steiger, trof ik er alsnog twee, en met de kaart in de hand en veel en langdurig naar de horizon wijzend, knikten ze uiteindelijk driftig. 'Afeef!' riepen ze. Afeef moest ik hebben. Afeef, die een eigen boot had en hier elke dag om vijf uur aanlegde omdat-ie verse vis voor de keuken kwam afleveren. Hij zou me kunnen brengen maar dan wel alles *hush-hush* natuurlijk, hè? Ik begreep dat en begon terstond aan de voorbereidingen voor het snode plan. Ik schreef alvast een briefje voor het resortpersoneel dat men zich niet ongerust hoefde te maken omtrent de bewoning van nr. 17, sloeg grote hoeveelheden water en in plastic verpakt lekkers in uit het winkeltje en liet mijn

Op een onbewoond eiland

EXCLUSIEVE SCHOONHEID

Doorgaans bevindt zich op een eiland maar één resort. Resorts vind je in alle prijscategorieën. Vuistregel: Ga zo ver mogelijk van Malé zitten. Resorts die op minder dan 15 (speedboot)minuten van het hoofdeiland liggen, doen vanwege het vele vliegverkeer en geronk van schepen afbreuk aan je Robinson Crusoe-gevoel.

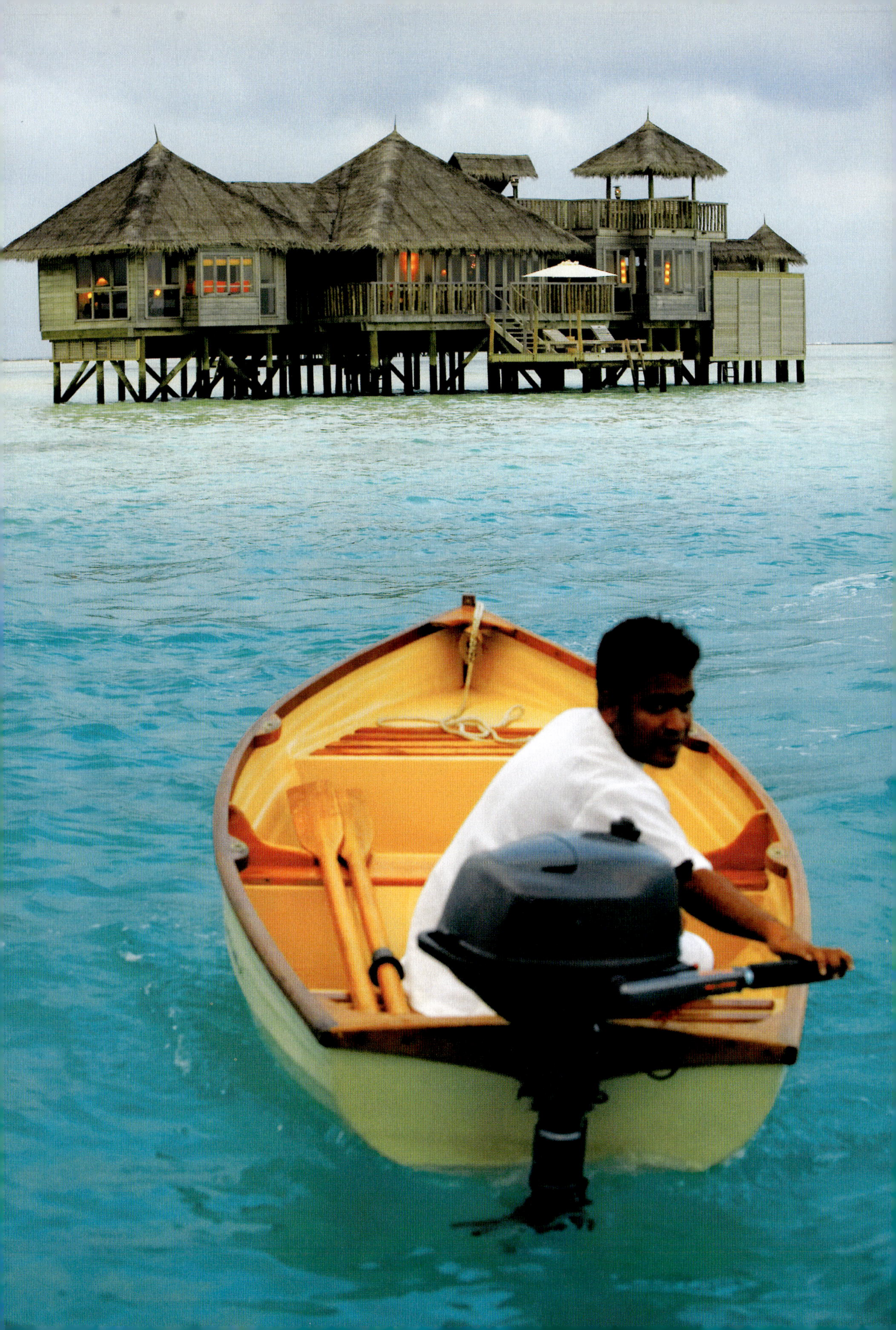

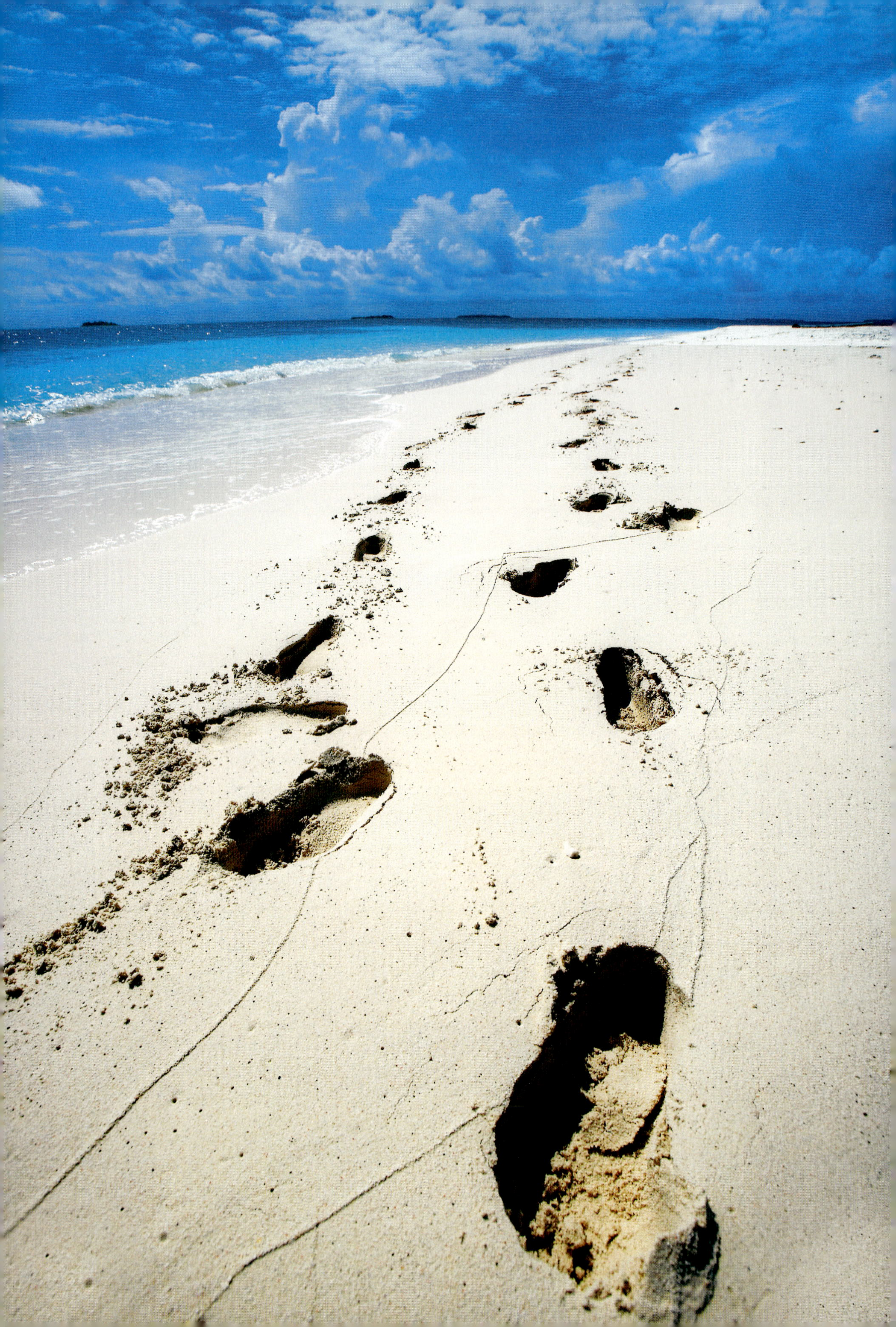

Een eiland voor jezelf

Er zijn drie soorten eilanden: bewoonde, onbewoonde en resorts. Check of je resort in de buurt ligt van onbewoonde eilanden, want met zijn tweeën een dag doorbrengen op je eigen eiland is een ervaring om nooit te vergeten. Picknickmand mee, kleding uit en Robinson spelen maar!

Op een onbewoond eiland

Zwitserse zakmes – dat ik ongetwijfeld nodig zou hebben – geen seconde uit het oog. Ik zag de kleine wijzer van de klok langzaam naar de vijf toe kruipen. En eroverheen, want Afeef had geen horloge, zo bleek ruim een half uur later. Hij had ook geen tandarts en over het vaartuig waarmee hij kwam aanzetten, maakte ik me direct de nodige zorgen. Het was dezelfde soort *dhoni* als waarmee de toeristen van en naar de resorts werden vervoerd, alleen dan zonder zonnedak. Erger leek het me dat er een klotsende hoeveelheid water in het bootje stond en de schipper de gashendel van de angstig ploffende motor met een stuk visdraad bediende. Maar andere opties waren er niet. Dus stortten wij ons in het eerder geschetste koeterwaals, kwamen tot overeenstemming (ik vergat volledig af te dingen en moet een lokaal jaarsalaris in zijn donkere knuist geduwd hebben) en gingen op weg. De motor ploffend, het water in de boot klotsend en het veilige resort kleiner en kleiner wordend op de achtergrond. Je zag het water veranderen. Van het lichtblauw dat elk eilandje omgaf naar het azuur even verderop waar het rif begon en vervolgens in het diepste blauw, dat prachtig was en zelfs ontzag en angst inboezemde. Het bootje schommelde behoorlijk, maar Afeef grijnsde zoals alleen zeelui dat kunnen en stond rotsvast aan het roer met het visdraad, pardon de gashendel, losjes in zijn hand. Dat duurde zo een tijdje, totdat we een eilandje naderden dat er van een afstandje net zo uitzag als die andere 1176. (Oké, op Malé na dan. Het 'hoofdeiland' waar de vliegtuigen met resortgangers landen en waar ze flats hebben die hoger zijn dan de palmen.) Wederom van een bountyachtige schoonheid, iets van de frisheid van limoenen, iets van het resultaat van een ontdekkingsreis van jewelste. En voor mij alleen, hè? De tsunami van 2004 heeft op de Malediven relatief weinig schade aangericht, maar de eilanders zijn er nog altijd als de dood voor – het kostte weinig moeite om me voor te stellen wat zo'n natuurramp of het stijgen van de zeespiegel hier kon aanrichten. Het zand was van de kleur die je in een kanariekooi dient te strooien en het eiland droeg een hoed van groene bladeren. De *dhoni* schuurde het strand op, ik laadde mijn voorraden uit – en bezeerde me al direct aan een scherp stuk steen of iets dergelijks,

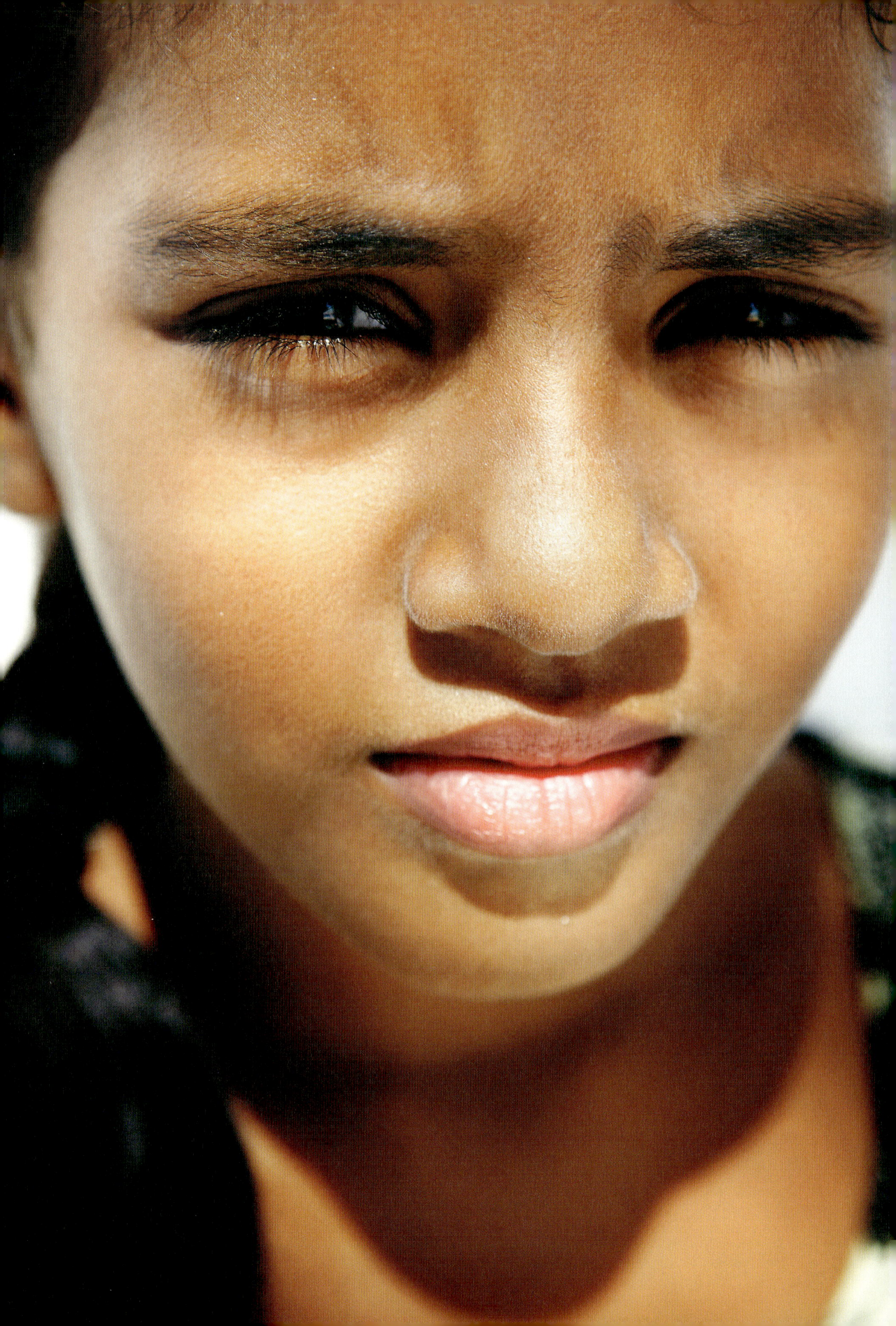

EILANDERS

Alle Maldiviërs zijn soennitische moslims. Ze belijden een gematigde vorm van de islam. Van de 280.000 Maldiviërs wonen er 210.000 op eilanden buiten de hoofdstad Malé.

Op een onbewoond eiland

wat me een lelijke snee opleverde – hernam me snel en verifieerde met Afeef nogmaals de afgesproken dag en tijd om me weer op te pikken. En zag en hoorde zijn klotsende en ploffende boot aan de horizon verdwijnen. Daar stond ik dan. Met een karrenvracht aan waterflessen en plastic lekkers, een Zwitsers zakmes om van alles mee te doen en een snee in mijn teen, die lelijk bloedde. Maar het gaf allemaal niks en een van de eerste dingen die ik deed was dan ook heel hard roepen: *'Eat your heart out Yvonne!* Ik heb jou helemaal niet nodig!' Waarmee een groot deel van de missie al bij voorbaat geslaagd was. Want Yvonne, dat was Yvonne van Oort, de Algemeen Directeur van de Nederlandse Staatsloterij die me maandelijks 'met vriendelijke groet' ondertekenend een nieuw Staatslot kwam brengen , maar vooralsnog had nagelaten er substantiële pecunia bij te laten bezorgen. Laat staan genoeg voor een eigen onbewoond eiland.

Een nacht alleen

Zo. Dat luchtte behoorlijk op. Waarna ik me aan serieuzere zaken kon gaan wijden. Zoals daar was: de verkenning van het perceel in kwestie. Ik liet alles, behalve de bloedende teen uiteraard, achter in de schaduwrijke beschutting van een palm en ging mijn optrekje voor de komende dagen eens nader bekijken. Daar was ik – ondanks die snee – wel redelijk snel mee klaar eigenlijk. Goedbeschouwd had ik er 877 stappen voor nodig, wat volgens mijn horloge gelijkstond aan 6 minuten en 37 seconden (en ik had me verre van gehaast), waarbij ik de begroeiing van het eiland op exact 229 palmbomen had vastgesteld en – gelukkig, want de bedoeling immers – geen levend wezen had ontmoet. Ik zag noch apen (al wist ik niet of die op de Malediven voorkwamen) noch ratten (die wel degelijk voorkwamen en op sommige eilanden uiterst vervelende nieuwkomers schenen te zijn die van alles uithaalden). En afgezien van een vogel of twee, die terstond op de wieken waren gegaan bij het zien van mijn persoontje, was ik hier dus weliswaar Robinson Crusoe aan het spelen maar vooral ook moederziel alleen. Ik overzag mijn opties. Het was maandag. Afeef kwam morgen. Ik kon een onderkomen gaan bouwen voor de nacht, maar daar was ik met

NIET TE KOOP Gelukkig is het voor buitenlanders niet toegestaan op de Malediven een stuk grond te kopen. Hierdoor is 80 procent van het eilandenrijk vrijwel onaangetast.

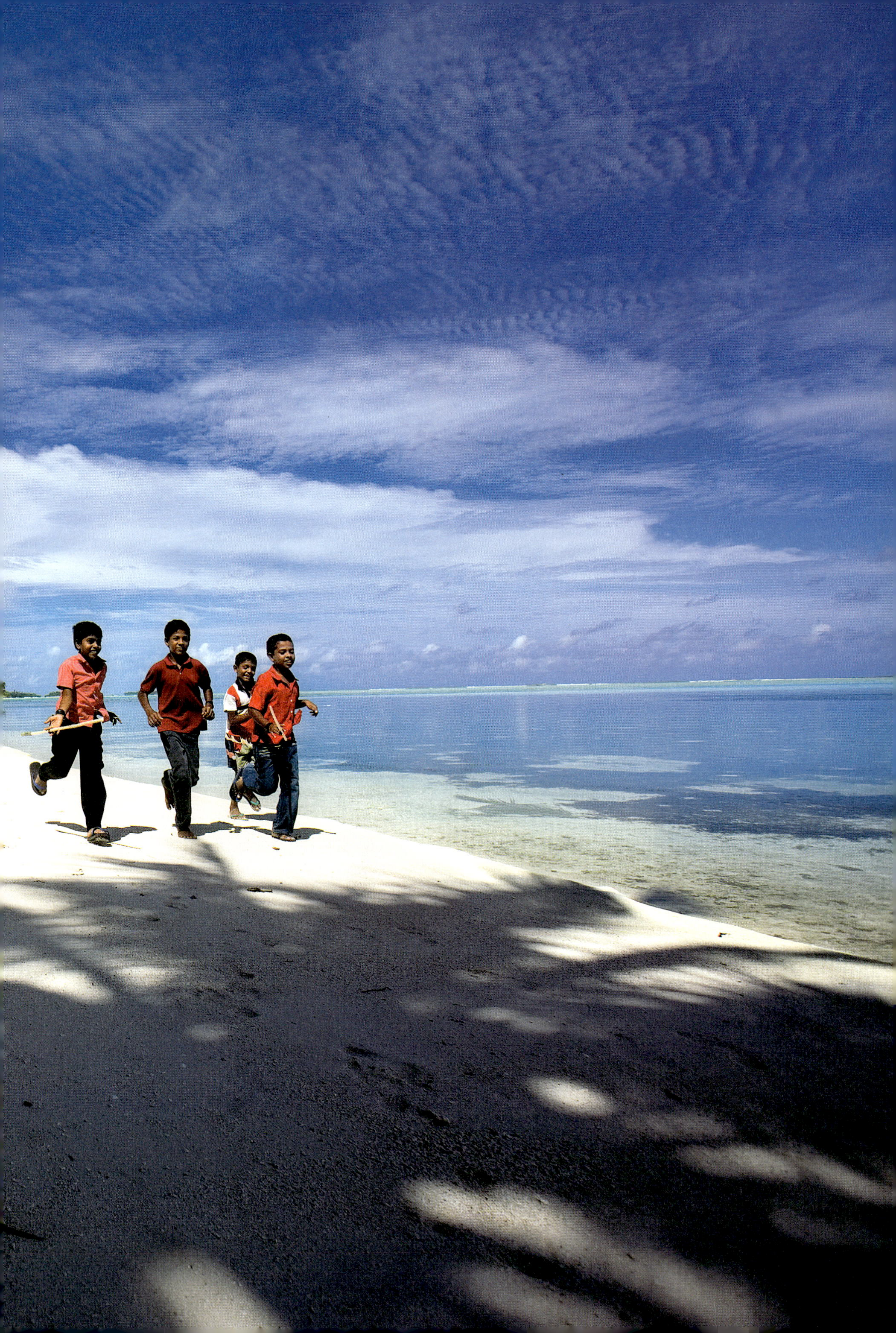

Op een onbewoond eiland

de (meegenomen) hangmat, wat muggenlotion en twee niet al te ver uit elkaar staande boomstammen (die waren er in overvloed) nogal snel mee klaar. Ik kon allerhande dingen gaan doen/openmaken/snijden met mijn mes, maar ik zag werkelijk niets wat zich ook maar enigszins leende voor een dergelijk doel. Geen schelp, geen vis die zich in de ondiepte liet verrassen. Ik kon gaan zwemmen, maar dat leek me met die bloedende teen een wat minder goed plan. Bovendien was het net vloed, danwel eb, en het water gierde letterlijk langs het strand. Te bellen viel er niemand, want geen dekking. Bovendien had ik het mobieltje op het resort achtergelaten in het kader van de onbewoonde-eiland-ervaring waar ik nu tot aan de enkels in stond. Even was er de optie van flessenpost, maar ik had er a) nog geen leeggedronken en b) wat voor adres moest ik erop zetten? Ik wist goedbeschouwd niet eens hoe deze koraalklomp heette. Nu ja, allerhande dilemma's die zich de rest van de avond meesleepten, zo hangend in de hangmat en bij het schijnsel van de zaklantaarn lezend in een beduimelde paperback van Charles Darwins *The Origin of Species.* Wat een puik boekwerkje is voor op een eiland *in the middle of nowhere*, waar geen enkele andere diersoort voorkomt dan jezelf, de menselijke. Nee, da's niet waar, daarmee deed ik de vliegende honden tekort die zich tegen de schemering al wapperend met hun ragfijne vleermuisvleugels kwamen melden om zich voor de nacht in de toppen van de bomen te nestelen. Een gejoel van jewelste overigens, en over het tussentijds geschijt van deze schepselen moeten we het eigenlijk maar helemaal niet hebben. De volgende morgen bleken slechts mijn geslachtsorganen door het muggengespuis te zijn gespaard, was de snee in de teen tot enorme proporties opgezwollen en bleek het plastic lekkers – eenmaal uit de koelkast – toch vooral erg naar plastic te smaken. Ik treurde daar niet over, of deed alsof. Ik was Robinson Crusoe tenslotte, en niks minder. Ik deed een poging om in een palmboom te klimmen en er een verse noot als ontbijt uit te slepen. Dat viel nog bepaald niet mee, en toen ik na het nodige gezweet eenmaal boven was, bleek ik het Zwitserse zakmes te zijn vergeten waarmee zo'n noot met een harde plof naar beneden te halen viel.

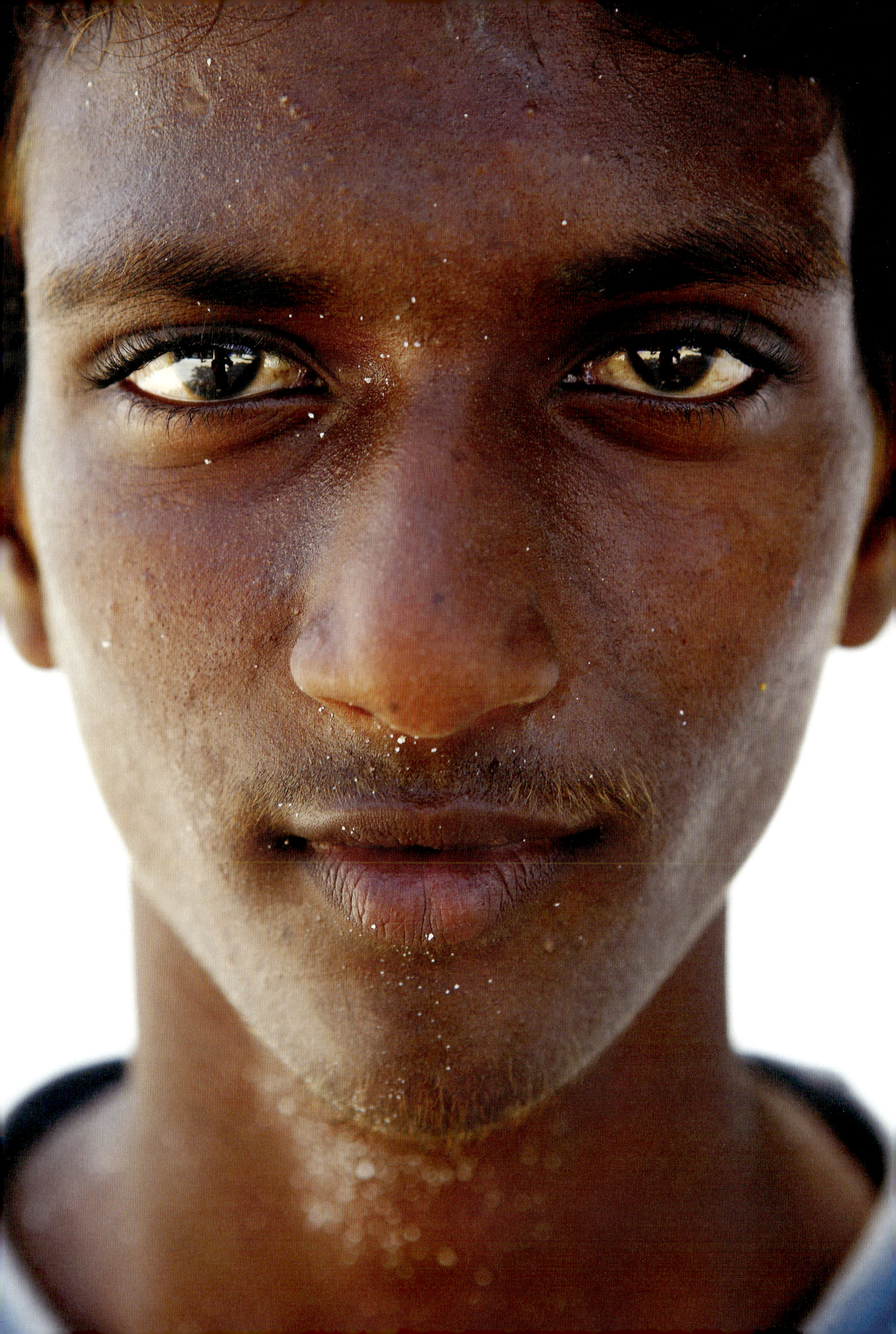

Alleen is maar alleen

Het was zonder meer een teleurstelling. Ik kon nog niet eens een kokosnoot scoren op mijn eigen onbewoonde eiland en als ik mijn plastieken eten niet had gehad en mijn zonnebrand, was ik hier eigenlijk letterlijk ten dode opgeschreven. Met de wetenschap dat er ook weer een einde aan zou komen, maakte ik een ommetje en verbeterde mijn rondetijd van 6'37 naar 5'56, waarbij ik ook nog naar een prachtige zeeschildpad had staan kijken die in de lagune in de opkomende zon lag. Wat zijn die leuk zeg, die zeeschildpadden. Zoals ze zich wentelen in de zon en de algen van hun pantser afschuren op het zand. Wat een gratie, wat een souplesse. En verder? Ja, verder niks eigenlijk. Op dat eigen eiland van me. Waar je ook keek lag knetterwit zand en het was inderdaad allemaal helemaal voor mezelf alleen. Maar over wat ik er mee moest, ontbrak verder elk idee. Ik tuurde me suf maar ontwaarde nergens een kano vol bevallig inlands vrouwvolk met bloemen in het haar en het voornemen op mijn koraalklomp te landen en zich vol goede gaven op me te storten. Er spoelde niets aan, en het boek? Dat was al uit. Het was er, nadat ik het eilandje nog een keer of drie was rondgelopen, weliswaar fraai maar eigenlijk ook oer- en oervervelend. In de verte knorde een watervliegtuigje, op weg naar een van de resorteilanden. Misschien wel het mijne. Ik kon de drijvers duidelijk zien. Grote zilveren voeten aan een ragfijn dingetje dat de zwaartekracht trotseerde en op weg was naar een schare knikkende obers die je welkom heetten en besuikerde cocktails voor je veranda plaatsten. Ergens diep in mijn buik borrelde jaloezie op. Je zag ze zitten. Die passagiers, met hun drankje, een nootje, het blauw van de oceaan veilig uit het raampje. *Fasten your seatbelts*, nog vijf minuten en u bent in het paradijs. 'Sorry Yvonne, lieve Yvonne', hoorde ik mezelf zeggen terwijl ik naar het vliegtuigje keek. 'Sorry. Geef me het geld maar, mijn zakmes mag je houden.' Maar er kwam nergens antwoord, het vliegtuigje vloog door en al wat restte was stilte. De stilte van al die uren waarop ik op Afeef zat te wachten. En voor wie wacht valt het wachten lang. Ik wilde dat-ie eens opschoot. Op mijn resort stond spaghetti op het menu. En ik ben dol op spaghetti. ◆

Op een onbewoond eiland

EILAND IN ZICHT

Maldivische eilanden steken tussen de 50 centimeter en 3 meter boven de zeespiegel uit. Er zijn volgens de laatste cijfers een kleine 900 onbewoonde eilanden. Het aantal zandbanken is nog vele malen groter. Een eiland is echter pas een eiland als er vegetatie op groeit.

FILIPIJNEN
PALAWAN

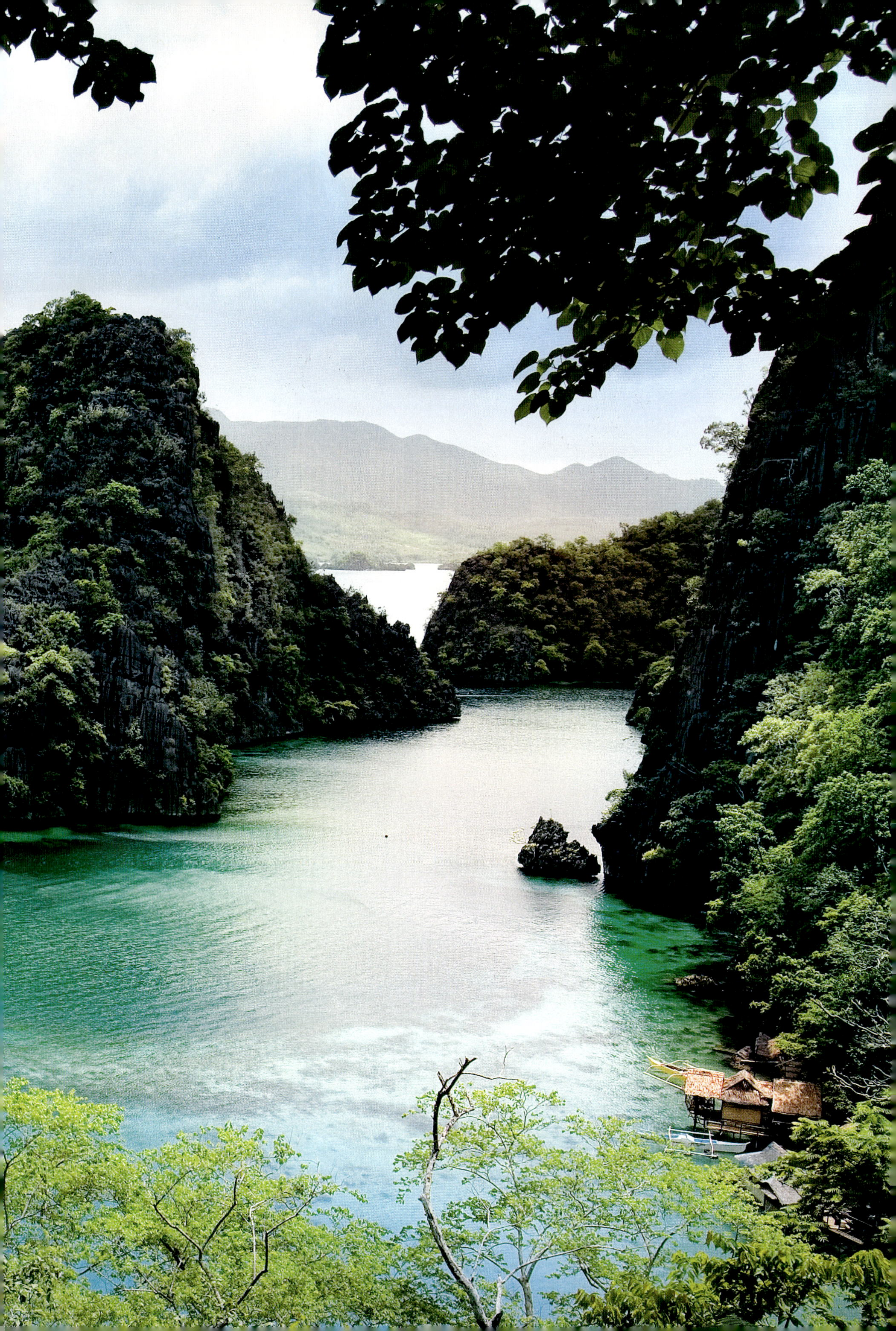

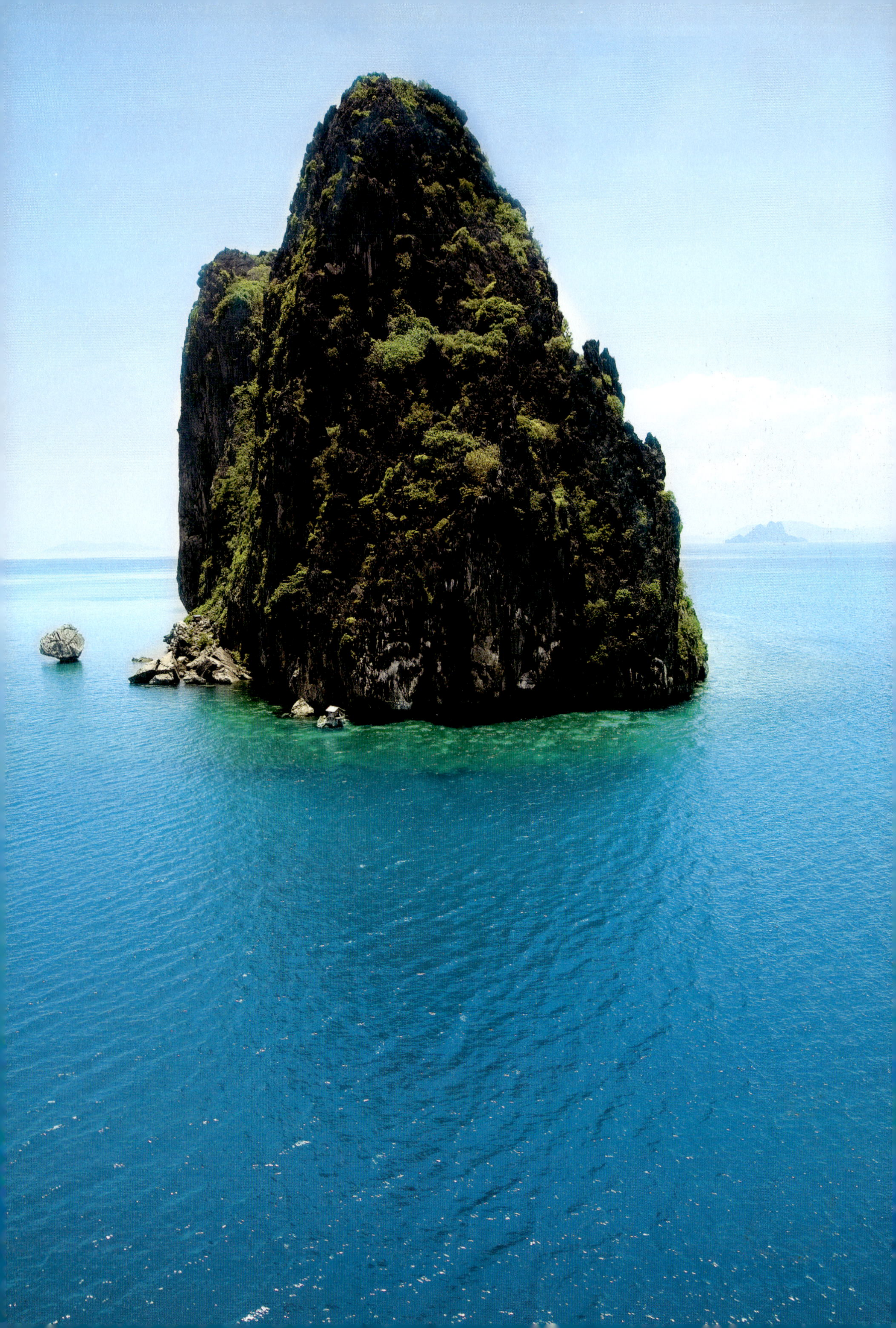

We varen in de Filipijnen ten noorden van het grote eiland Palawan. Om me heen liggen prachtige grote en kleine eilanden op zwemafstand van elkaar. Ik ben onderweg naar het eiland Coron. Daar wil ik een van de oudste stammen van de Filipijnen, de Tagbanua, bezoeken.

The last frontier

Zodra Coron mijn gezichtsveld binnenkomt, lijkt het één massieve en ononderbroken zwarte kalksteenrots. De bovenzijde is door regen en wind geslepen tot vlijmscherpe punten. Zwart en angstaanjagend steken ze als afgebroken zwaarden op uit de zee. Hier wil je geen schipbreuk lijden, bedenk ik mij. Het ziet ernaar uit dat er geen plek is om aan wal te komen en zonder kleerscheuren de steile wanden op te klimmen. Dichterbij gekomen blijkt het toch anders. Ineens verschijnen kleine doorgangen die leiden naar lagunes. De bootsman vaart de boot een lagune in en de wind gaat liggen. Het water kleurt blauw en groen en alles wat daar tussenin zit. Onder me verschijnt een uitbundige koraalbodem. Het geruis van de wind maakt plaats voor oorverdovende junglegeluiden, die door de rotsen worden weerkaatst. De op het eerste gezicht angstaanjagende en steile rotsen blijken wonderlijk genoeg toch dicht begroeid met tropische bomen en lianen. Twee witte ijsvogels vliegen luid krijsend over alsof het hún lagune is die we zijn binnengevaren. Coron hoort bij de langgerekte Filipijnse provincie Palawan, dat volgens wetenschappers de grootste biodiversiteit ter wereld kent. Dat zie je en dat voel je. De provincie wordt omzoomd door vele honderden kleine en grote eilanden met krijtrotsen, dichte jungle en idyllische snorkelbaaitjes. Hoe vijandig Coron er van een afstand ook uitziet, zo lieflijk en aanlokkelijk is het nu van dichtbij. En dat is maar goed ook voor de bewoners die ik wil gaan bezoeken. Van deze minderheidsgroep zijn er nog maar enkele duizenden over. Ze houden zich in leven door visvangst en het verkopen van eetbare vogelnestjes, die ze hoog tegen de rotsen uit grotten halen.

Cyanide

We hebben geluk. Boven de vlijmscherpe rotsen, net boven de waterlijn, is een huis van bamboe op palen gebouwd. Voor het hutje liggen drie *banca's*: kleine, eenpersoons bootjes met zijliggers. Het huisje is klein en zonder veel aandacht voor privacy gebouwd. We drijven er langzaam naartoe en kijken dwars door de bamboe heen. Binnen zit een grote Tagbanuafamilie. Onze bootsman legt aan, waarna een tanige man uit het huisje komt om het touw van de boot vast te maken. Hij nodigt ons, enigszins met tegenzin, uit om binnen te komen. De Tagbanua zijn niet zo gewend aan bezoek van buitenaf. De gezichten van deze familie zijn geplooid en hun lichamen tenger. Ooit droegen de Tagbanua slechts lendedoeken, tegenwoordig houden ze het bij oude t-shirts en spijkerbroeken. Vanuit mijn ooghoek zie ik kleine visjes over het water springen, achtervolgd door een grotere vis. 'Vroeger vingen we meer vis', zegt de vader van Gardo, die even later voor de coverfoto zou poseren in zijn boot. 'Ik ving op een dag zo'n tien kilo vis. Toen was vissen als het oppakken van schelpen bij laag water. Ik vraag me af waar de vis nu is.' Waar de vissen ook naartoe zijn vertrokken, de Tagbanua zullen ze waarschijnlijk niet kunnen volgen. Slechts weinigen beschikken over een motorboot. De meeste bootjes zijn van eenvoudige bamboemakelij en komen niet veel verder dan de visgronden rondom het eiland. Die zijn de afgelopen decennia volledig uitgeput door migranten die zich rond het eiland hebben gevestigd en gebruikmaken van cyanide en dynamiet om te vissen. De goede oude vistechniek die de Tagbanua hanteren, het ouderwetse draad-met-haakje-vanuit-een-bootje, kan daar niet tegenop.

Vogelspuug

De bedreiging van de visgronden is maar een van de vele zorgen die de Tagbanua hebben, blijkt als de vader van Gardo zijn verhaal vervolgt. Ook de oogst van de zeldzame *luray* of *nido* (eetbare vogelnestjes) voor Chinese en Taiwanese vogelnestjessoep – een gouden handeltje dat al bestond voordat de Spanjaarden de Filipijnen koloniseerden – loopt terug. De nestjes bestaan uit het speeksel van de Aziatische Balinsasayawvogel, dat hard wordt als het aan de lucht wordt blootgesteld. Een kilo *nido* levert zo'n drieduizend euro op, maar voor het oogsten van elk klein nestje moeten eerst de gevaarlijke, loodrechte rotswanden beklommen worden. Na afscheid te hebben genomen van Gardo en zijn familie, verkennen we de schitterende lagunes en kleine bountystrandjes van Coron. Na een korte klim over de zwarte rotsen bereiken we Lake Barracuda, een van de drie meren op het eiland. De oevers van het meer zijn een exacte kopie van de oevers van het eiland. Als je niet zou weten dat het een meer is, zou dit net zo goed een lagune kunnen zijn die in contact staat met de open zee. Ik neem wat water in de mond (dit is volgens velen het schoonste meer ter wereld dus ik durf het aan) en het is zoet. Duikers komen hier regelmatig om de

360° PURE SCHOONHEID

Tien minuten varen van Port Barton ligt Long Beach, een lang, wit zandstrand omgeven door palmbomen. Achter deze palmen wonen de locals, die het net zo leuk vinden om een praatje te maken als jij. Voor de kust liggen zandbanken die bij hoog water verdwijnen, maar waar je bij eb de prachtigste schelpen kunt vinden. De grootste schelp die wij vonden was bijna 1 meter in doorsnee! Bijzonder mooi is het skelet van de zogeheten sand dollar, dat net zo groot is als een muntstuk en een bijzonder bloemenpatroon heeft.

The last frontier

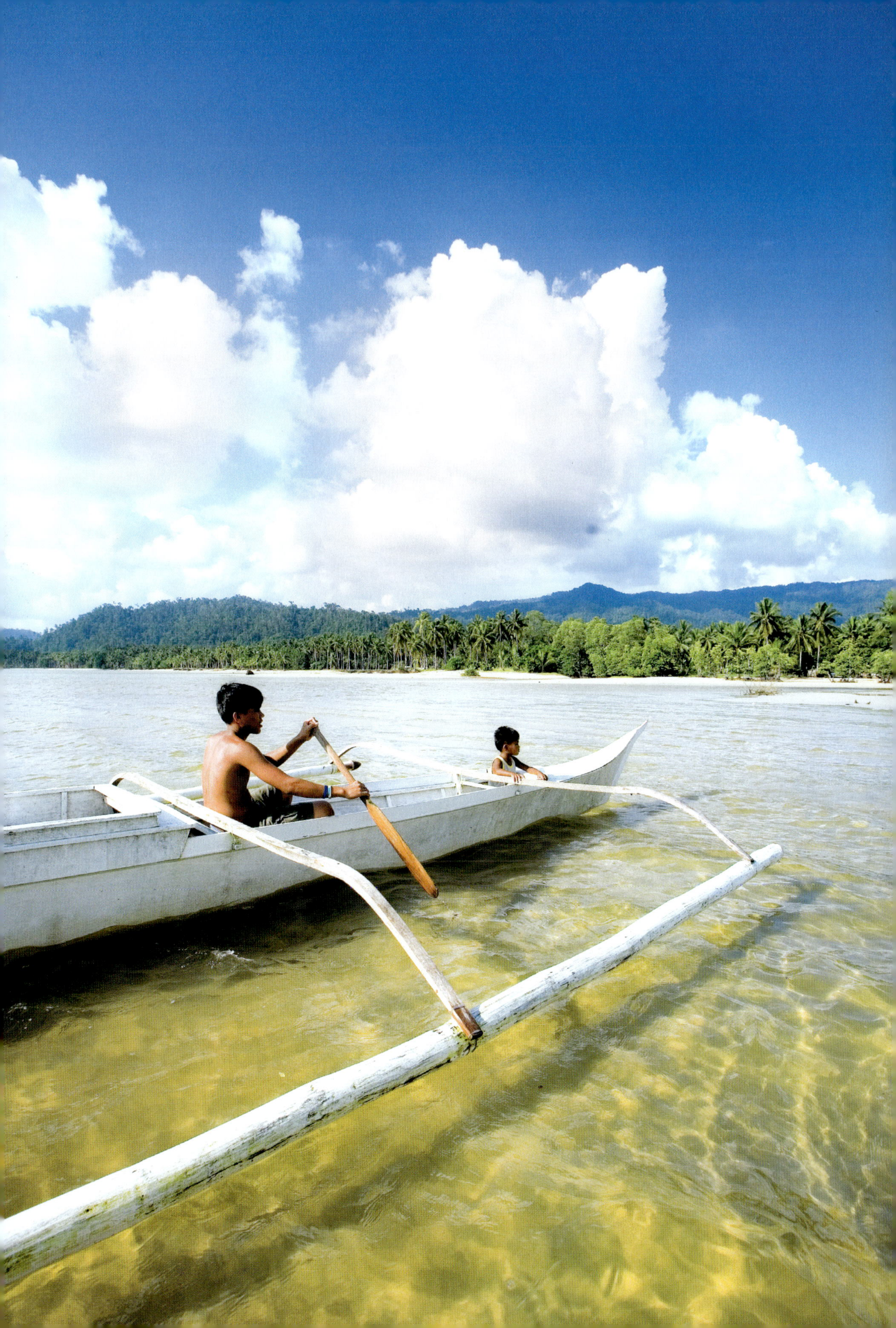

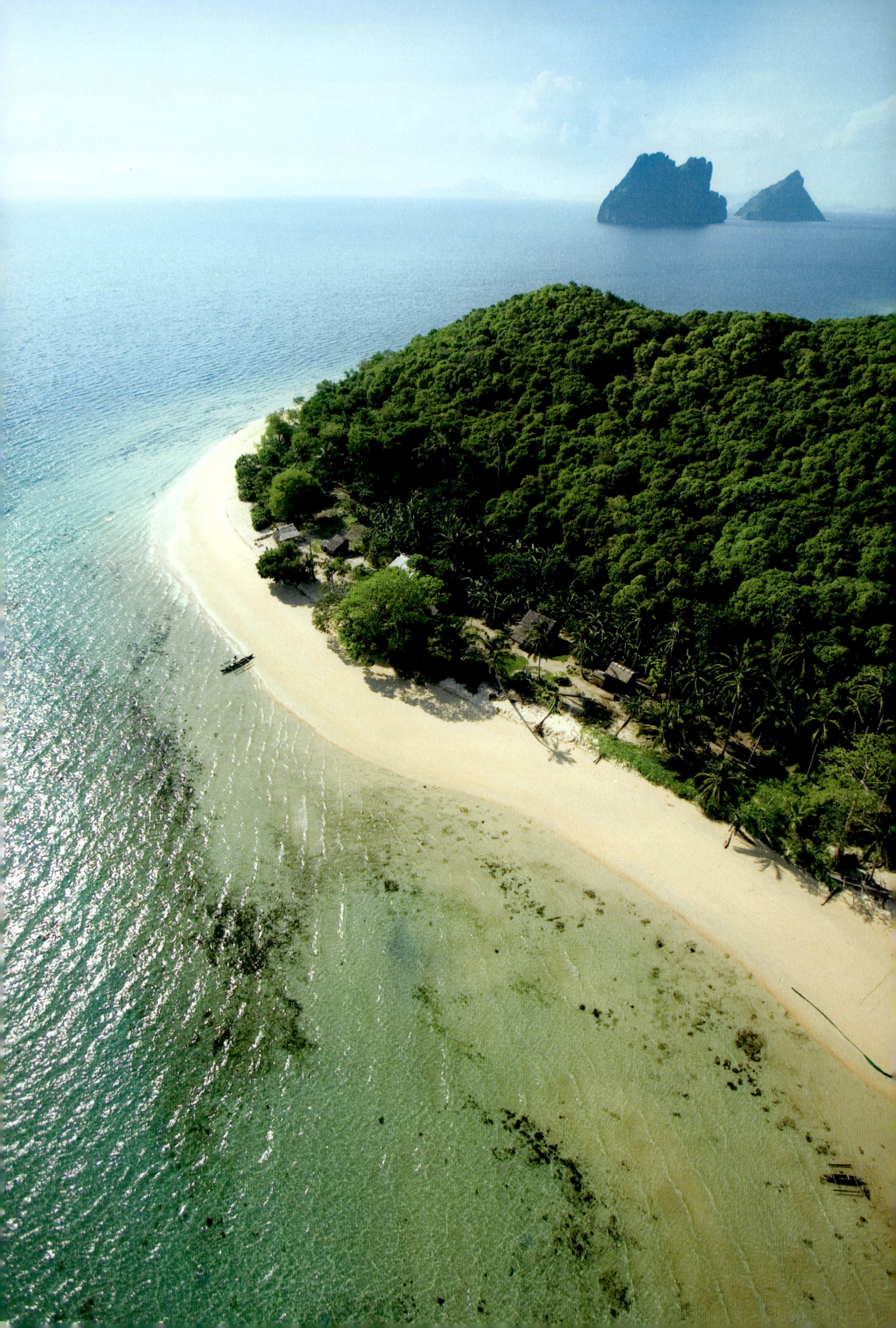

IN VOGELVLUCHT

Met de excentrieke Fransman Jacques Branellec vliegen we over tientallen eilandjes, op weg naar een van zijn parelboerderijen.

The last frontier

verschillende lagen zoet, zout en brak water te verkennen. Als we wegvaren vraag ik me af of ik ooit nog wel eens zo'n bijzonder en mystiek eiland als Coron zal zien.

Shoot it on sight

Enkele dagen later ben ik te gast op de parelkwekerij van de excentrieke Fransman Jacques Branellec. In de uitgestrekte wateren rond Shark Bay bij het plaatsje Taytay worden bijna twee miljoen oesters voor hun parels gekweekt. Hoe schoner het water, des te hoger de kwaliteit van de oester en dus de parel. Jacques doet dan ook zijn best om de wateren en riffen te beschermen. Vroeger werd hier veel met sodiumcyanide gevist. Dat was laf en gemakzuchtig – één theelepel cyanide in het water en de vissen kwamen verdoofd bovendrijven. Duizenden theelepels brachten tot op een afstand van vijf kilometer bijna onherstelbare schade toe aan het koraal. Door het economische belang van de parelkwekerij en dankzij nauwe samenwerking met de lokale bevolking, gaat het nu weer redelijk goed met de visstand. We drinken een pastis op Jacques' privé-eiland Flower Island (weer zo'n eiland waar zo een rum commercial opgenomen kan worden) als zijn buurman, de Amerikaanse miljardair Andy Bauer, met veel bravoure en gelach per speedboot op het strand arriveert. Andy heeft enkele jaren geleden het buureiland Noah Noah gekocht en zichzelf aangesteld als hoofd van de bewaking. Gisteren heeft hij drie patrouilleboten aan de lokale bevolking overhandigd zodat ze nu zelf de wateren kunnen beschermen tegen Taiwanese trawlers of dynamietvissers uit andere regio's. 'Als er met dynamiet wordt gevist, dan hoor je dat niet alleen, dat voel je', vertelt Andy terwijl hij me met priemende ogen aankijkt. 'Je voelt een zware dreun door je lichaam gaan en dan weet je hoe laat het is. Tijd om de patrouilleboten erop af te sturen, hahaha.' Jacques heeft onlangs rondom elke hut op zijn eiland een muurtje moeten aanleggen. Het waterniveau is de afgelopen jaren zo sterk gestegen dat het strand onvoldoende bescherming bood. 'Het zeeniveau is hier nu zestig centimeter hoger dan dertig jaar geleden', geeft Jacques aan. Aan het eind

RIJST ERBIJ?

Palawan biedt zon, zee en strand, maar ook een betoverend groen binnenland, waar onder andere rijst wordt verbouwd.

van het strand staat – of beter gezegd hangt – een tweehonderd jaar oude boom. Door het stijgende water is de boom bijna door de zee opgeslokt, waardoor het zand tussen de wortels is weggespoeld en de boom scheefzakt. Als je nog steeds denkt dat Al Gore een grote praatjesmaker is, dan ben je op dit eiland in één klap van zijn gelijk overtuigd. Jacques verwacht dat het prachtige bountystrandje over twintig jaar compleet zal zijn verdwenen. 'Maar genoeg ellende, vanavond is het feest!' roept onze gastheer. Een groep Filipijnse artsen is in de regio om de lokale bevolking medische hulp te bieden. Ze komen vanavond naar het eiland om feest te vieren. De koks hebben volgens Filipijns gebruik een biggetje van het vasteland gehaald om aan het spit te rijgen, maar dat is er gillend vandoor gegaan toen het van boord werd gehaald. Het beest verschuilt zich nu ergens op het eiland. 'Als iemand het varken ziet, *shoot it on sight!*', lacht Jacques zijn gasten toe.

Duizelingwekkend

Na een weekje Palawan gaat het je duizelen. Waar je ook kijkt, vrijwel nergens zie je de horizon. Overal zijn eilanden. Waar je ook gaat. Eilanden, eilanden, eilanden. Sommigen zo groot dat ze op het vasteland lijken, anderen zo klein dat je in vijf minuten een rondje over het strand hebt gelopen. Het geeft goed weer hoe enorm uitgestrekt de Filipijnen zijn. Het land bestaat uit meer dan zevenduizend eilanden en het 'grondgebied' omvat dan ook veel meer water dan land. Het onderwaterleven is een essentieel onderdeel van het dagelijkse leven. Immers, bijna elk eiland is omgeven door een omvangrijk koraalgebied dat als woongebied dient. Na zoveel bountyeilandjes zijn we blij voet te zetten in de binnenlanden van Palawan. We pakken de auto en begeven ons over een kronkelweggetje naar het westen. Dat gaat soepeler dan verwacht. Ook hier zijn weinig tot geen toeristen te bekennen, en al helemaal geen westerse. We zijn omgeven door ongerept oerwoud met slechts hier en daar de beginselen van *slash and burn*-praktijken. Ik vertel onze taxichauffeur over de Tagbanua op Coron. Zijn ogen beginnen te fonkelen. 'Wil je een andere volksstam zien?', vraagt hij verwachtingsvol. Ik knik nog wat twijfelend als hij breeduit begint te vertellen over de Batak, een volksstam die in de jungle leeft. Wie weet is deze man zijn roeping als gids misgelopen, dus besluiten we met hem mee te gaan. Hij grijpt zijn kans en gooit het stuur om. Onze 4WD-taxibus verruilt het gladde asfalt voor een pad door het bos. De bossen worden jungle, de weg wordt slechter en vervolgens verspert een rivier onze weg. Onze zelfbenoemde gids stapt laaiend enthousiast uit de auto en deelt ons mee dat we te voet verder gaan. We hijsen onze tassen op de rug en steken de rivier over, die tot ons middel komt.

The last frontier

We zijn benieuwd want de ervaring heeft geleerd dat als een Filipijn zegt dat iets een half uur lopen is, je op het driedubbele moet rekenen. We waden onze billen vier keer door ijskoud water, wat heerlijk is zo midden op de bloedhete dag. Onze gids loopt in rap tempo door. Als we het dorp naderen, legt hij uit dat de Batak niet gesteld zijn op bezoek van buitenaf. Contact met de stamleden is alleen mogelijk via een tussenman die zij vertrouwen. De groep heeft goede reden om argwanend te zijn. Eeuwenlang leefden zij aan de kust als nomadische jagers en verzamelaars. In de tweede helft van de vorige eeuw werd de stam langzaam maar zeker het binnenland in gedwongen door migranten uit andere delen van de Filipijnen. De overheid dwong hen in kleine dorpjes te gaan wonen en beperkte hun toegang tot de jungle. De schade die dat heeft veroorzaakt, is goed te zien. We maken kennis met een paar lamlendig tegen elkaar hangende families, twee jochies die geweren in elkaar zetten (*bushmeat* valt natuurlijk niet zomaar uit de boom) en tot op de ribbenkast uitgemergelde honden die geen enkele energie lijken te hebben om ons te begroeten. Met de beste bedoelingen stelt een van de mannen voor een groep jagers in lendedoekjes uit de jungle te halen om kennis te maken. We slaan zijn aanbod vriendelijk doch resoluut af en maken rechtsomkeert. Palawan staat geheel terecht bekend als *The Last Frontier* en dat moet vooral zo blijven. ◆

Bij de mensen thuis

Verscholen tussen duizenden palmbomen wonen deze vissersfamilies nabij Port Barton. Er is onderwijs, gezondheidszorg en vis in overvloed. Zeker nu de vissers verschillende gebieden in de baai hebben aangewezen als beschermd gebied, waar niet gevist mag worden. Op deze plekken heeft de visstand de kans om zich te herstellen.

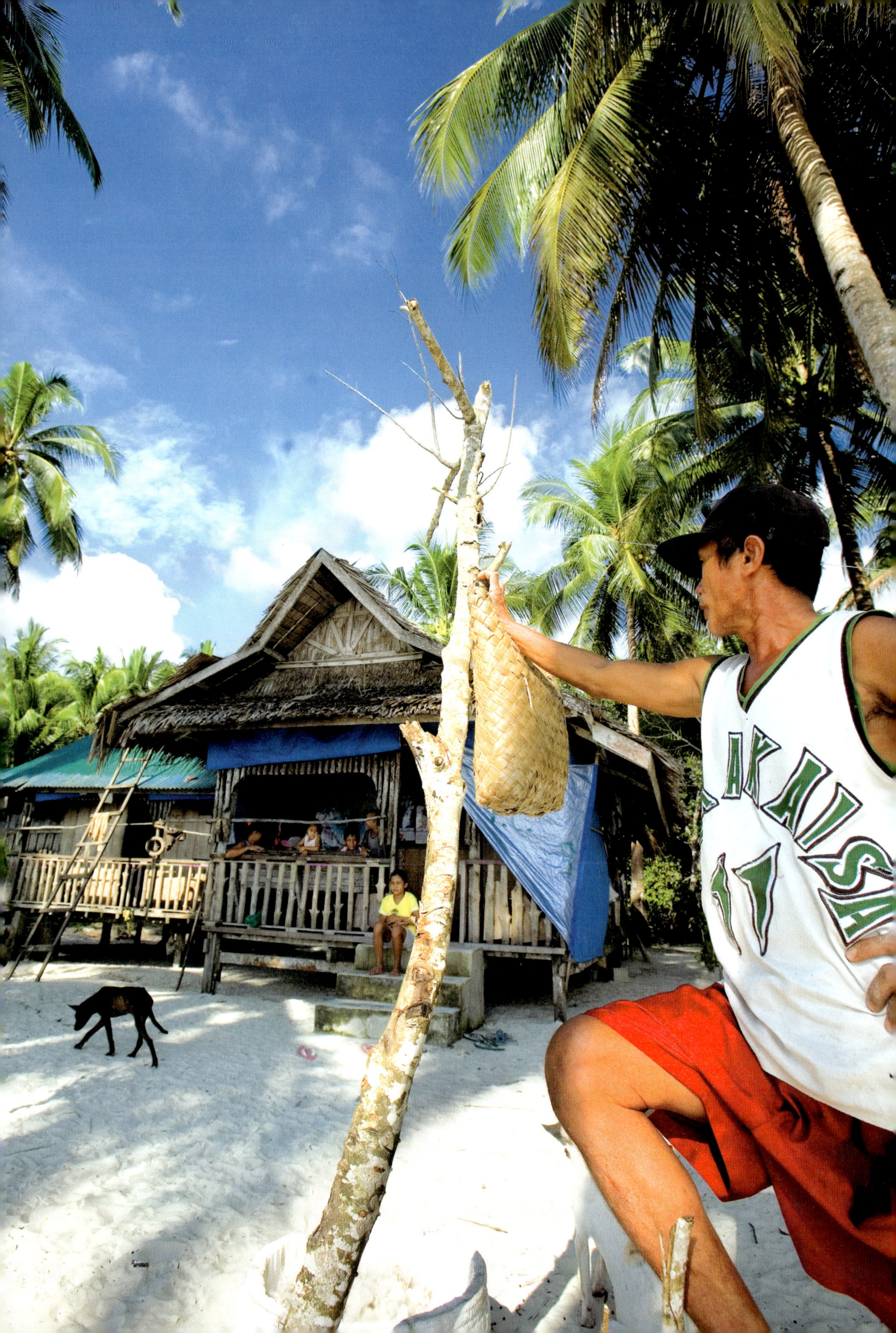

MEISJE VAN DE ROTSEN

Het is geen straf om hier in het water te liggen. Ik zwem boven kleurig koraal en maak een foto van dit meisje van de Tagbanuastam. Ze is aan het vissen met haar moeder (buiten beeld). Tussen januari en mei klimmen Tagbanuastamleden tegen de scherpe rotswanden om op grote hoogte eetbare vogelnestjes, die zwaluwen met hun spuug hebben geproduceerd, te oogsten. De nestjes (nido's) zijn een fortuin waard op de Aziatische markt voor vogelnestjessoep.

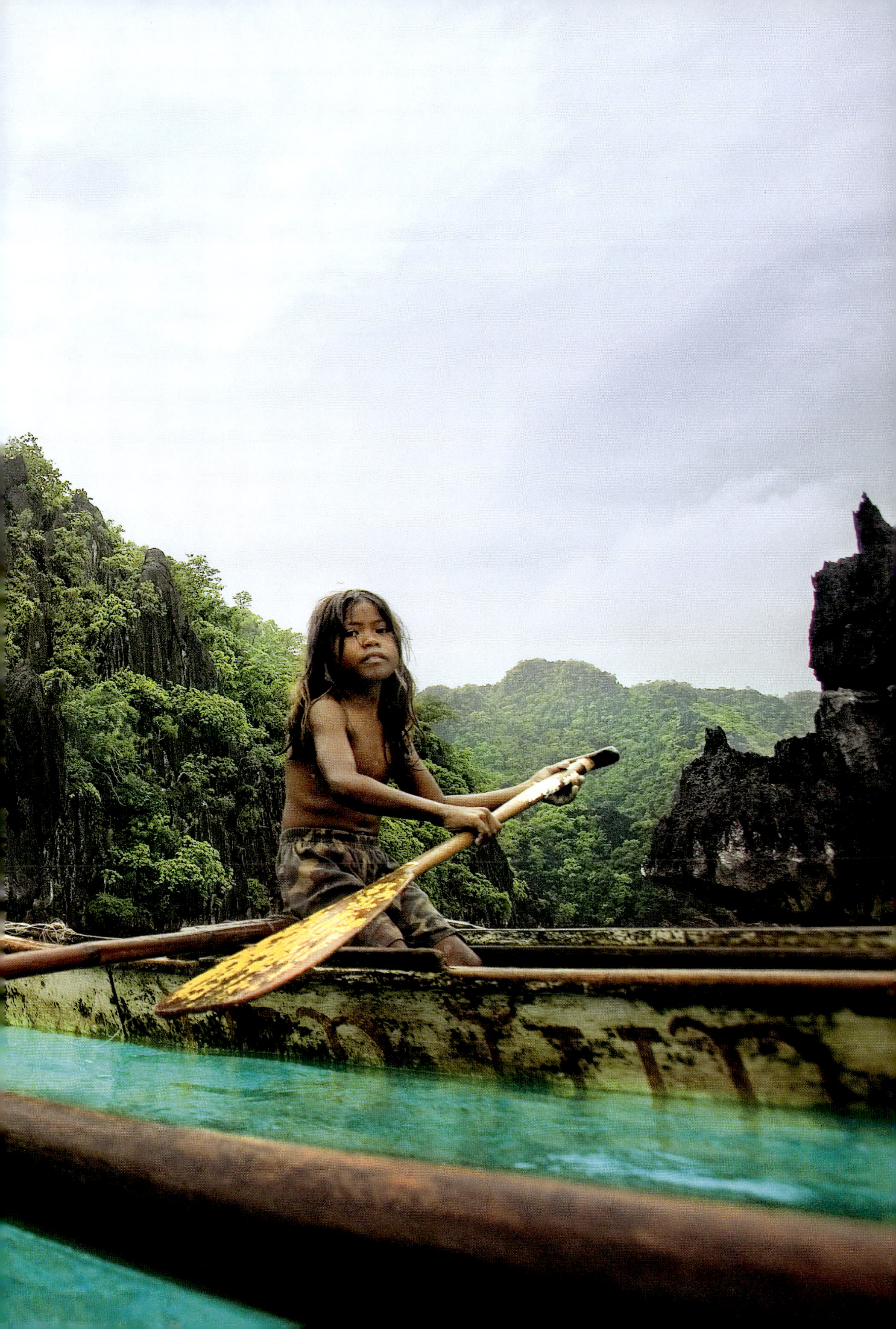

OUDE CULTUUR IN EEN NIEUW JASJE

Na een twee uur durende hike door jungle en kleine stroompjes bereiken we een dorp van de Batak, een van de ongeveer zeventig oorspronkelijke volken van de Filipijnen. De Batak zijn klein van postuur, hebben vaak krullend haar en leven van de jacht. Ook ruilen ze tegenwoordig in de dorpen bamboe voor rijst
(GPS: 10° 01" 547' N, 119° 01' 103" O).

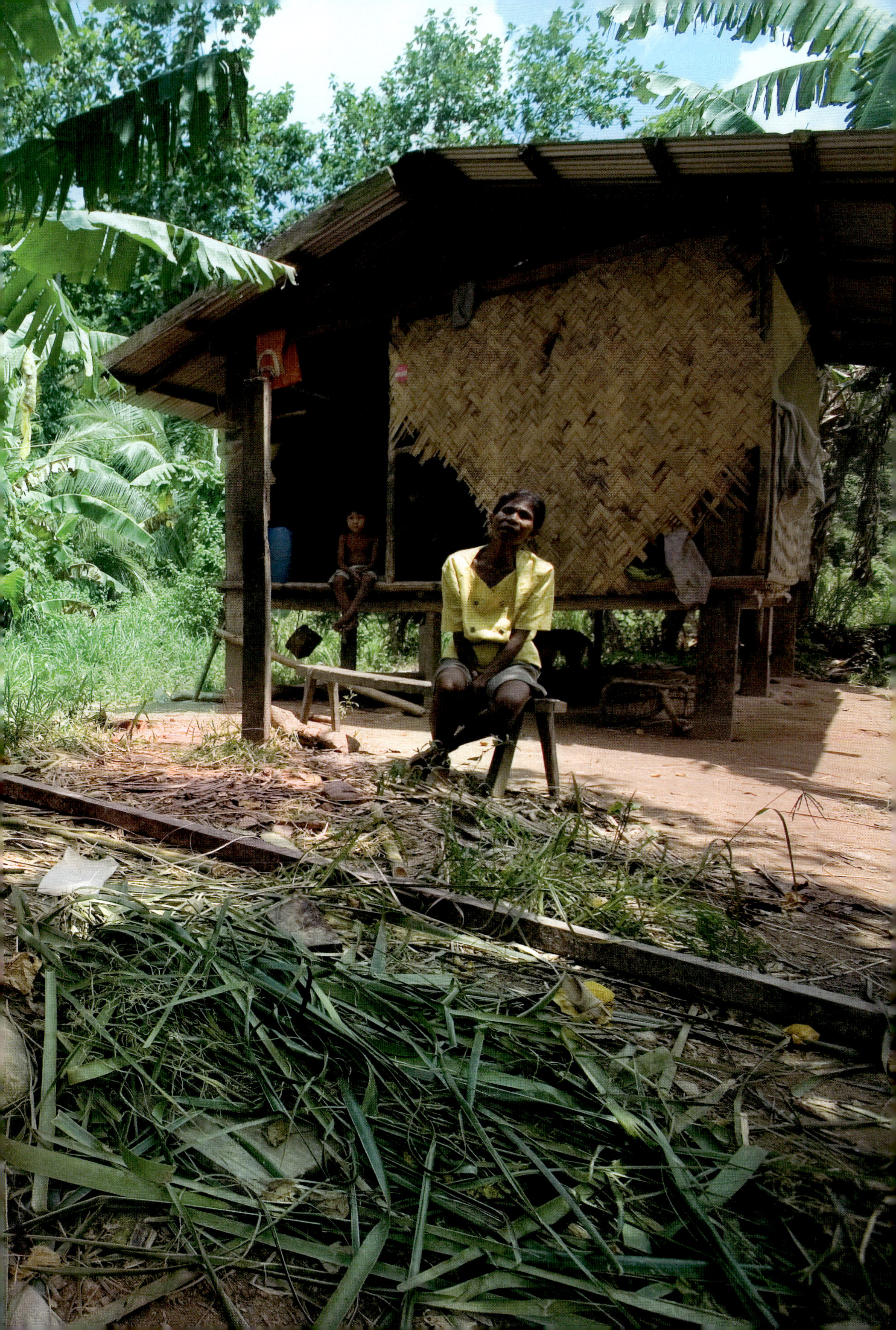

Het eiland Coron herbergt vijf kleine idyllische strandjes. Je kunt er eentje een dag lang helemaal voor jezelf hebben. De plaatselijke Tagbanua hebben er een hutje gebouwd en vragen een kleine bijdrage omdat je je op hun land bevindt.
Op de foto hierboven zie je een van de vele schelpen die op de stranden van Palawan aanspoelen. In onze badkamer op Flower Island stond verreweg het grootste exemplaar!

VIJF STRANDJES HELEMAAL VOOR JEZELF

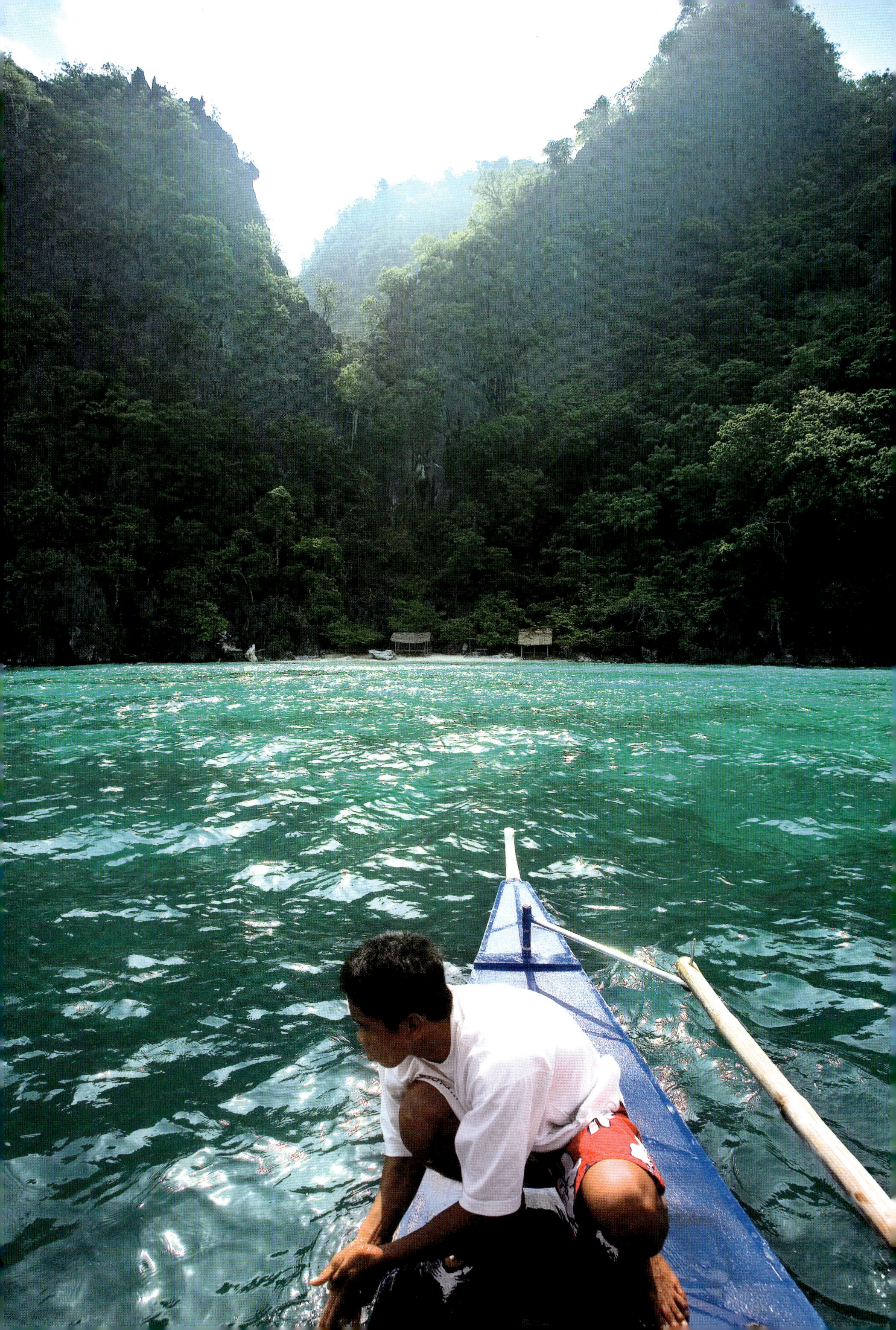

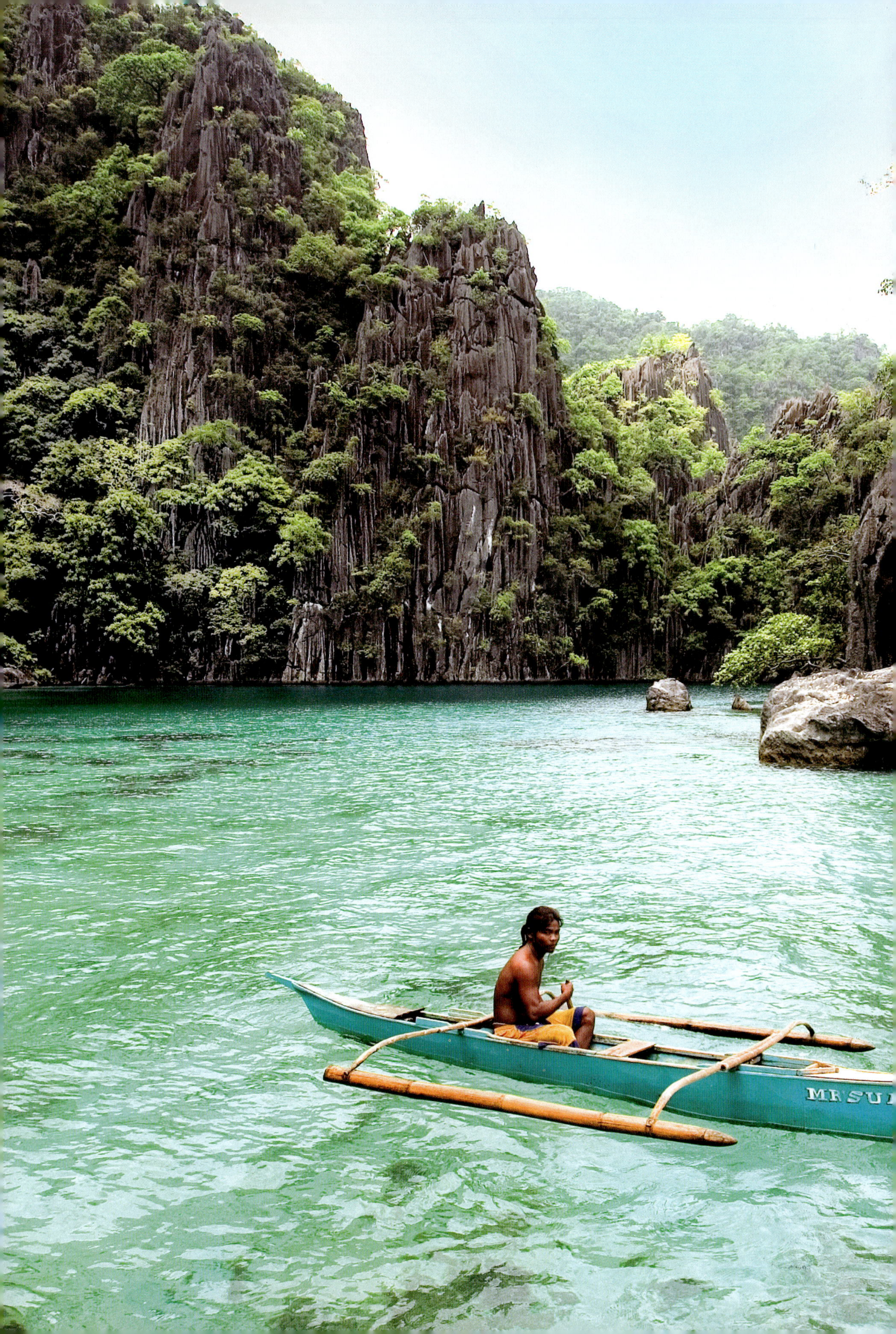

GARDO'S WOON/WERKOMGEVING

De jongen in de boot heet Gardo. Hij hoort bij de Tagbanua, het inheemse volk van het eiland Coron, en woont in een klein bamboehutje dat vlak boven de waterlijn tegen rotswanden is aangebouwd. Wanneer je de Tagbanua bezoekt, meld je je uiteraard eerst bij de chief om kennis te maken en toestemming te vragen om aan land te gaan.

DE NIJL
EGYPTE

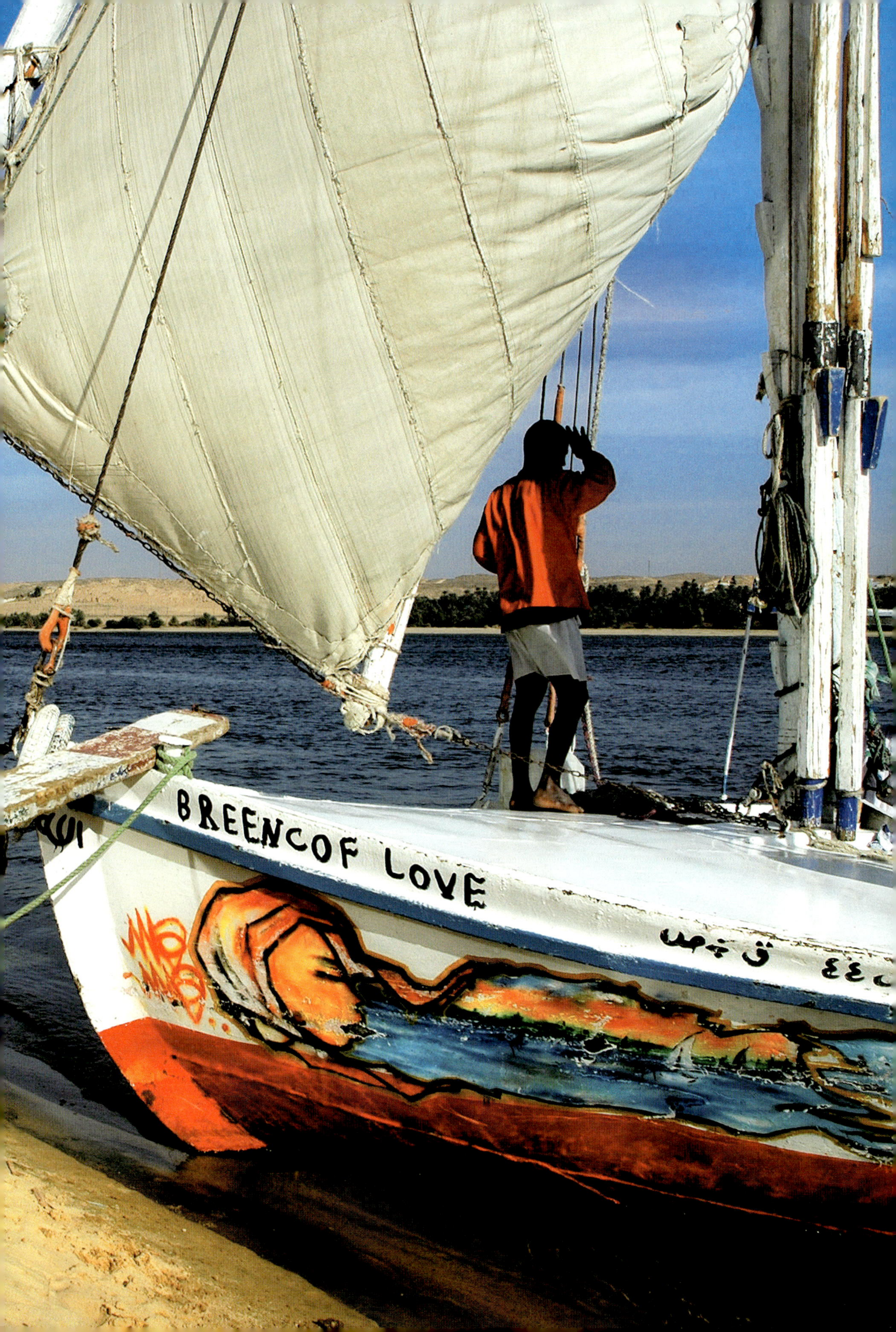
BREENCOF LOVE

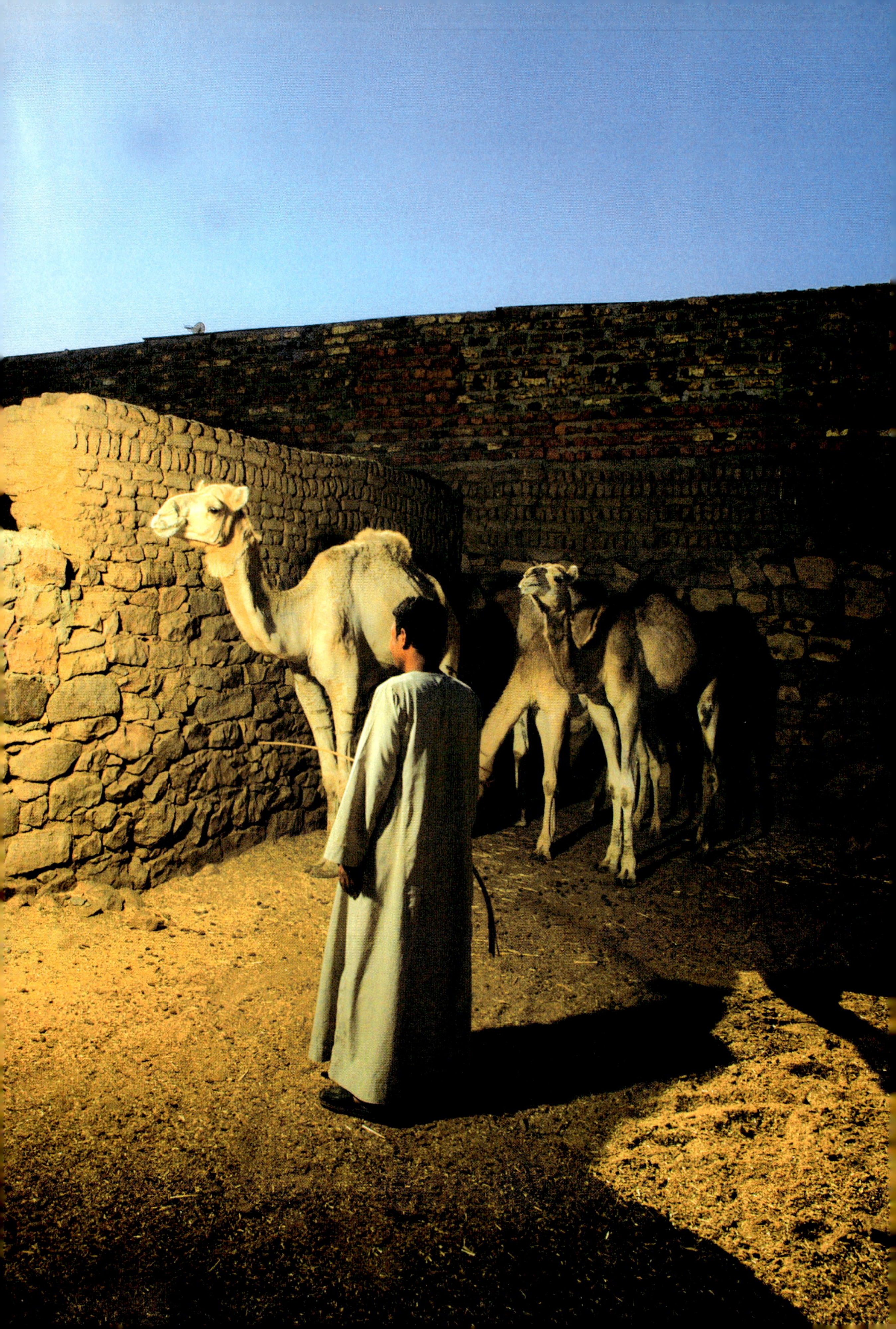

'Singing a ja jippie jippie jee', blèrt het jongetje dat aan ons roer hangt. 'What country?', had hij gevraagd en begon zonder op antwoord te wachten met zingen. We zijn net op weg met de felucca, de traditionele Egyptische zeilboot die je overal op de Nijl tegenkomt. De drukke kade van Aswan verdwijnt langzaam in de verte.

Prins op de Nijl

De honderden riviercruiseboten die op drijvende verzorgingstehuizen lijken, sluwe handelaars en massa's toeristen in te korte broek en strakke truitjes laten we achter ons. Egypte is in sommige opzichten het Torremolinos van het Midden-Oosten. Maar daar in de verte, stroomopwaarts aan de Nijloevers, hopen we nog een glimp van het onbedorven Egypte te vinden. De vorige ochtend hebben we doorgebracht met het zoeken naar een betrouwbare en leuke bemanning. Op de Corniche el-Nile, de boulevard in Aswan waar de rivierboten en *felucca's* dicht op elkaar gepakt liggen, ontmoeten we tientallen kapiteins. De meeste feluccakapiteins zijn Nubiërs, de etnische minderheid die oorspronkelijk in het gebied ten zuiden van Aswan woont. Met de bouw van de High Dam in de jaren vijftig en het ontstaan van het immense Lake Nasser – vernoemd naar de president die opdracht gaf tot het monsterproject – verdween hun leefgebied onder water. De Nubiërs werden massaal verhuisd, de meesten naar Aswan en dorpen in de nabije omgeving. Vele kopjes thee en gesprekken later komen we terecht bij de *'Jamaica family'*, een bekende naam in Aswan. Deze Nubische familie, die haar bijnaam dankt aan de passie voor Bob Marley, rasta's en reggae, bezit zeven *felucca's*. Het voelt goed dus gaan we op weg met de kapiteins Hassan en Atta en de kok Nasser. Hassan draagt een chique *djellaba*, een lang, losvallend gewaad tot op de enkels dat veel mannen hier dragen. Hij is 25 en leeft al zijn hele leven op en rond de Nijl. Het zeilen leerde hij van zijn vader, die kapitein was op een *felucca* die dienst deed als pontje. Ook Atta werkt al zijn hele leven op een *felucca*, eerst als knechtje, nu als kapitein. Nasser voerde tot tien jaar geleden met zijn vader op een groot zeilschip. Door te koken voor zijn vader werd hij een begaafd kok. Ook onze bemanning blijkt gek te zijn op alles wat met Jamaica te maken heeft. Onze boot heet de *'Breenc of Love'* (lees: *'Prince of Love'*, Egyptenaren kunnen de 'p' niet uitspreken) en is met kleurrijke graffiti versierd. Op de boeg prijkt een leeuw met een vlag; *'One love'* staat ernaast. Bob Marley, met een enorme toeter van een joint, siert de binnenkant van de boot. Terwijl de zon al laag aan de hemel staat, stuurt kapitein Hassan de *felucca* vakkundig tussen de andere boten door in de richting van rustiger vaarwater. Even voorbij Aswan zijn wij nog de enigen. Onze bemanning doet al de hele dag haar uiterste best om het ons naar de zin te maken. Om de zoveel tijd worden ons kopjes thee en lekkere hapjes voorgeschoteld. Ze vertellen over hun leven op en rond de Nijl. We nestelen ons op de grote matrassen in de boot en genieten van de verhalen en de rust om ons heen.

Prins op de Nijl

Een zeiltocht over de Nijl tussen Aswan en Luxor is de ideale manier om het Egyptische leven van alledag te ervaren. Je kunt op je dode gemak de levendige dorpjes aan de oevers verkennen. Reken op veel bekijks! BRILJANTE KENNISMAKING

Melancholische liederen

Als we aanleggen is het alweer een paar uur donker. Op een verlaten strandje luisteren we naar het geluid van het kabbelende water, het ruisen van de wind in de palmbomen en de tjirpende krekels. We scharen ons rond een kaarsje en genieten van de lekkere pasta met tomatensaus en courgettes die Nasser voor ons heeft klaargemaakt. Na het eten haalt Hassan zijn met kamelenhuid bespannen trommel te voorschijn en begint melancholische Soedanese en Egyptische liederen te zingen. Als we de volgende dag wakker worden, staat er een harde wind. De tentdoeken wapperen om onze oren en we worden bijna uit onze slaapzakken geblazen. Er staan hoge golven met schuimkoppen: te veel wind voor de *felucca*. Omdat we voorlopig hier moeten blijven, lopen we de velden achter het strandje in. Het nabijgelegen dorp bestaat uit niet meer dan vier huizen, elk met een redelijk groot stuk land waar Egyptische bonen en groenvoer voor het vee worden verbouwd. Een jonge moeder zit in de velden gehurkt het groen te oogsten, haar dochtertje speelt in de buurt. Voor hun huis zit de man des huizes *sheezha* te roken. Atta en Nasser maken een praatje met hem, ze lijken iedereen rond de Nijloevers te kennen. De wind blijkt afgezwakt te zijn als we terugkomen bij de boot. Na het ontbijt maken we ons klaar voor vertrek en zetten we koers richting het noorden. Het gaat flink hard en schuin, en met de stroom mee schiet het lekker op. Na een paar uur lui achterover liggen komen we bij de brug die de overgang van Nubisch naar Arabisch Egypte aangeeft. Met volle zeilen varen we eropaf. We hebben echter een groot probleem: de spriet van de *felucca*, waaraan het zeil is opgehangen, is te hoog om zomaar onder de brug door te kunnen. Het lijkt er even op dat de zo ontspannen zeiltocht een ongelukkige afloop krijgt. We prevelen al wat halfzachte schietgebedjes als Atta, vlak voor we de onderkant van de brug zouden rammen, het zeil halverwege laat zakken. '*No worry!*', zegt Hassan laconiek terwijl hij uitermate relaxed op zijn roer hangt. 'Als je maar weet wat je doet, is het een makkie.' Om acht uur 's avonds leggen we aan bij een verlaten eilandje met mangobomen en groene akkers. Op het maanverlichte strandje drinken we een Egyptisch biertje terwijl Nasser alweer druk in de weer is met het avondeten. Hassan blijkt naast een enthousiast zanger ook een begenadigd verhalenverteller. Hij vertelt over zijn dorp en hoe het leven er vroeger aan toe ging. Tot twintig jaar geleden hadden de dorpen hier geen elektriciteit. Iedereen leefde van zijn eigen landbouwgrond en nooit was er een tekort. Mensen waren nog sterk en gezond, zijn opa werd wel 125 jaar oud! 'Dadels. Het grote geheim voor een lang en energiek leven', vertrouwt Hassan ons

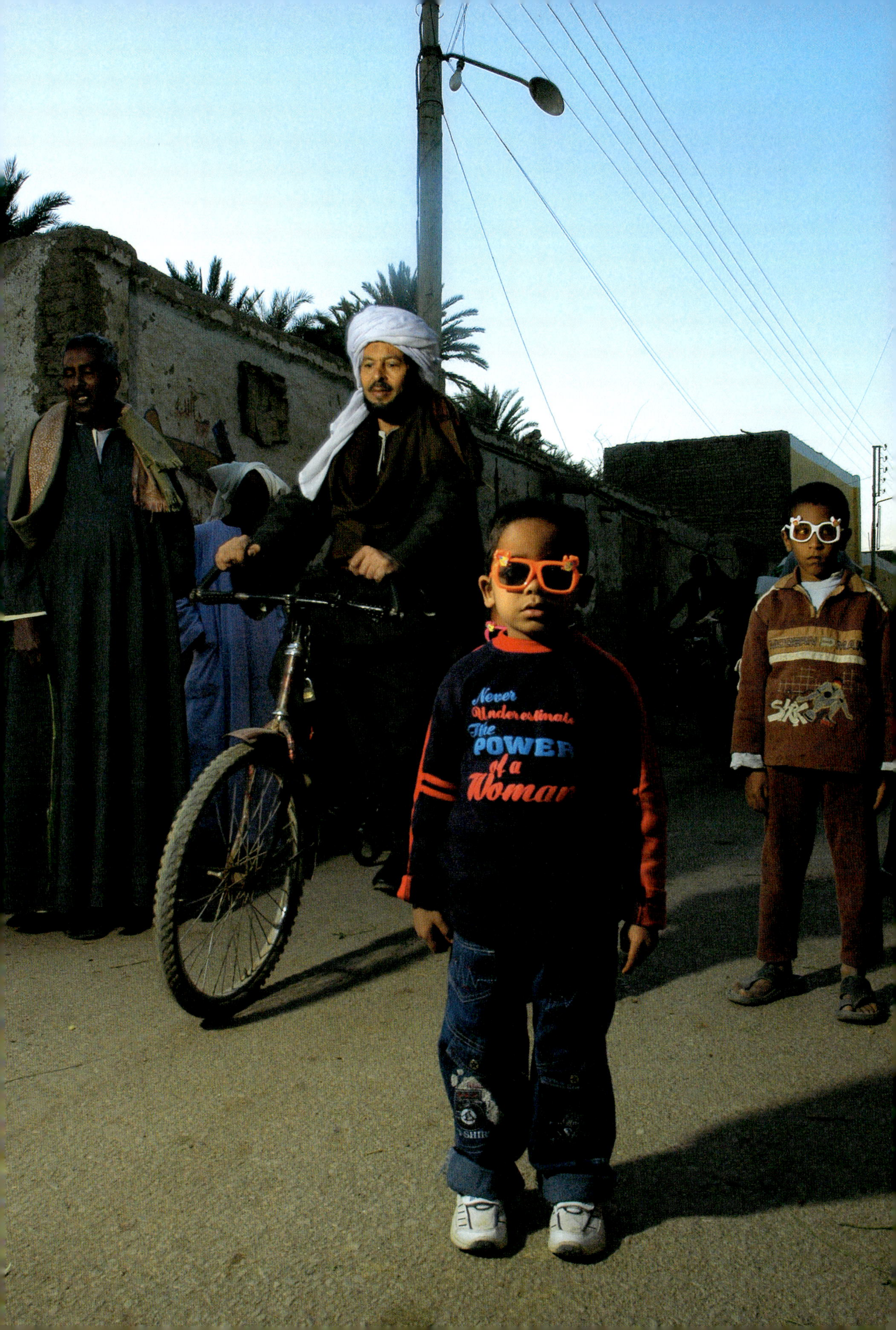
Never
Underestimat
The
POWER
of a
Woma

EVEN AANMEREN

Op de vruchtbare akkers aan de oever van de Nijl is het bijna net zo lekker uitwaaien als op onze zeilboot.

Prins op de Nijl

toe. Zijn opa at er wel twee kilo per dag van. Hassans opa blijkt ook de bron van zijn mythische verhalen. 'Vroeger, Hassan... zo begon hij altijd', herinnert Hassan zich. Met gevoel voor drama vertelt hij over wolven die in het holst van de nacht naar de Nijloevers komen en hun argeloze slachtoffers met huid en haar verslinden. En over de sage van het woestijnmonster, een tijger van enorme proporties die de kamelenkaravaan uit Soedan naar Egypte aanviel en uiteindelijk op spectaculaire wijze door een jonge krijger gedood werd. 'En het is echt gebeurd!', besluit Hassan elk verhaal. Als we in de verte wolven horen huilen, zijn we sterk geneigd zijn verhalen inderdaad te geloven.

Kamelenvlees

Elke week worden tussen Aswan en Kom Ombo honderden, soms wel duizenden kamelen die met de karavaan uit Soedan zijn gekomen, verhandeld. Het is er ongelofelijk druk. Ezels, zwaarbeladen karren, schapen en taxi's banen zich een weg door de nauwe straten. In een van de koffiehuizen drinken we een kopje Egyptische koffie (*kahwas*, of in het lokale dialect: *bon*), een sterk goedje met veel suiker, en roken we een *sheesha* met appeltabak. Om ons heen zitten mannen van alle leeftijden in pastelkleurige *djellaba's* het ene kopje thee na het andere te drinken en te lurken aan hun waterpijpen. Een groepje mannen speelt opgewonden domino. Tegenover het theehuis gaat een slager een enorm stuk kameel te lijf. Aan grote vleeshaken hangen de kamelen en schapen voor zijn winkel. Grote brokken vlees gaan over de toonbank. Nasser stelt voor een kilo te kopen om die avond kamelenkebab te maken. 'Ik zoek een goed stuk van een jonge kameel, die zijn lekker mals. Van grote kamelen moet je nooit vlees kopen, die zijn oud en taai', legt hij uit. We kopen een mooi groot stuk en groenten voor bij het gerecht. Als we daarna op weg gaan naar de veemarkt ontmoeten we Haji Mohammad, de tweeëntachtigjarige manager van de kamelenmarkt. Haji Mohammad runt al meer dan vijftig jaar de kamelenmarkt en is in heel Egypte bekend. Elke zondag en dinsdag worden onder zijn leiding op de grote marktplaats de kamelen verhandeld. De kamelen die niet worden verkocht blijven een week in Daraw, waar ze worden vetgemest en de week erop worden verkocht, of ze gaan door naar de kamelenmarkt in Gizeh. De kamelen worden deels gebruikt voor de toeristen, maar het overgrote deel is voor de slacht bestemd. Haji is nog geen één meter vijftig en is slecht ter been. Maar pit heeft hij nog wel. Met zijn stok jaagt hij sissend en vloekend een groepje jongens weg dat om ons heen draait. Steunend op zijn twee krukken laat hij zich voorzichtig op een bankje zakken en hij haalt meteen allerlei brieven en foto's uit zijn smoezelige tasje tevoorschijn. Trots toont hij zijn trofeeën: een krantenartikel over zijn leven, foto's van een beroemde buitenlandse fotograaf, brieven van toeristen die Haji bedanken voor zijn hartelijkheid. Tussen zijn verhalen door doet hij meerdere malen een huwelijksvoorstel. In zijn paspoort is nog plek voor een extra vrouw, laat hij hoopvol zien. Voordat we afscheid nemen drukt hij ons een envelop in de handen. Zijn adres staat er al op: Daraw Camel Market, Haji Mohammad. 'Wel schrijven, hè?'

Offerfeest

Op de speciale veemarkt is het druk, want morgen begint Eid al-Adha. Dit offerfeest is de belangrijkste islamitische viering en luidt het einde van de jaarlijkse pelgrimstocht naar Mekka in. Het feest duurt drie dagen en herdenkt Ibrahims (de Bijbelse Abraham) bereidheid om God te gehoorzamen. Volgens de Koran stond Ibrahim op het punt zijn zoon op goddelijk bevel te slachten en te offeren toen een stem uit de hemel hem weerhield en hem opdracht gaf zijn zoon te vervangen door een ram. Elk jaar wordt deze gebeurtenis herdacht door het offeren van een koe of ram. Het is vandaag dan ook extra druk op de veemarkt; wie het kan betalen is op zoek naar een mooie koe of schaap. De families eten zelf zo'n eenderde van het maal en geven de rest aan de armen. Handelaren bieden hun vetste dieren te koop aan. Een lekker dik schaap kost al gauw zo'n duizend Egyptische pond, vertelt Nasser. Blèrende geitjes en schapen worden aan hun voorpoten voortgetrokken, hun korte achterpootjes kunnen het tempo nauwelijks bijhouden. Een man laadt drie grote schapen, met hun pootjes bij elkaar gebonden, op zijn kar en rijdt weg. Om vijf uur zit ik rechtop in bed. Vanwege het offerfeest begint het ochtendgebed vandaag extra vroeg, nog voor zonsopgang. Ik wil me weer omdraaien, maar de nood is hoog. Ik zal toch echt de kou in moeten. De boot ligt aan een klein strandje in een ruig deel van de Nijl. Hier zijn de vruchtbare akkers niet meer dan een paar meter breed, direct daarachter strekt de woestijn zich uit. Terwijl de zon langzaam boven de palmtoppen klimt, klauter ik de zandheuvels op. Van alle kanten klinkt de zangerige oproep voor het gebed en het gezoem van de biddende massa. Op de top van een zandduin heb ik een prachtig uitzicht over de roze woestijn. In de verte ligt een plukje groen; nieuwe suikerrietplantages die met behulp van irrigatie zijn aangelegd. Een vreemd gezicht in de dorre woestijn.

Prins op de Nijl

TAS VOL HERINNERINGEN

Haji Mohammad, de manager van de kamelenmarkt van Daraw, draagt met gepaste trots zijn tas vol herinneringen: een krantenartikel over zijn leven, foto's van een beroemde buitenlandse fotograaf en brieven van toeristen die Haji bedanken voor zijn hartelijkheid. Tussen zijn verhalen door doet de tachtiger ons meerdere malen een huwelijksvoorstel!

BEESTENBOEL

Op de veemarkt van Daraw is het een drukte van belang: iedereen is op zoek naar een mooi beest om te slachten tijdens het islamitische offerfeest Eid al-Adha.

Prins op de Nijl

Achttien broers en zussen

Op de boot is iedereen inmiddels opgestaan. Atta staart beteuterd naar het water. De Nijl is zo glad als een spiegel. *'No wind'*, constateert hij. Het is warm vandaag en we besluiten maar eens uitgebreid te gaan poedelen. Het water is te koud om in te zwemmen, maar met een emmer wassen we ons haar toch nog met water uit de Nijl. Fris en fruitig gaan we weer op pad. Gelukkig hebben we de stroming mee en komen we, zij het tergend langzaam, nog vooruit. Of we Edfu morgen wel bereiken, vragen we aan Hassan. *'Inshallah'*, als God het wil, antwoordt hij eenvoudig. We passeren prachtige akkers met grazende buffels en koeien. Een klein overvol roeibootje komt langszij. De mannen, vrouwen en kinderen zijn feestelijk uitgedost, felicitaties voor al-Adha klinken over en weer. Ondanks de zwakke wind bereiken we die avond het dorp van Hassan, niet ver van Edfu. Hij heeft ons uitgenodigd met hem mee naar huis te komen en zijn familie te ontmoeten. Zijn dorp, met niet meer dan zeshonderd inwoners, is tegen grillige rotsen aan gebouwd. Hassan blijkt achttien broers en zussen te hebben. Zijn vader is vandaag bij zijn tweede vrouw in een dorp een kilometer verderop. Omdat zijn eerste vrouw na vijf kinderen nog geen zoon had gebaard was Hassans vader opnieuw getrouwd. Het eerste kind van zijn tweede vrouw was meteen raak: een zoon, Hassan. We worden hartelijk verwelkomd door zijn familie, die een waar feestmaal bereid heeft: een grote schaal rijst met gebraden schapenvlees. In het eenvoudige, uit leem opgetrokken huis worden we in het vertrek met de mannen gezet, de vrouwen eten ergens anders. Het is een komen en gaan van vrienden en familie. Terug op de boot praten we tot diep in de nacht met Nasser en Hassan. Hassan trakteert ons weer op prachtige verhalen, maar we praten ook over gevoelige onderwerpen. Met name Hassan bespreekt vrijuit zijn ideeën over politiek, polygamie en vrouwenbesnijdenis. De volgende ochtend zit onze feluccatrip er helaas alweer op. Gelukkig is de reis nog niet helemaal voorbij; Nasser heeft ons uitgenodigd voor een bruiloft in zijn geboortedorp in de buurt van Esna. Tot diep in de nacht storten we ons in het feestgewoel. Als we vertrekken beloven dat we nog eens terugkomen. *Inshallah...*

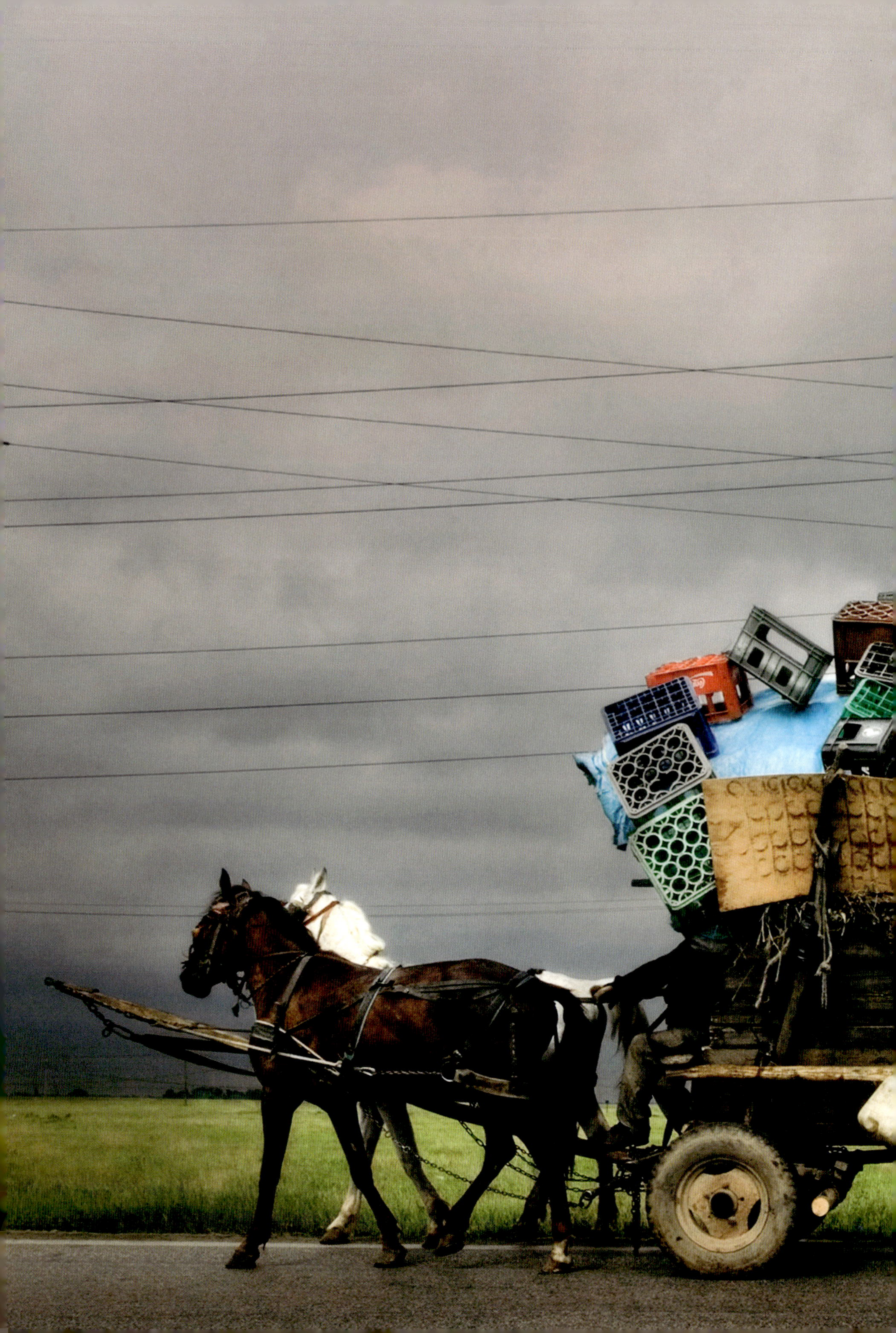

ROEMENIE
SERVIE
MACEDONIE

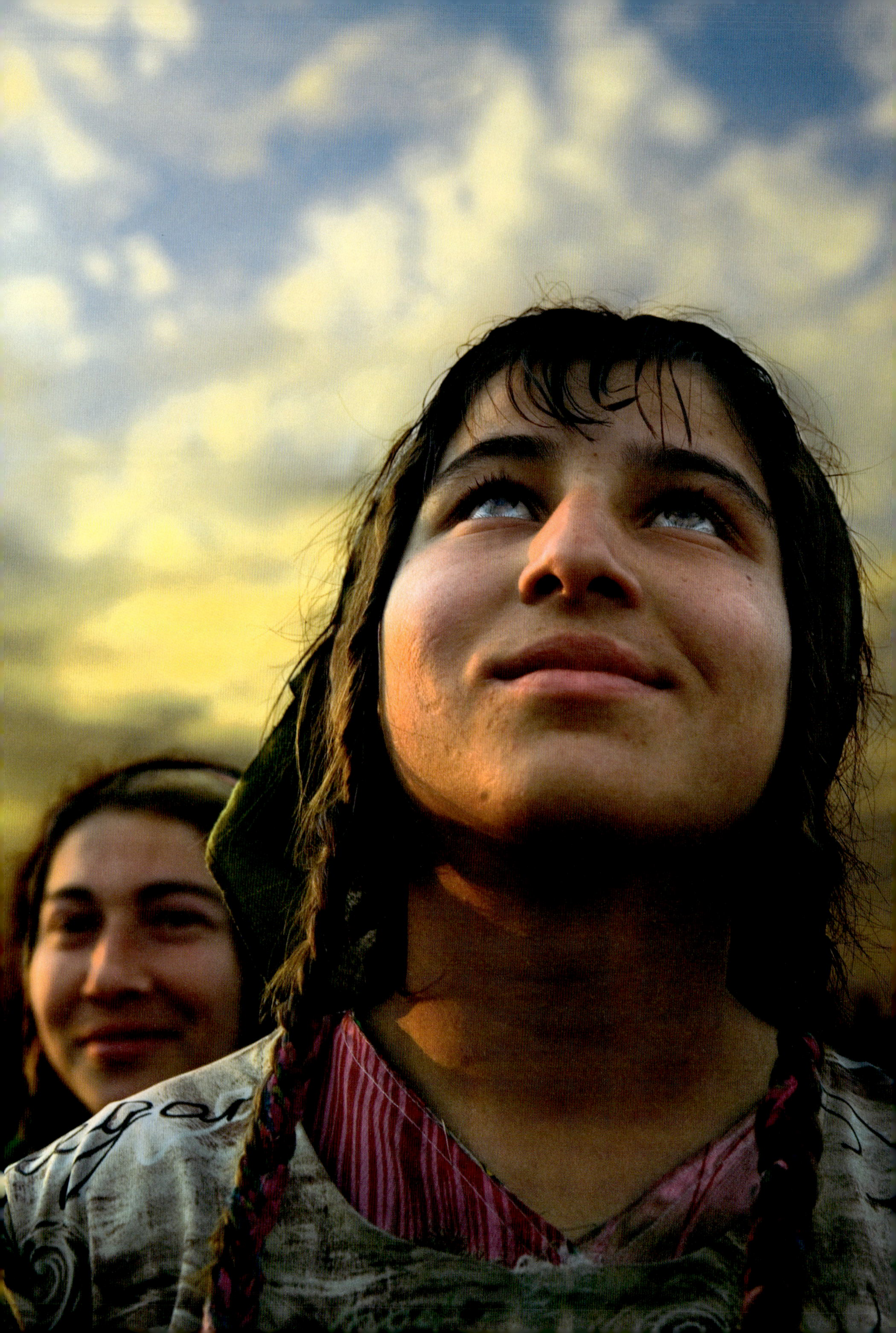

De Roma, een van de laatste nomadenvolken van Europa, werden in de middeleeuwen uit India weggejaagd. Ze wonen nu voornamelijk in Roemenië, Servië en Macedonië. We maken een rondje Roma en proberen door te dringen tot hun trotse cultuur.

De Roma

Op de rondweg van Boekarest zien we de eerste Roma. Met paard en wagen rijden ze tussen het snelverkeer in. Het lijken tijdreizigers uit een ver verleden, die plotseling hier terecht zijn gekomen en zich niets aantrekken van alle moderniteit. Vloekend manoeuvreert onze chauffeur om hun kar met oud ijzer heen. Voorop zit een gruizige man die ons onverschillig aankijkt en op de grond spuugt. Hij geeft zijn magere paardje nog maar eens een flinke mep met een stok. Hoeveel Roma (het woord 'zigeuners' wordt door velen als beledigend beschouwd) er precies in Roemenië wonen, is niet bekend. Ze worden niet meegerekend in de volkstelling en bestaan dus officieel niet eens. De schattingen lopen uiteen van vierhonderdduizend tot twee miljoen – verreweg de grootste groep Roma in Oost-Europa. In Boekarest wonen de meesten in getto's in het beruchte District 5. Daarbinnen spant de wijk Ferentari de kroon – tussen zwartgeblakerde sovjetflats en afvalhopen maken drugdealers en bendes de straat onveilig. 'Ik begrijp dat je een reportage over het leven van de Roma wilt maken, maar daar wil je voor geen goud naartoe', waarschuwt Micha, een stevige vent met een donkere, ruwe kop. Hij is een koopman van groenten, fruit, mobieltjes en Ray-Bans op de markt van Berceni, ook in District 5. Hier heeft vroeger de communistische dictator Ceaușescu grote plannen gehad – het enorme betonblok had een gevangenis moeten worden. Tegenwoordig biedt het onderdak aan Romafamilies. Op de vraag waar hij woont, wijst Micha naar zijn kraam. Achter hem zit zijn vrouw met een baby op haar schoot. Ze hebben nog vier andere kinderen. Ondanks dat de Roma een van de laatste nomadenvolken van Europa zijn, komt van het zwerven weinig meer, verklaart Micha. 'De landsgrenzen in Europa vormen een te grote hindernis.' Bovendien wil de overheid de Roma uit hun woonwagens en in nette huisjes hebben. Integreren en assimileren is het motto, maar dat gaat niet zonder slag of stoot.

Beverly Hills

Om nog iets van de oude, authentieke Romacultuur te ervaren, raadt Micha een trip naar Sarulesti Gara aan. Het blijkt een dorpje op ongeveer dertig kilometer afstand van de hoofdstad te zijn – een verzameling van tenten en woonwagens. Vervoer gaat per paard en wagen. Veel vrouwen lopen in traditionele rode kledij van de Kalderash-Roma en met een hoofddoek om, of met het haar in vlechten over hun schouders. We lopen binnen bij een cafeetje dat die naam niet verdient: het is niet meer dan een hut met een tafel met twee stoelen ervoor. Vreemdelingen in het dorp! Eerst komen de kinderen naar ons toe, daarna de mannen. Ze vragen waar we vandaan komen en stellen zich voor: 'Wij zijn Kalderash en staan bekend om ons ijzersmeedwerk. Maar tegenwoordig is er weinig belangstelling voor ons vakmanschap en halen we slechts oud metaal op om de kost te verdienen.' Overigens boeren sommigen daar aardig van. Bijvoorbeeld in Buzescu, even verder naar het zuiden. Het is het Beverly Hills van de Roma – hier wonen mensen die bergen geld hebben verdiend met de handel in lompen en metalen. Hun fortuin hebben ze omgezet in villa's met allerlei architectonische toeters en bellen en Armani-pakjes voor hun kinderen. Sommigen gaan zelfs zo ver om zich een stropdas van goud aan te laten meten. Voor Roma van alle rangen en standen zijn zij absolute helden.

Jack Daniels

Een groter contrast tussen dit bonte gezelschap en Belgrado is haast ondenkbaar. De nachttrein dendert naar de Servische hoofdstad, waar de littekens van de Kosovo-oorlog van tien jaar terug goed te zien zijn. Aan het begin van de hoofdstraat Kneze Miloša liggen de voormalige hoofdkwartieren van het leger en de politie nog steeds in puin. Wij zijn hier voor de Romawijk en weten wel beter dan naar het centraal gelegen Skandarlija te gaan. Dat is weliswaar een paar honderd jaar geleden door Roma gesticht, maar is nu het meest toeristische stukje van de stad – er is geen Roma te bekennen. We laten de terrassen achter ons en lopen langs de rivier naar Gazela, een sloppenwijk vernoemd naar de brug die het nieuwe met het oude deel van Belgrado verbindt. Onder de brug, aan weerskanten van de rivier, zijn twee Romadorpen opgebouwd uit barakken van golfplaat, hout en ander restmateriaal. Hier bivakkeren een kleine duizend man.

De Roma

WAT IS DAAROP UW ANTWOORD? Een bruiloftsfeest op de straten van Shutka, een van de grootste Romadorpen van Europa. Het gearrangeerde huwelijk is binnen de Roma-gemeenschap meer regel dan uitzondering. Romameisjes worden soms al op dertienjarige leeftijd uitgehuwelijkt. Hier in Shutka vinden in augustus en september vele tientallen bruiloften per week plaats.

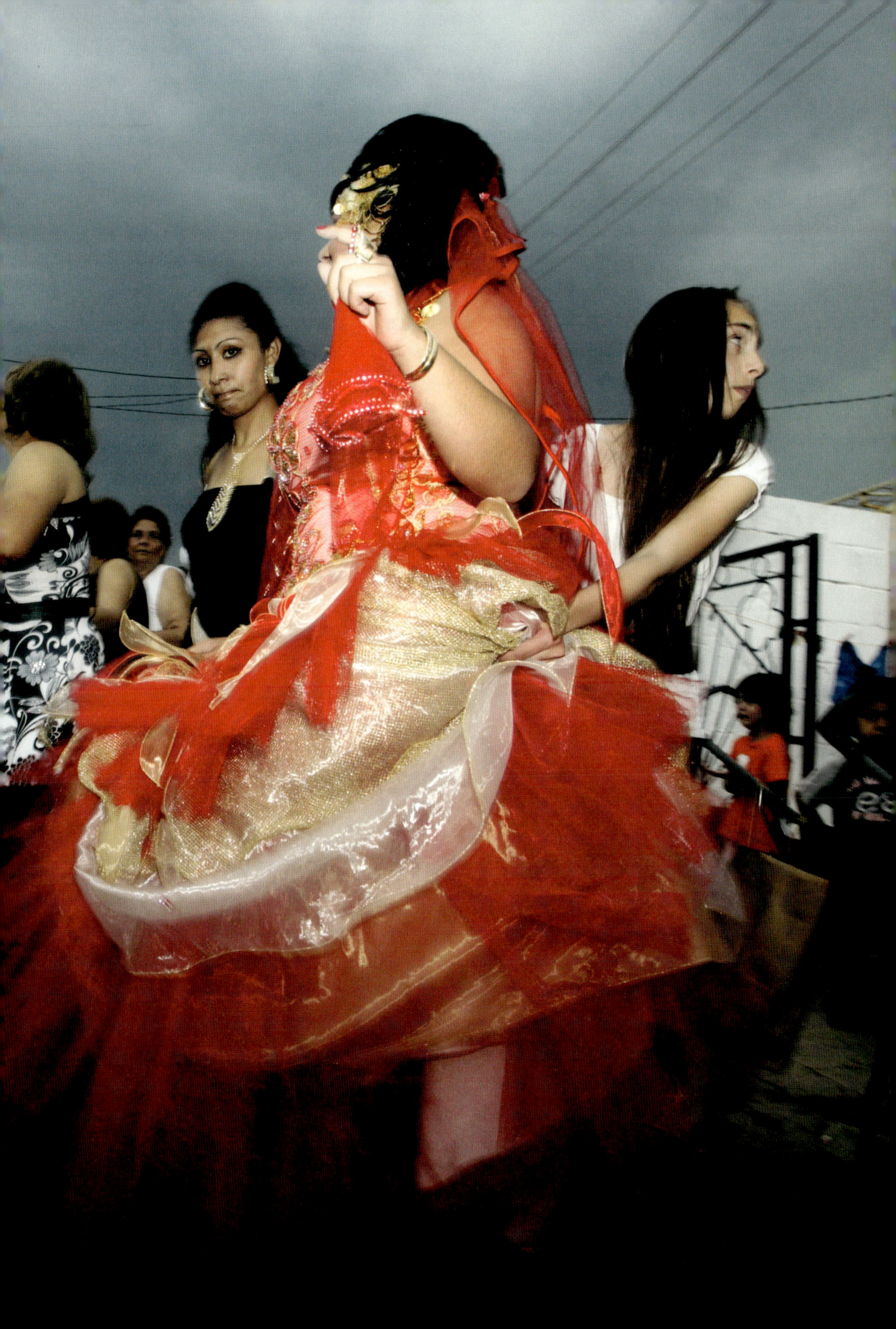

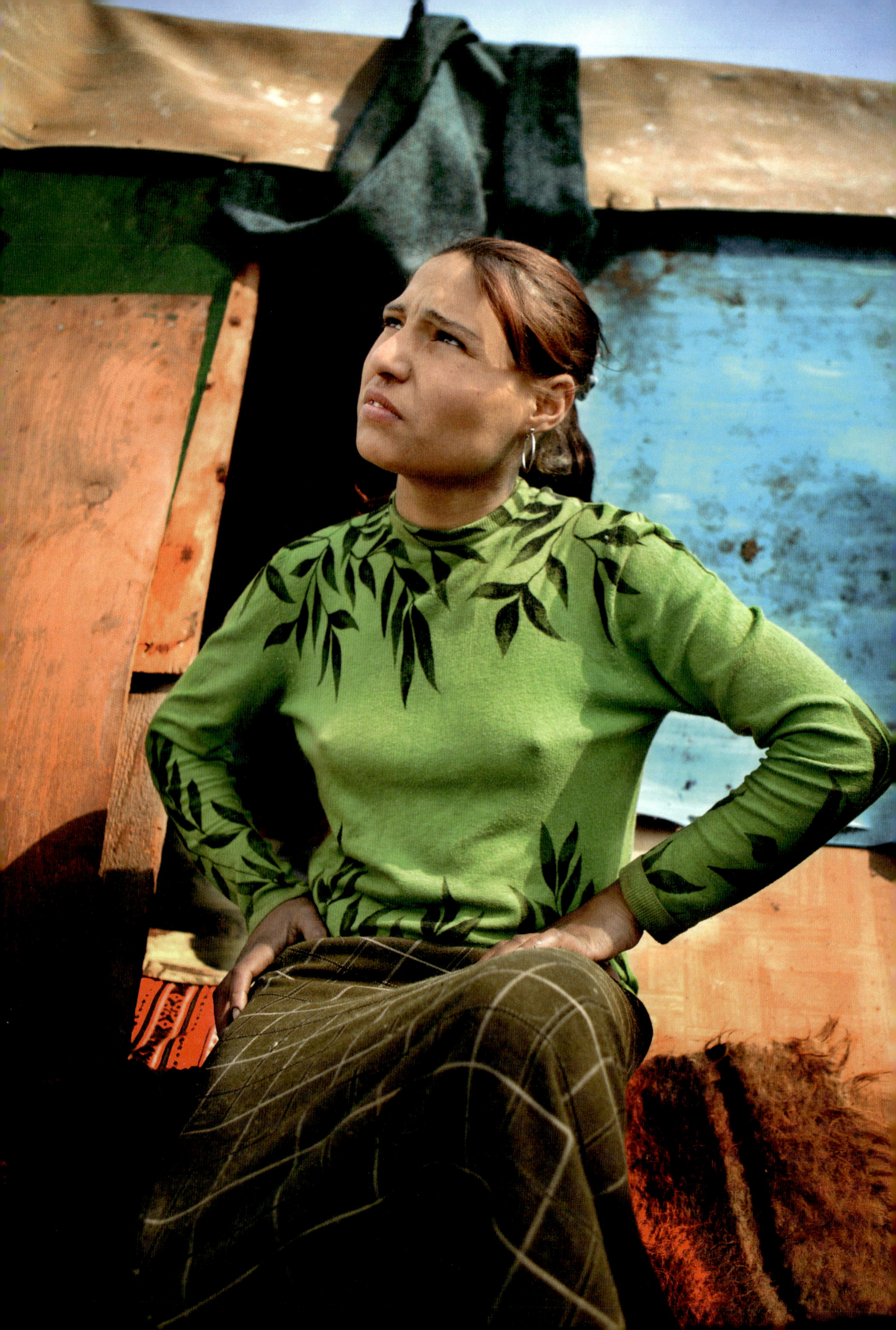

Voorbij de spoorlijn doemen de eerste gammele hutjes op. Kinderen lopen op blote voeten rond, sommigen zijn naakt. Verderop zit op een pleintje een man zich te scheren en drinken drie jongemannen een kleurloos drankje uit kleine glaasjes. Ze maken een beschonken indruk. Een van de jongens komt naar ons toe en we begrijpen dat we mee moeten drinken. 'Ik was vorige week jarig', zegt hij in het Duits en tovert een fles Jack Daniels tevoorschijn. 'Kom op, drink!' Sacha – lang, mager, sikje, armen vol tatoeages – nodigt ons uit in zijn hutje. Buiten staat de troep hoog opgestapeld, maar binnen is het redelijk opgeruimd. 'Ik heb een tijdje in Duitsland gewerkt, maar ik werd het land uitgezet en ben nu werkloos. Mijn kinderen – drie zoons en vijf dochters – probeer ik naar school te krijgen, maar ze willen niet omdat ze gediscrimineerd worden. Ze zien er natuurlijk ook armoedig uit, maar we hebben nou eenmaal geen geld.'

Kartonstad

Via de brug lopen we naar de overkant. Daar bevindt zich een nog groter krottendorp in de schaduw van het reusachtige spiegelpaleis Hotel InterContinental. Nou ja, in de schaduw – eigenlijk vol in de bloedhete zon. Onze weg wordt versperd door het karkas van een Renault. De achterkant is er grotendeels afgezaagd en in de cabine zitten twee jongens van een jaar of tien autootje te spelen. Wanneer ze de motor starten, blijkt het wrak tot onze verbazing te kunnen rijden – in het motorblok staat een grote plastic fl es met benzine. Ziet er niet al te veilig uit. De twee jongens rijden met hun roestbak weg en moeten lachen om onze open monden. Het kwartje valt: met deze rammelbakken halen ze rotzooi bij de plaatselijke vuilnisbelt op. Mensen leven hier op en van afval: oude metalen, hout en bovenal karton. In de volksmond worden de sloppen dan ook Karton siti, Kartonstad, genoemd. Met een optimistische blik zou je de Roma een essentiële rol in de recyclingindustrie kunnen toedichten. We volgen een vrachtwagen die zich met moeite een weg baant tussen de krotten. Even blijft hij met zijn laadbak hangen achter een van de huisjes. Een heel rijtje krotten dreigt tegen de vlakte gaan maar wanneer de vrachtwagen achteruit rijdt, veren de doet-het-zelfwoningen gewoon weer terug. De chauffeur blijkt met een grote grijper oud ijzer op te komen halen bij Ivan, een vluchteling uit de Kosovaarse hoofdstad Pristina. 'Ze hebben tijdens de oorlog mijn huis in brand gestoken', vertelt hij. 'Ik ben toen weggevlucht en sindsdien woon ik hier en handel in oude metalen.' Ivan vertelt hoe de gemeente al jarenlang probeert Kartonstad te ontruimen en de Roma in wooncontainers elders in de

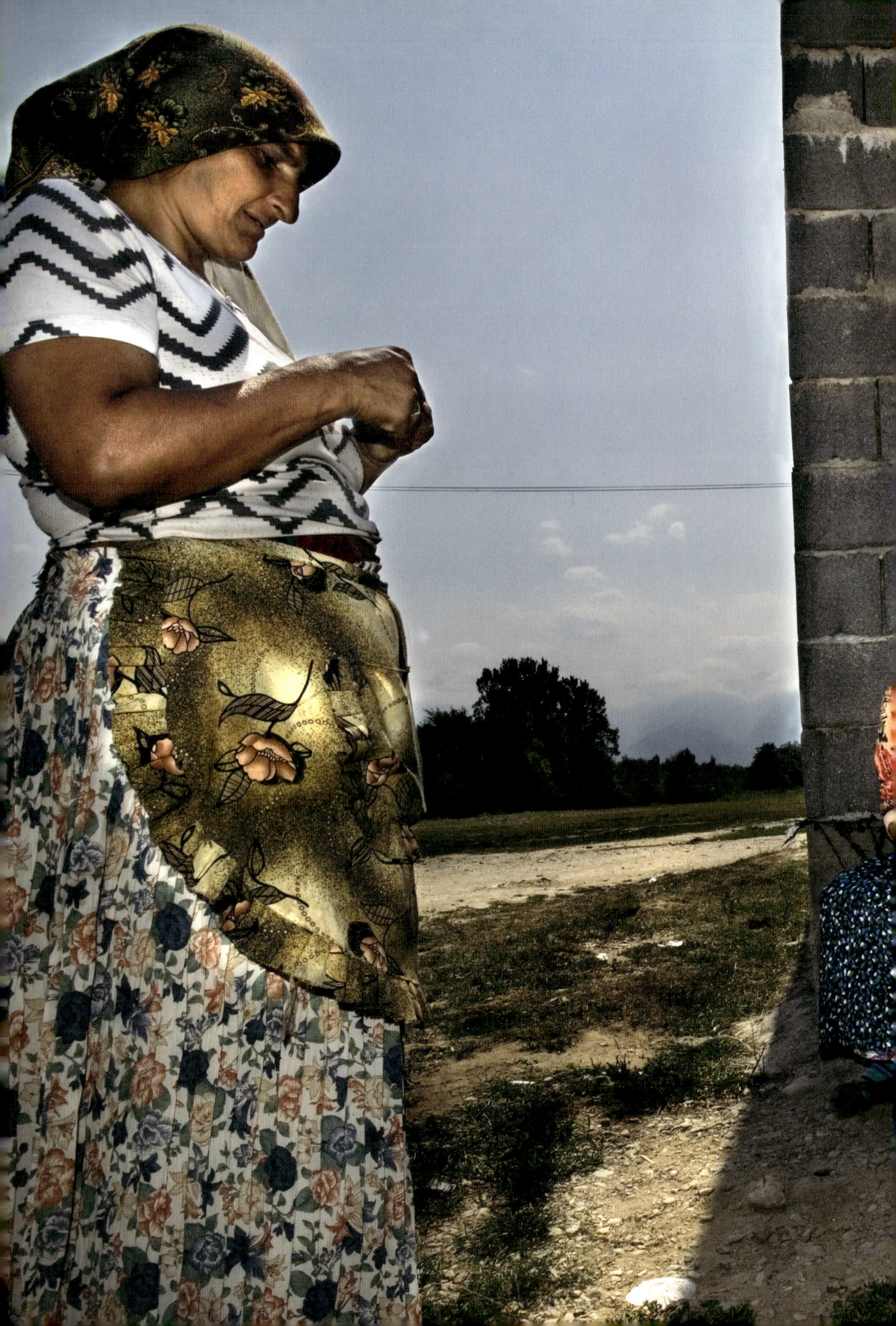

ARMOE TROEF Driekwart van de Roma in Roemenië leeft onder de armoedegrens, zoals hier in het dorpje Vista de Jos. Op staatssteun hoeft men niet te rekenen; de meeste Roma staan nergens geregistreerd en bestaan dus officieel niet.

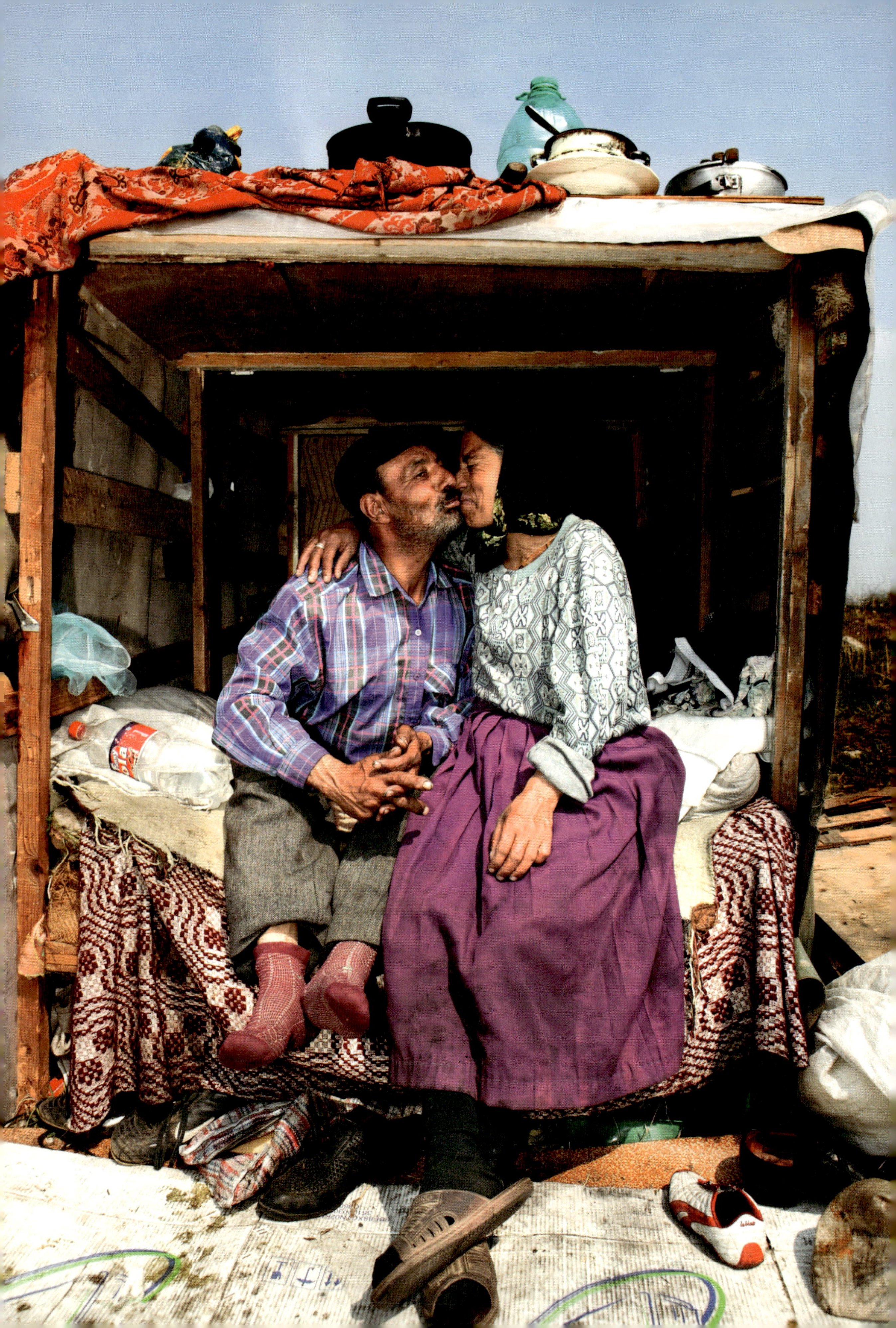

De Roma

Op de boer gaan

Veel Roma's wonen in kampen aan de rand van grote steden, maar een verrassend groot aantal heeft het platteland opgezocht. Zo kwamen wij onder meer in het Roemeense dorpje Brateiu, aan de voet van de idyllische Zuidelijke Karpaten.

stad onder te brengen. Wegens de volksgezondheid en om de Gazelabrug een broodnodige opknapbeurt te geven, zo heet het officieel. Tot nu toe is er niets van terechtgekomen omdat de inwoners van Belgrado geen Roma 'in hun achtertuin' willen hebben. Ivan haalt zijn schouders op. 'Niets nieuws onder de zon.' (Bij terugkomst in Nederland blijkt dat de gemeente er eindelijk in is geslaagd Kartonstad te ontruimen. Honderden Romafamilies zijn over de stad 'herverdeeld'.)

Radio Roma

Op een kleine zeventig kilometer afstand van deze grauwe wereld worden we wederom met een totaal ander beeld van de Roma geconfronteerd. Aan de oevers van de Donau ligt Novi Sad, de tweede stad van Servië en volgens velen het culturele centrum. Het paradepaardje is de oude binnenstad volop barokarchitectuur in zuurstokkleurtjes. In de smalle straatjes is het fijn slenteren langs cafés, restaurants en galeries. Net daarbuiten, waar rechttoe rechtaan sovjetbetonblokken het straatbeeld overnemen, runt Petar Novica Nikolić een radio- en televisieomroep voor en over de Roma. Hij is ook de drijvende kracht achter veel andere Roma-initiatieven in de stad. Dankzij hem is er op het stadhuis zelfs een speciale afdeling Romazaken. 'Roma zijn in Novi Sad? Geen probleem meer', beweert hij stellig. 'Een voorbeeld: toen ik op de universiteit zat, was ik de enige Roma, nu zijn er zo'n tweehonderd Romastudenten.'

Als we een groep van deze studenten spreken, zegt vrijwel iedereen zich thuis te voelen in Servië. Ze voelen zich niet gediscrimineerd en delen zelfs kamers met Serviërs. Na wat we allemaal gezien hebben, lijkt het te mooi om waar te zijn. Voor Petar is alles te danken aan onderwijs. 'Dat is de sleutel om het leven van de Roma te verbeteren. Je gaat jezelf erdoor respecteren en daardoor gaan anderen dat ook doen.'

Romahoofdstad van de wereld

Zijn woorden galmen na in mijn hoofd in de nachttrein naar Skopje, de hoofdstad van Macedonië en de laatste stop op onze rondreis. Iets ten noorden ervan ligt Shutka, dat ook wel Suto Orizari wordt genoemd en bekendstaat als de grootste Romagemeenschap van Europa. Op deze zomerdag ligt het plaatsje er loom bij. Enkele moskeeën schitteren in de zon. In Macedonië zijn de Roma overwegend moslim, in Servië orthodox en in Roemenië christelijk. Hoewel ze vasthouden aan hun eigen taal en gebruiken en niet buiten de eigen kring trouwen, hebben de Roma er kennelijk geen probleem mee om zich aan te passen aan het geloof van het land. Tegen het eind van de middag, wanneer het wat koeler wordt, komen de inwoners uit hun huizen. Jongeren spelen een voetbalwedstrijd, in de nauwe straatjes tettert muziek uit auto's. In een koffi etentje zitten wat jongens bij elkaar en begroeten een vriend, die met zijn trompet komt binnenwandelen. Hij speelt een paar noten en loopt weer naar buiten. 'De jongens zijn op zoek naar werk', vertelt eigenaar Abdul Ramon terwijl hij ons een glas zova, limonade van limoen en wilde korenbloem, serveert. 'Een bruiloft of een ander feest.' Ze hebben mazzel – op een nabijgelegen parkeerplaats vindt waarachtig zo'n bruiloftsfeest plaats. Vrouwen, prachtig aangekleed in kant, dansen in een lange sliert op oriëntaals klinkende muziek. De band, drums, keyboards en bas worden geleid door een saxofonist die steeds weer een nieuwe melodie inzet. De sfeer is eerder plechtig dan uitgelaten. Dit is geen feest maar een ceremonie.

Uitgehuwelijkt op je dertiende

Tegelijkertijd vindt in de hoofdstraat een verloving plaats. Voor een nagelstudio speelt een band, bestaande uit een drum en twee blazers, hypnotiserende melodieën. Het gelukkige stel – een forse meid geheel gekleed in rood en goudkleurig kant en een graatmagere man gestoken in een vest met vier grote zakken – komt net op het moment naar buiten dat een fikse regenbui losbarst. Het gehele gezelschap rent holderdebolder weg en zoekt dekking in een

Op het platteland, zoals hier aan de voet van de Zuidelijke Karpaten, blijft het voor de meeste Roma behelpen. Sanitaire voorzieningen zijn er niet, al is dat in hartje zomer als kind niet zo'n probleem!

EEN KIND KAN DE WAS DOEN

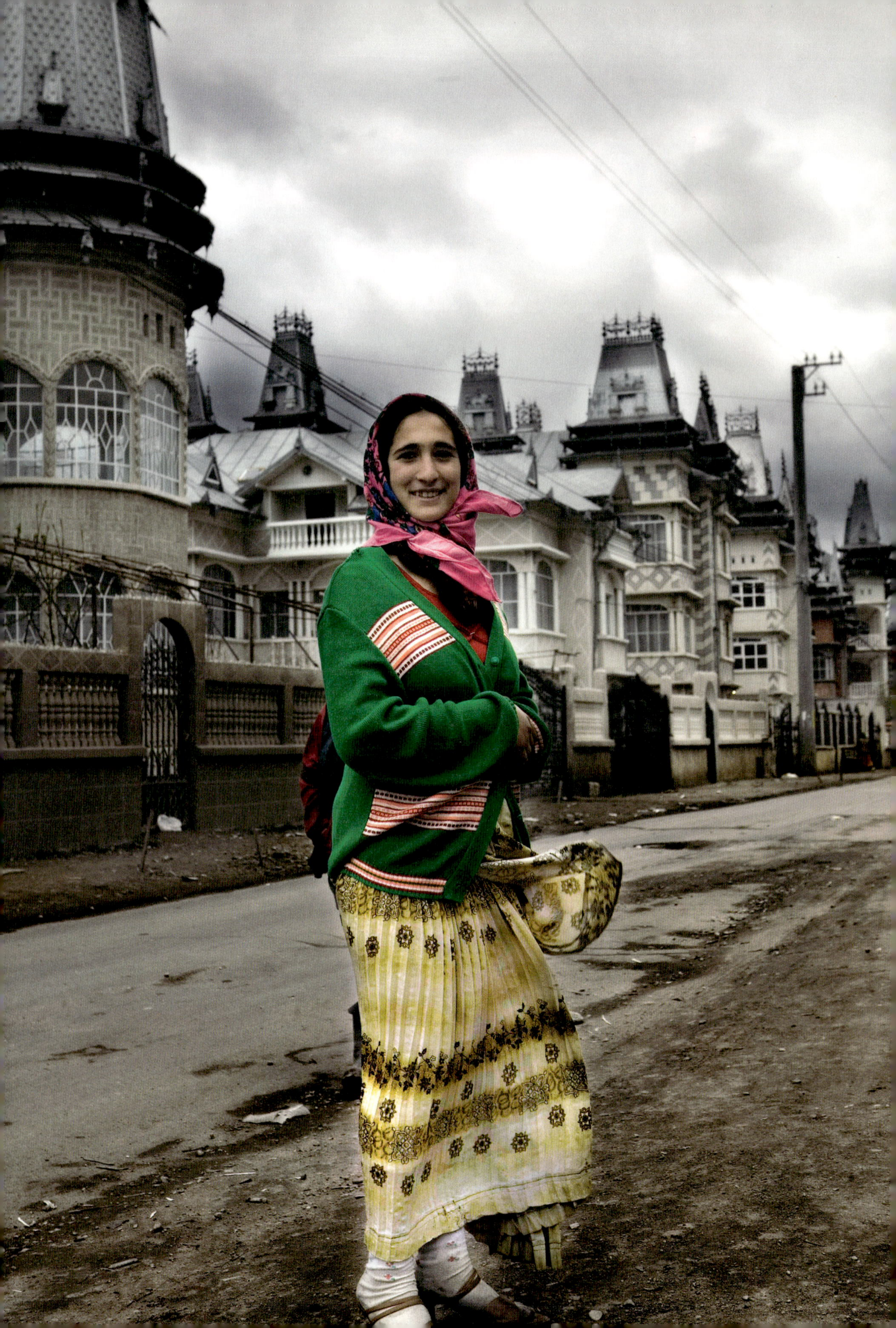

KARTONSTAD

De Roma

In het centrum van Belgrado leefden tot voor kort honderden Romafamilies op en van afval: oude metalen, hout en bovenal karton. In de volksmond werden de sloppen dan ook Karton siti, Kartonstad, genoemd. De gemeente heeft Kartonstad inmiddels ontruimd. De Roma zijn over de stad 'herverdeeld'.

marktloods. Terwijl de regen op het dak klettert, blijven de muzikanten rustig doorspelen en dansen de vrouwen strak gechoreografeerde pasjes. 'Traditie', zegt een meisje dat zich voorstelt als Gutmila. Ze volgt mijn ogen naar het vest van de echtgenoot in spe. 'Maar waar die zakken voor dienen, weet ik ook niet.' Na een uur komt er einde aan de plechtigheid en vertrekt de verloofde onder begeleiding van de band met een groep meisjes en jongens dansend door de straten. Tussen de touwen van de trommel is geld gestoken. De muzikanten kijken tevreden en er wordt eindelijk gelachen. 'Dit is nog niks', zegt Gutmila. 'Dan moet je eens in augustus of September komen! Veel Roma werken in het buitenland, maar komen dan naar huis om te trouwen. Elke dag zijn er wel een paar trouwerijen.' De Romacultuur is volgens haar nog steeds erg traditioneel. Het gearrangeerde huwelijk is heel gewoon. Romameisjes worden soms al op dertienjarige leeftijd uitgehuwelijkt. Het is een praktijk die moeilijk uit te bannen is. Gutmila, als *twentysomething* vrijgezel, is een uitzondering. 'Ik wil trouwen met iemand van wie ik echt hou.' Ze heeft een aantal jaren in Engeland gewoond maar is toch weer teruggekomen naar Shutka. Ze gebaart een tikje weemoedig naar de straat, waar de laatste achterblijvers van het verlovingsfeest in het licht van de volle maan naar huis slenteren. 'Ook voor de liefde.'

GELD MOET ROLLEN Romakinderen spelen tussen de rotzooi nabij Piata Sudului, een plein in het zuiden van Boekarest. Dat het ook anders kan, bewijst het dertig kilometer verderop gelegen dorpje Buzescu. In dit Beverly Hills van de Roma wonen mensen die bergen geld hebben verdiend met de handel in lompen en metalen. Hun fortuin hebben ze omgezet in villa's met allerlei architectonische toeters en bellen.

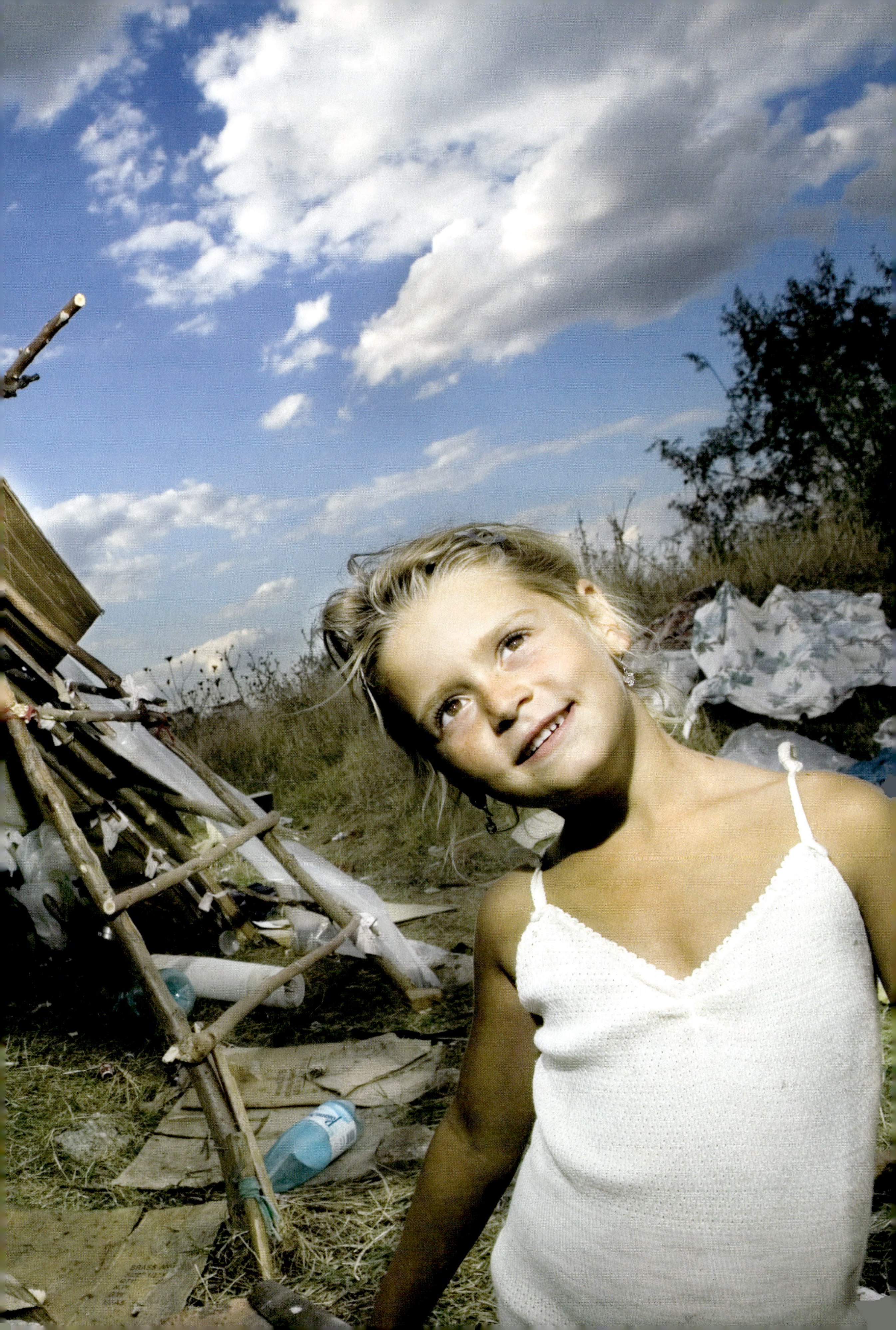

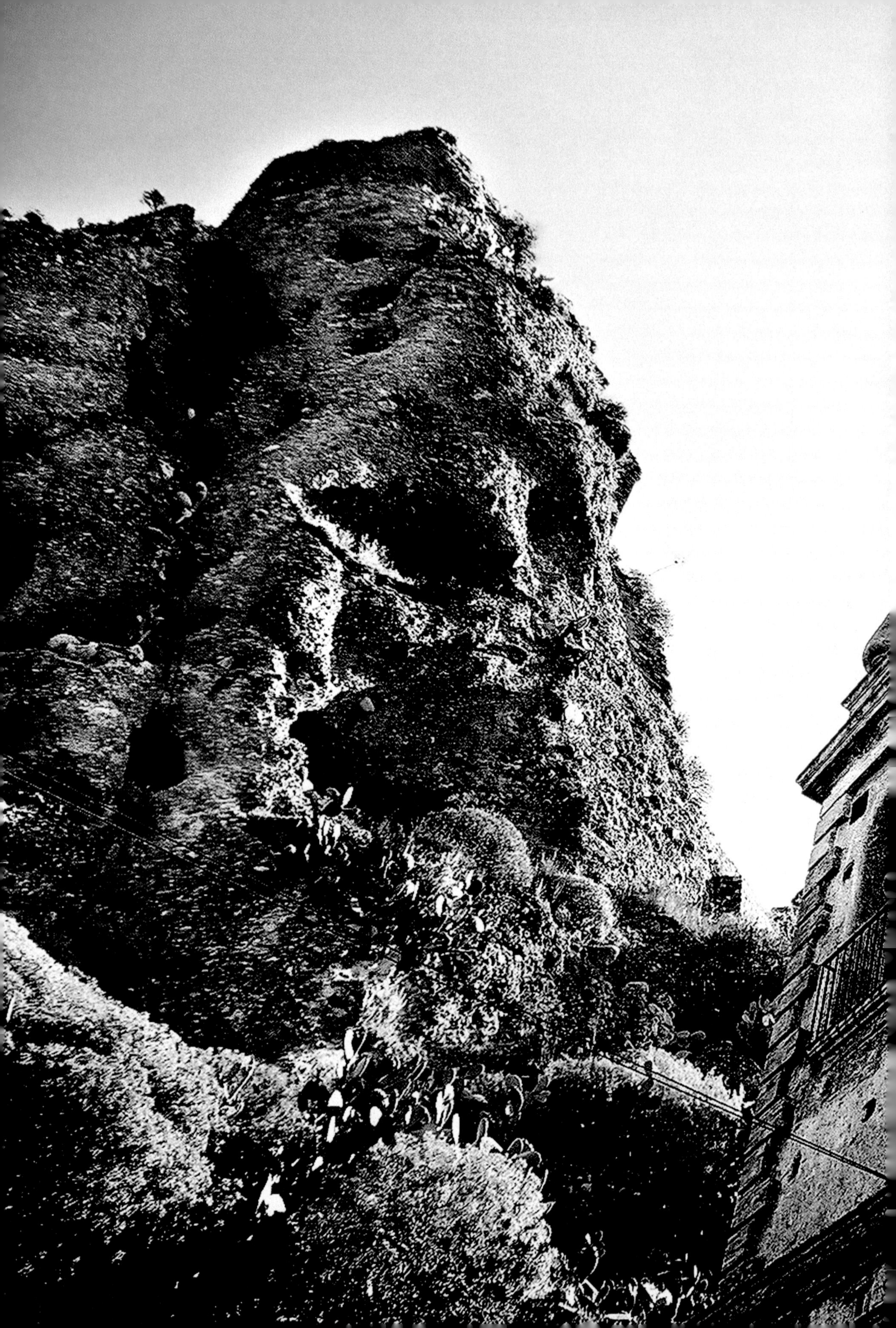

ITALIË
CALABRIE

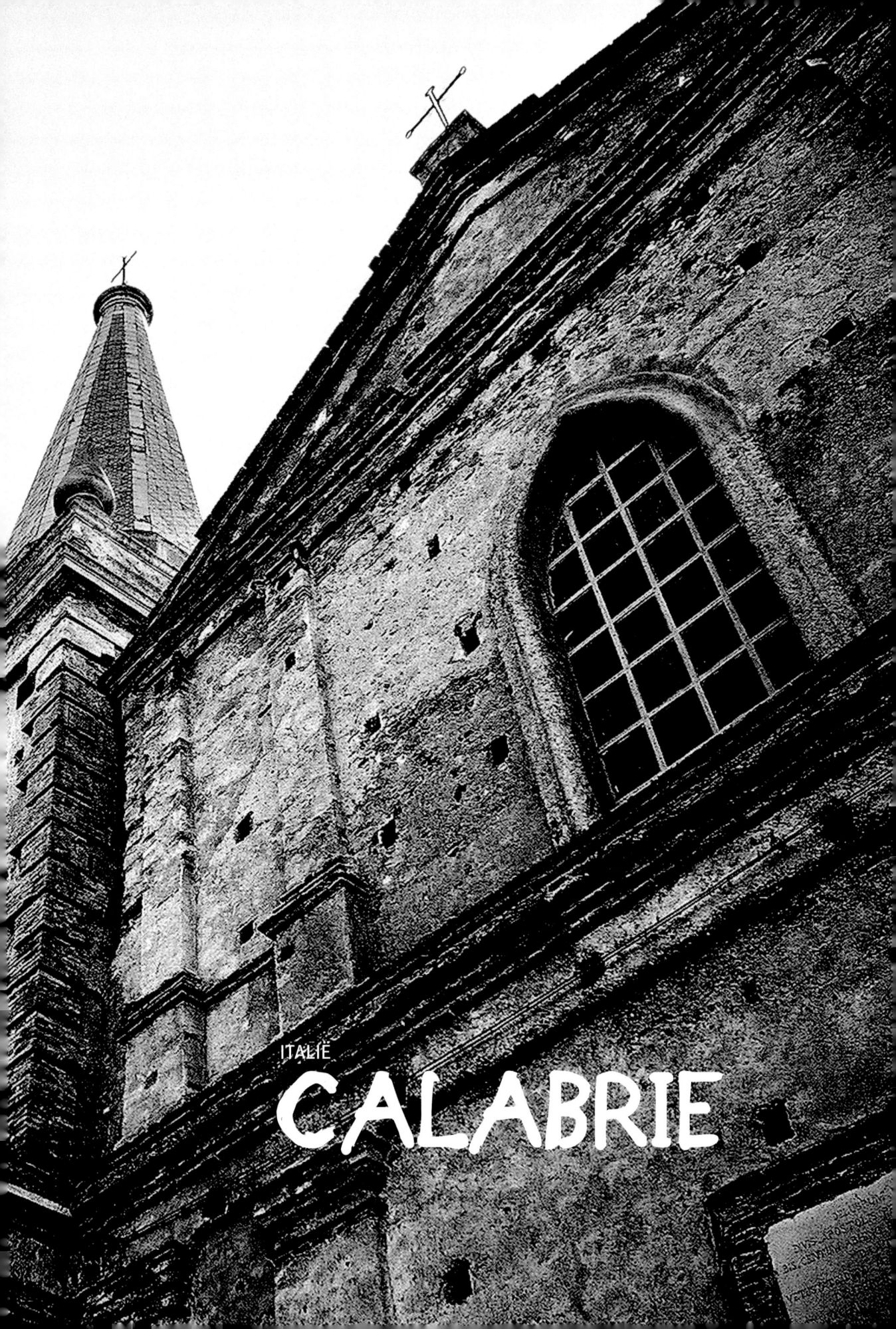

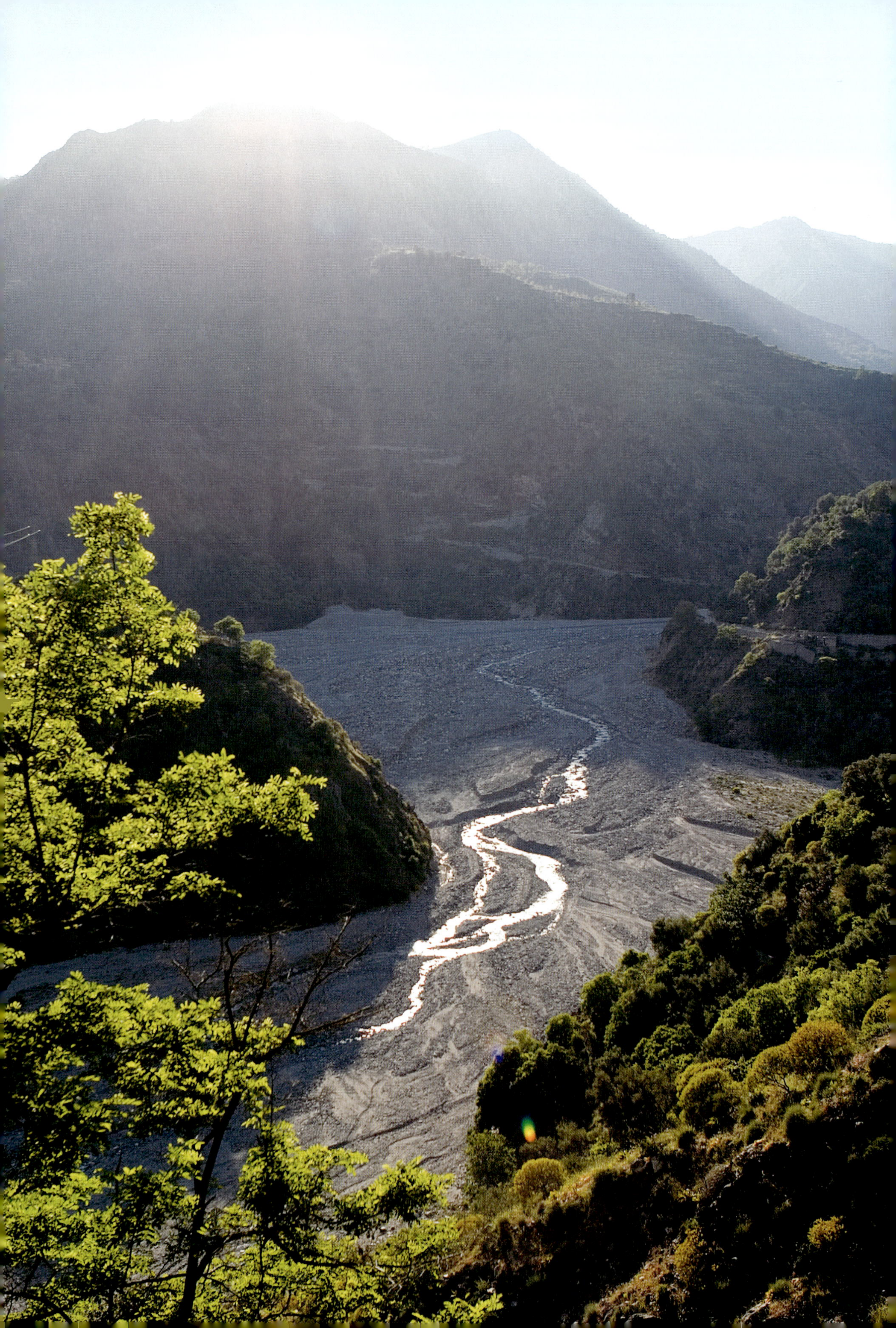

Om de ziel van Calabrië te doorgronden moet je afstand doen van de uitnodigende kusten en diep de bergen intrekken. Daar tref je verlaten dorpen van een filmische dramatiek en de meest gepassioneerde chef-koks ter wereld.

Ziel en Zaligheid

Het begint zo gemoedelijk, de eerste ontmoeting met Calabrië. Na aankomst op de luchthaven Lamezia Terne zorgen de palmbomen en een overvloed aan boerenzwaluwen, die onder het dak van het stationsgebouw kwetteren, voor een dommelige sfeer. Op de achtergrond een vredig landschap van wijngaarden en talloze olijfbomen. Maar als je de oude kustweg langs de Tyrrheense Zee volgt, maken talloze stenen wachttorens op bergtoppen je snel duidelijk dat het in Calabrië niet altijd even vredig en gemoedelijk was. Toch deden de eerste 'bezetters' van de regio, kolonisten uit Griekenland, goed werk. Het waren de Grieken die de wijnbouw aan Calabrië introduceerden. Ze legden zelfs een 'vinoduct' aan waarmee de wijn naar de kust kon worden getransporteerd. En deze 'Greco' wijn leeft nog altijd onder zijn oude naam voort. De inval van Moorse zeerovers in de vroege middeleeuwen luidde echter de barre jaren in. Tijdens de langdurige Moorse bezetting werden de mannen van het plaatsje Tropea bijvoorbeeld voor een keuze gesteld: bekeer je tot de islam of leef voort zonder je neus. Gelukkig wist een inventieve arts met behulp van losse lapjes huid de meest eigenwijze Topeanen weer enigszins op te kalefateren. Een verhaal uit de overlevering waarmee de Calabriërs tegenwoordig overigens vol trots de uitvinding van de plastische chirurgie claimen. De minder eigenwijze inwoners van Tropea zochten hun toevlucht op de bijna onbegaanbare berg Aspromonte en bouwden daar dorpjes die nog steeds als zwaluwnesten tegen de rotswanden kleven. En (tamelijk) onbegaanbaar is de berg lange tijd gebleven: tot in de jaren zestig had je er drie volle dagen voor nodig om er vanuit Rome te komen.

Filmdramatiek

Smalle weggetjes, kronkelend als een slang die in zijn eigen staart probeert te bijten, leiden naar Pentedattilo. Dit middeleeuwse spookdorp grenst aan een diep ravijn. Op de achtergrond torent 'de berg met de vijf vingers', zo genoemd vanwege haar vijf bergtoppen. Omdat dit zo'n prachtige en dramatische locatie is, heeft een filmmaatschappij eens geprobeerd het complete dorp op te kopen, maar gelukkig stak de plaatselijke bevolking daar een stokje voor. De voortkronkelende weg, met daaraan een onverwacht en verbluffend uitzicht op de Calabrische Grand Canyon, vervolgt naar wederom een spookdorp. Roghudi is gelegen op een berg tussen twee canyons. Omdat het te afgelegen en daarom moeilijk te bewonen bleek, probeerde de overheid in 1970 het dorp te herbevolken door er nieuwe huizen te bouwen. Tevergeefs. Twee jaar later stonden deze alweer leeg. Toch houdt er zich een handjevol mensen op. In een van de historische huizen woont bijvoorbeeld een 86-jarige man die daar is geboren en er ook wenst te sterven. Zijn kinderen en kleinkinderen komen dagelijks langs om voor hem te zorgen; een hele trek vanaf de bewoonde wereld. Het leven op de Aspromonte is eenvoudig en hard. Net als het klimaat: 's zomers verzengend heet en 's winters bitterkoud.

Reuzentomaten

Toch is het bergachtige Calabrië vruchtbaar. Rond Belmonte, een dorp midden op een bergtop, worden tomaten verbouwd die twee kilo zwaar kunnen zijn. In deze streek doet men dan ook aan tomatensteaks, die besprenkeld met olijfolie en kruiden in lokale restaurants worden geserveerd. Belmontebewoners weten sowieso wel wat lekker is: in de Amarelli-fabriek wordt nog altijd, volgens eeuwenoud recept, droplikeur gemaakt. In de rotswand langs de bergweg naar Belmonte zijn hier en daar kleine grotten uitgehouwen: voormalige overnachtingsplekken voor passanten, want de weg tussen Belmonte en de kust viel niet in een dag te belopen. Maar Belmonte heeft meer historische eigenaardigheden. Haar nauwe, onverlichte kronkelstraten bijvoorbeeld met daarin praktisch raamloze huizen met dikke muren. En Belmonte heeft een kasteel – alleen is daar nagenoeg niets van te zien: door de vele aardbevingen die het gebied hebben geteisterd is het grotendeels door de rotsen opgeslokt. Een Calabrisch bergdorp dat pas echt middeleeuws is gebleven, is Fiumefreddo Bruzio. Het klooster, met uitzicht op zee, wordt tegenwoordig als gemeentehuis gebruikt; de ambtenaren werken er in voormalige monnikencellen. Tijd lijkt geen vat te hebben gekregen op dit dorp. Noch op de andere berg- en kustdorpen in de regio. Niet de mens maar de natuur, met name de zonsopgang en -ondergang, bepalen hier het levensritme. De spaarzame inwoners verbouwen in hun eigen tuinen groenten, vijgen en olijven. En als de tomaten rijp zijn, staat er altijd wel een oude vrouw, gebogen over een ketel, de pastasaus voor de hele straat te bereiden.

Heilig ijs

Het had gekund, maar het kuststadje Pizzo ontleent zijn faam niet aan de tonijnen die de vissers hier volop aanvoeren. Nee, het is ijs dat liefhebbers uit de wijde omtrek dit dorp doet bezoeken. Tartufo, welteverstaan. Sinds 1901 is deze grote, afgeplatte en door cacaopoeder gerolde ijsbol in ijssalons en restaurants te koop. Binnenin zijn drie verschillende smaken te vinden, en daarin dan weer een vloeibare chocoladevulling. Elke *gelateria* kent zijn eigen Tartufo-bereidingswijze. En kenners claimen blind te kunnen proeven wie welke Tartufo heeft bereid. Maar er is nog een reden om Pizzo aan te doen: de Piedigrotta. Deze grot in de rotsen, pal aan zee, heeft ooit het leven van twee vissers gered toen zij er door een storm in aanspoelden. Uit dank plaatsten zij er vervolgens een beeld van de Madonna van Pompeii. Vele anderen volgden in de

> **THUIS BEST**
>
> Niet alle mensen zijn uit het afgelegen bergmassief de Aspromonte weggetrokken. Deze man, die we ontmoetten op de weg naar het dorpje Roghudi, woont er al zijn hele leven en is vastberaden er ook zijn laatste adem uit te blazen.

Ziel en Zaligheid

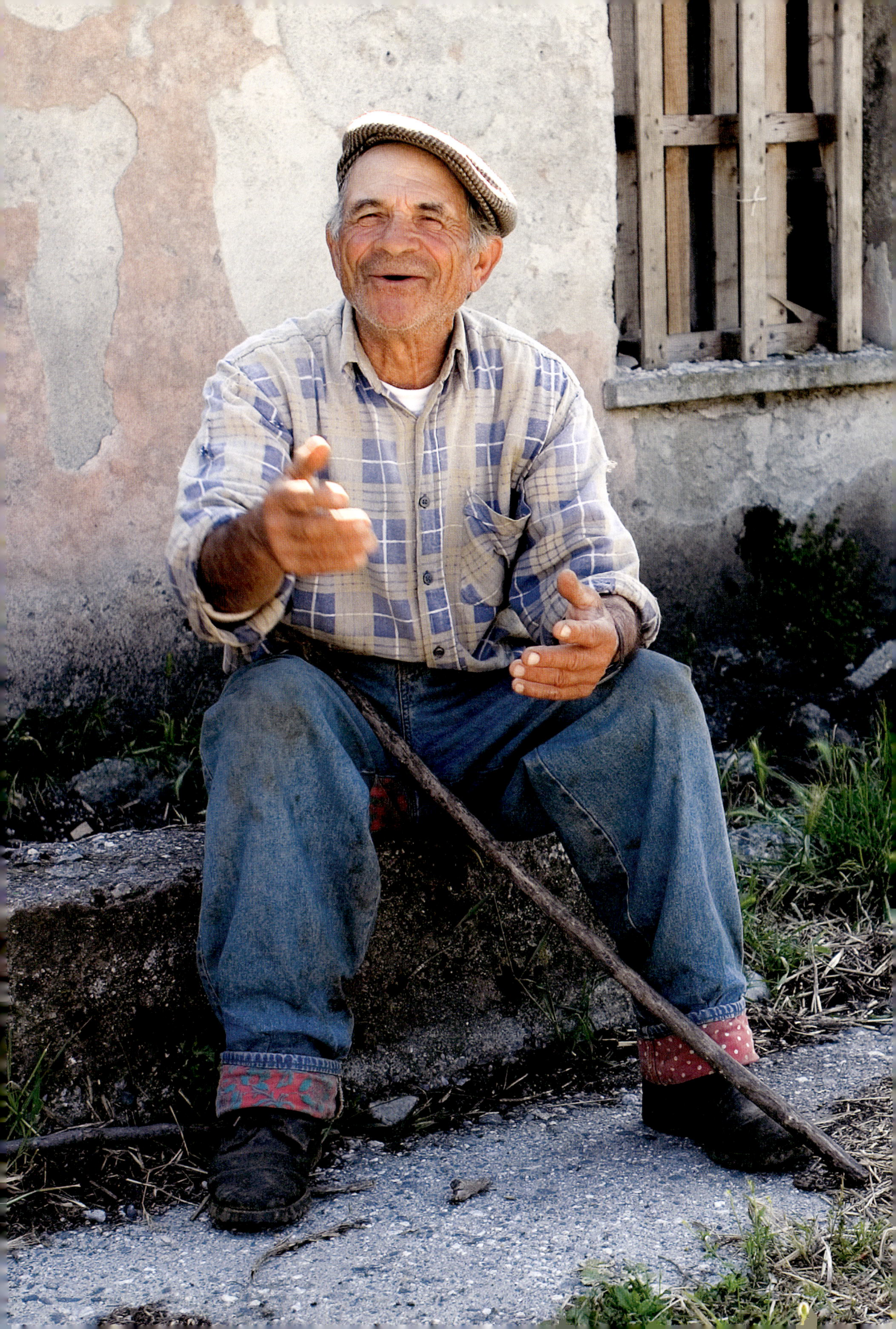

loop der eeuwen dit voorbeeld. Zóveel, dat er meer kamers in de grot moesten worden uitgehakt om de talloze heiligbeelden, zoals de twaalf levensgrote beelden van de apostelen, te kunnen herbergen. In de bovenwand van de grot zit een gat, waardoor de regen vrij toegang heeft. Bij storm stuift een zilte nevel naar binnen. De beelden zien er dan ook niet op hun best uit. Dat verhindert niet dat de Piedigrotto druk wordt bezocht door bruidparen die hun huwelijksfoto per se daar willen laten maken. Vaak moet de bruid door twee mannen naar de fotolocatie worden gedragen omdat anders haar pumps diep in modder zouden wegzakken.

Zwaardspies

Aan de Straat van Messina, met uitzicht op Sicilië, ligt het vissersdorp Scilla. Alles is hier kleinschalig, ouderwets en genoeglijk. Na de dagelijkse vangst worden de kleine vissersboten opgetrokken naar de huizen van hun eigenaars op de rotsen. In de haven ligt één vissersboot die afwijkt van de anderen. Hij is veel groter, heeft een heel lange boegpaal en vanaf zijn dek verrijst, bij wijze van kraaiennest, een tv-mast. Dit is het schip waarmee de vissers op zwaardvis jagen. Twee mannen staan dan in het puntje van de tv-mast op de uitkijk en op de boegpaal nog eentje met een harpoen. Restaurant Clauco bij de haven heeft er een hele fototentoonstelling over. In dat restaurant staat ook een *antipasta di mar* op het menu, waarvan de inhoud een paar uur daarvoor nog vrij rondzwom. Dit gerecht wordt

Ziel en Zaligheid

HOOGTEPUNTEN

De vallei bij Roghudi, waar het woord 'onherbergzaam' is uitgevonden.
Links de kust bij het plaatsje Bianco, waar een aantal mooie zandstranden liggen.

Ziel en Zaligheid

bereid met Costa Viola, een witte wijn die uitsluitend in de buurt van Scilla wordt geproduceerd en in de rest van Calabrië ook onbekend is. Het etiket is handgeschreven en de productie dan ook zeer beperkt. Maar het gerecht waar het de bezoekers van Clauco natuurlijk om te doen is, is gegrilde zwaardvis aan de spies. Kraakvers en naturel bereid; om je vingers bij op te e… eh, af te likken. Een andere aanrader is Bergamottaart: het dessert van de streek, het liefst met een glaasje Bergamotlikeur natuurlijk.

Zoet sucadegenot

In Nederland wordt sucade voornamelijk tegen oud en nieuw gebruikt, wanneer we oliebollen gaan bakken. Wij mogen onze sucade dan wel voornamelijk van het Caribische eiland Puerto Rico halen, Calabrië verbouwt het ook volop. En dat sinds 1091. Een deel van de kust aan de Tyrrheense Zee wordt daarom ook de Cederkust genoemd, naar Cederappel, zoals de vrucht waarvan sucade wordt gemaakt officieel heet. In Amantea serveren ze *caffè* met een *pastière*, een cakeje bereid met stukjes sucade, gedroogd fruit en kaas. Uiteraard kan er ook een glaasje sucadelikeur bij worden besteld. Maar het meest verrassende sukadegerecht is een dessert, te krijgen in restaurant Approdo in Vibo Marina: mousse van verse sucadevruchten. Werkelijk verrukkelijk. Het gerucht gaat dat Approdo vanwege haar creatieve en verfijnde eten een Michelinster in de wacht zal slepen. Rennen dus, om er te genieten voordat de prijzen omhoog zullen schieten.

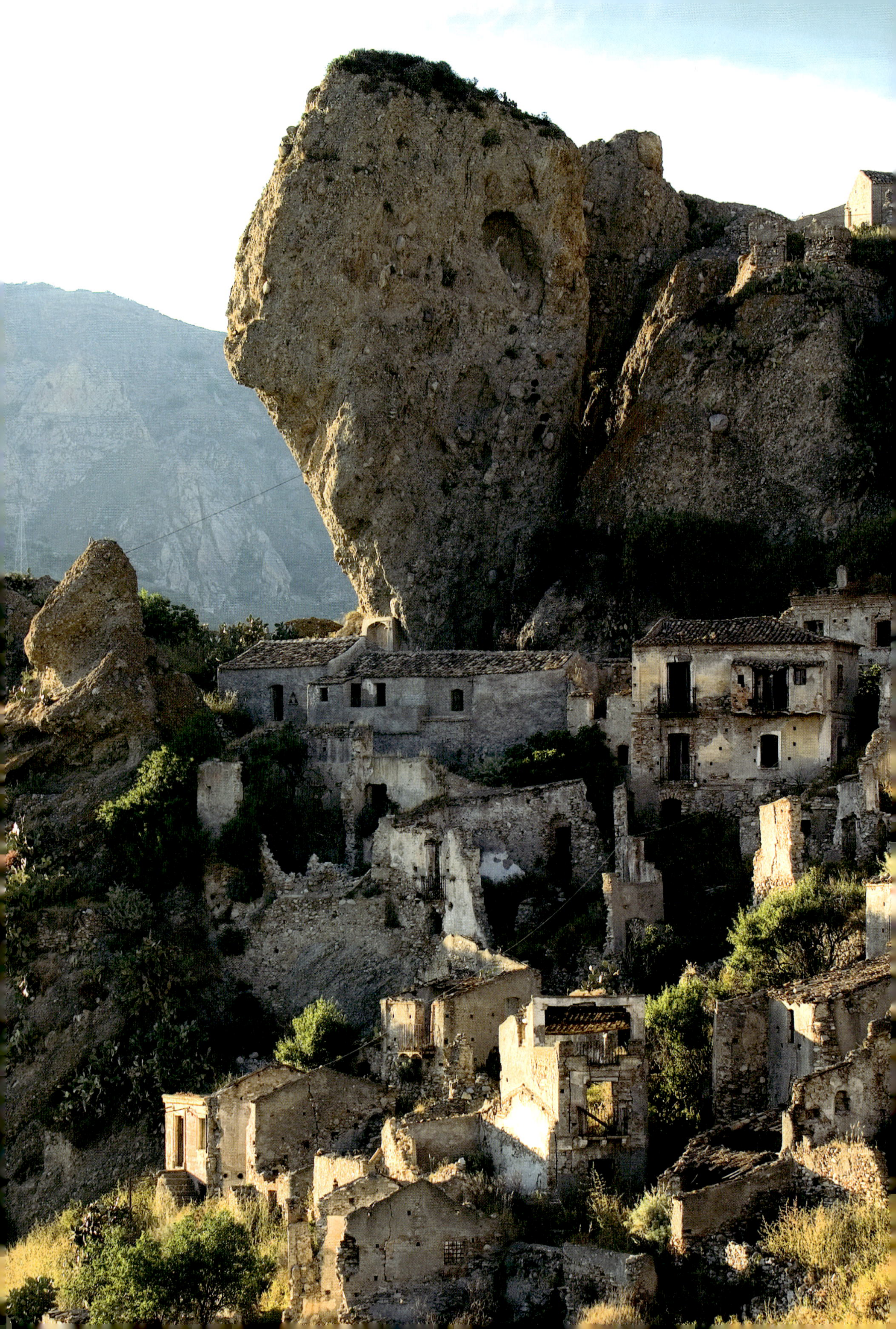

ATTENZIONE! Bij een bezoek aan het vervallen dorp Pentedattilo moet je goed uitkijken waar je loopt. De muren staan op instorten en de vloeren kunnen het elk moment begeven.

Ziel en Zaligheid

Vino vecchia

Eigenlijk staat elk bezoek aan Calabrië garant voor een onvergetelijke eetervaring. Maar ook wijnliefhebbers zijn hier aan het juiste adres. In de wijnbar DOC bijvoorbeeld, die in een middeleeuws pand in het oude deel van de hoofdstad Cosenza is gehuisvest, pal naast de Piazza Piccola. Binnenin het drie verdiepingen hoge gebouw tref je een waar doolhof van gangen, trappen en zaaltjes. Wie Calabrische wijnen wil proeven in combinatie met lokale kazen als Monte Briolaro en Rigotto Grottoverse kan zich hier naar hartelust uitleven. Dit etablissement schenkt tevens de drie lekkerste rode wijnen van Calabrië: de Gravello, de Cirò Riserva en de Ronco dei Quattroventi.

Verleidelijke potjes

De oude binnenstad van de meest voorname Calabrische aankomstplaats Tropea ligt op een hoge klip en biedt een adembenemend uitzicht op de zee en het voormalige klooster Santa Maria dell'Isola op een eilandje voor de kust. Vaste prik aan het eind van de middag: flanerende inwoners. Via de lange winkelstraat lopen ze tot de rand van de klip en kijken ze uit over de zee alvorens ze wat gaan drinken op een van de terrassen van de Piazza Erole. En ook in deze stad zijn er lekkere hapjes in overvloed. De Calabrische keuken leunt stevig op rode pepers en rode uien, die beiden volop in de omgeving van deze badplaats worden verbouwd. Voor een uitgebreide kennismaking met deze essentiële Calabrische ingrediënten (en tal van andere lokale producten) is de winkel Prodotti Tipici in de Via Indipendenza *the place to be*. Zij stallen een hoeveelheid voedsel op straat uit die je gewoon niet voor mogelijk acht. Vooral omdat alle potjes zo verleidelijk ogen, ook al heb je geen idee wat erin zit. Maar daar heeft de uitsluitend Italiaans sprekende winkeljuffrouw een oplossing voor: wijs naar de potjes en zij wijst de plek aan waar de inhoud herkenbaar, vers of gedroogd ligt uitgestald. Zo wordt ook, dankzij de gedroogde Pasquale Luna-paddestoelen, de inhoud van het potje *crema di funghi* duidelijk. En zo blijken de verse rode uien tevens ingelegd in potjes of als zoete marmelade verkrijgbaar. Terwijl de populaire lokale kaas pecorino en de fles grappa met een rode peper erin het zonder toelichting kunnen stellen, blijken er in een bomvormig potje-met-lont heel toepasselijk hete pepers te zitten. En zo telt de Calabrische keuken tal van pittige, zoete maar vooral veelzijdige verrassingen. Nog één tip dan: ga op zoek naar het traditionele pastagerecht dat wordt bereid met een pesto van 21 kruiden en dat niet met kaas maar met broodkruimels wordt bestrooid. Het is maar goed ook dat Nederlandse papilverwenners niet in Calabrië wonen – ze zouden de keuken niet meer uitkomen. Nou, heel soms dan: alleen om erop uit te trekken voor het kristalheldere, koude bronwater dat daar nog rijkelijk door de bergbeekjes stroomt.

COLUMBUS-TRAIL

Reis langs de meest bijzondere plekken van het gebied, die door het Columbus-team zijn bezocht. Altijd zoveel mogelijk van de gebaande paden af.

TRIP VAN ONBEPAALDE TIJD
Stel je eigen trail samen met de praktische informatie op de pagina hiernaast. Goede afsluiter van je reis is het strand. Bijvoorbeeld bij Msambweni, op anderhalf uur rijden ten zuiden van Mombasa. Als aanvulling op de reportage in dit boek zou je je reis kunnen combineren met een verblijf op de paradijselijke Lamu-archipel (zie editie 13 van Columbus Magazine).

■ DOEN
▲ SLAPEN
✈ INTERNATIONAAL VLIEGVELD

BESTE REISTIJD

Met het hele jaar door een lekkere temperatuur plan je een reis naar Kenia vooral óm de regen heen. In het kustgebied, op de oostelijke plateaus en rondom het Victoriameer landen de grote stortbuien tussen april en juni. De hooglanden hebben een regenseizoen dat loopt van maart tot september. De beste tijd om door heel Kenia te reizen is december tot februari, maar je kunt ook prima kiezen voor de rustige en vaak goedkopere periode juni t/m september.

j	f	m	a	m	j	j	a	s	o	n	d	Nairobi
26	27	27	25	24	23	22	23	25	26	24	24	temperatuur (°C)
58	50	92	242	190	39	18	24	31	61	150	108	neerslag (mm per maand)

HANDIG

MUNTEENHEID
€ 1 = Keniaanse shilling 98

TIJDSVERSCHIL
1 à 2 uur later

TAAL
Engels, Kiswahili, inheemse talen

GROOTTE
Iets kleiner dan Frankrijk

AANTAL INWONERS
31 miljoen

REISDUUR
9 uur

LANDCODE TELEFOON
+254

EET
Ugali (maispap)

DRINK
Chai (thee)

LUISTER
Kenyan Songs & Strings

KIJK
The Ghost and the Darkness

LEES
De Blanke Masai, Corinne Hofmann

KENIA

KENIA IN HET KORT
Door de uitgestrektheid van het land, is de variatie aan landschappen in Kenia enorm. Een greep uit het aanbod: de centraal gelegen hoogvlakte (waar thee en koffie wordt verbouwd), de vlaktes in het droge zuiden (waar je onder meer het populaire Maasai Mara-reservaat vindt), Mount Kenya (de op een na hoogste berg van Afrika) en een vruchtbaar kustgebied met hagelwitte stranden en tropische riffen. In Kenia leven maar liefst 42 stammen. De bevolking is één grote mengelmoes van stammen, met ook nog eens mensen van Aziatische en Arabische komaf. Er zijn meer dan dertig nationale parken en reservaten en honderden lodges in elke prijscategorie. Stel je zelf je reis samen, dan ben je waarschijnlijk niet goedkoper uit dan tijdens een georganiseerde reis. Transport over de grond, met uitzondering van de bus, is erg duur. Ben je geïnteresseerd in overweldigende natuur en wildlife, dan is Kenia je land. Sluit je reis af aan de kust, waar de Afrikaans/Arabische Swahili-cultuur de overhand heeft.

DOEN
1 Ga te paard op safari Te paard kun je het wild vaak tot bijzonder dichtbij naderen. Onder andere mogelijk via Ol Donyo Wuas en Sabuk Laikipia Lodge.
2 Bestijg een kameel Kamelen worden door veel stammen in Kenia al generaties lang als vervoermiddel gebruikt en zijn inmiddels dus een 'inheemse diersoort'. Onder meer te regelen via Sabuk Laikipia Lodge.
3 Maak een wandelsafari Ga 's ochtends of 's avonds. Je gids vertelt je over sporen en laat je dingen zien waar je met de auto voorbij raast. Bovendien: het is enorm spannend als je – tegen de wind in – op eigen benen een groep olifanten benadert.
4 Drink een sundowner vanaf de rotsen De Columbus-favoriet: met een drankje bovenop een hoge rots uitkijken over het indrukwekkende Keniaanse landschap. De zon staat laag en zal zo ondergaan, de wind is gaan liggen, in de verte zie je wild uit de dekking komen, nachtdieren maken zich klaar voor de jacht...
5 Bezoek een Samburu-dorp Veel Maasaidorpen zijn aangetast door het toerisme. Als je een dorp binnenloopt laat iedereen zijn dagelijkse werkzaamheden vallen en wordt de verkoopwaar uitgestald. Alles in het dorp bevriest en alle ogen zijn op jou gericht: zal je wat kopen of niet? Beter idee: kies een lodge met een goed maatschappelijk programma, zoals Sabuk Laikipia Lodge, waardoor het leven van mensen in de dorpen gewoon door kan gaan. Een bijkomend voordeel is dat je hier (waarschijnlijk als enige die week) een Samburudorp bezoekt waar je als reiziger de gewone gang van zaken kunt meemaken.
6 Adopteer een student Bezoek de school van Nancy uit de reportage en zie de dagelijkse problematiek van de Maasai in de praktijk.
7 Zoek dieren in de nacht De meeste roofdieren zijn 's nachts het meest actief. Het is heel spannend om de leeuwen te zien in de schijnwerpers – dan zie je pas dat het angstaanjagende rovers zijn.
8 Ga rots- en bergbeklimmen De hoogste top is Mount Kenya, www.mck.or.ke
9 Bedwing rivieren Het koffiekleurige water van de Tana- en de Athi-rivier raast naar beneden aan de randen van het centrale hooglandplateau. De rivieren lopen dwars door Nationaal Park Tsavo East en zijn ideaal om op te raften, www.whitewaterkenya.com
10 Vaar in een ballon Een spectaculaire manier om zonsop- of ondergang boven de Maasai Mara mee te maken, www.balloonsafaris.com, www.madahotels.com, www.governorscamp.com
11 Ga mountainbiken in de Riftvallei Vanuit Nairobi worden tours georganiseerd op diverse plekken, www.biketreks.co.ke
12 Drijf mee op een *dhow* Via Msambweni House kun je mee met een Keniaanse *dhow*, een traditionele boot met een drijver aan beide kanten.
13 Bezoek de heuvels aan de kust De Shimba Hills vormen een klein, groen gebied waar veel wild voorkomt, zoals antilopen en olifanten.
14 Ga snorkelen In het Kisite Marine Park vind je schildpadden, dolfijnen en kan je van september t/m februari snorkelen met walvishaaien.
15 Bezoek de Maasai Mara Het gebaande pad de Maasai Mara is een groot natuurreservaat in het zuidwesten van Kenia, dat deel uitmaakt van de Serengetivlakte. Hier zie je naast enorm veel wildlife waarschijnlijk evenveel safaribusjes.
16 Lig op Diani Beach Het strand is een gebaand pad. Het bekende hagelwitte strand ligt iets ten zuiden van Mombasa.

SLAPEN
Prijzen per twee persoonskamer per nacht.
Wild kamperen
Zowel binnen als buiten de hekken van veel wildparken kan gekampeerd worden. Vraag buiten de hekken wel toestemming aan de eigenaar van het land. Een terreinwagen met een tent op het dak is in verband met roofdieren de veiligste optie en binnen wildparken noodzakelijk.
Slapen op de mooiste plek
Lodges hebben vaak een zogeheten *fly camp* in de buurt. Dit is een ontzettend mooie plek aan een rivier of op een heuvel met schitterend uitzicht, waar je in een tentenkamp luxe kunt kamperen.

17 Sabuk Laikipia Lodge Ecolodge met Flintstone-achtige, half open, comfortable hutten. Met uitzicht op een rivier, vanaf € 508 all-inclusive, www.sabuklodge.com
18 Ol Donyo Wuas Deze ecolodge ligt tegen de hellingen van een gelijknamige, uitgedoofde vulkaan, vanaf € 750, www.oldonyowuas.com, www.bonhamsafaris.com
19 Msambweni House Op anderhalf uur rijden ten zuiden van Mombasa. Gebouwd op een klif kijkt deze lodge uit over een idyllisch gedeelte van de kust, vanaf € 750 all-inclusive. Op vertoon van Columbus-editie 11 krijg je 50% korting, www.msambweni-house.com

PLANNING
Reizen binnen Kenia
In verband met de grote afstanden en slechte wegen, reis je binnen Kenia idealiter per vliegtuig. Transport over de grond is erg duur en in de meeste gevallen heb je een 4WD nodig. Neem bij voorkeur een chauffeur, deze kost niet veel en je hoeft geen prijzige verzekering voor de auto af te sluiten. Wil je geen chauffeur? Regel een 4WD met tent op het dak via www.toughtracks4x4hire.com

DEZE REIS BOEKEN & MEER INFO
columbustravel.nl
columbusmagazine.nl/kenia

COLUMBUS-TRAIL

Reis langs de meest bijzondere plekken van het gebied, die door het Columbus-team zijn bezocht. Altijd zoveel mogelijk van de gebaande paden af.

TRIP VAN 3 WEKEN

De eerste twee dagen van je reis breng je door in het oude centrum van Quito. Hierna pik je een terreinwagen op en volg je in zuidelijke richting de Panamericana door de Andes. Verkijk je niet op de afstanden. Hoewel het een compact land is, ligt je gemiddelde snelheid door de bergen en op de slechte wegen laag. Je bezoekt de vulkaan Cotopaxi (waar je gaat paardrijden), de markt van Saquisili en het Quilotoa vulkaanmeer. Vergeet ook niet de schitterende regio rondom Cotopaxi te verkennen (2 dagen). Je rijdt terug naar de Panamericana en vervolgt je route in zuidelijke richting naar het gezellige Banos (2 dagen) in het oosten van de Andes en bezoekt het dorpje Salinas (1 dag) in het westen van de Andes. Over de Via del Arenal rijd je langs de vulkaan Chimborazo naar Riobamba, dan via het schitterend gelegen Alausi en naar Cuenca in het zuiden (2 dagen). Van hieruit maak je dagtrips naar het zuiden, zoals naar Saraguro met zijn opvallende inheemse bevolking. Via nationaal park El Cajas rijd je naar de kust, waar je 2 dagen verblijft in het plaatsje Puerto Lopez. Je bezoekt van hieruit nog enkele andere kustplaatsen, waarna je via Quevedo en de nevelwouden terug rijdt de Andes in. Je reis eindigt ten noorden van Quito, het meest welvarende deel van Ecuador. Je bezoekt Cotacachi, Otavalo en Nationaal Park El Angel.

■ DOEN
▲ SLAPEN
✈ INTERNATIONAAL VLIEGVELD
✈ NATIONAAL VLIEGVELD

BESTE REISTIJD

Omdat Ecuador op de evenaar ligt, heeft het niet echt een zomer en winter. In de Andes is het door de hoogte altijd koel of koud. Aan de kust wordt het door de koude golfstroom vanaf Antarctica nooit tropisch heet. Ecuador heeft in die zin een perfect klimaat. Beste reistijd is de droge periode van half juni tot half september. Nadeel is de mist die zo nu en dan in deze periode ontstaat, waardoor je de schitterende Andes-vulkanen niet ziet. Een andere droge periode is half december tot half januari. De beste reistijd voor het Amazonegebied (niet beschreven in de reportage) is november tot en met februari. Voor de Galápagoseilanden geldt december tot en met mei als beste reistijd. Als je alles wilt zien is de beste tijd december.

j	f	m	a	m	j	j	a	s	o	n	d	Quito
17	18	18	18	18	18	18	19	19	19	18	18	temperatuur (°C)
90	135	148	165	110	49	29	35	84	135	99	94	neerslag (mm per maand)

HANDIG

MUNTEENHEID
€ 1 = USD 1,25

TIJDSVERSCHIL
7 uur vroeger

TAAL
Spaans en Quechua

GROOTTE
7 x Nederland

AANTAL INWONERS
13 miljoen

REISDUUR
13 à 15 uur

LANDCODE TELEFOON
+593

EET
Aardappelsoep met avocado

DRINK
Gepureerde vruchten

LEES
Achter de bergen, Nancy Wiltink

LUISTER
Cacería de Lagartos

KIJK
Qué tan lejos (film)

ECUADOR
ANDES & DE KUST

ECUADOR IN HET KORT

Denk je aan Ecuador, dan denk je aan de Galápagoseilanden. En daarmee doe je het vasteland tekort, want Ecuador heeft de grootste biodiversiteit per vierkante kilometer ter wereld en is daarmee voor reizigers een bijzonder gevarieerd land. Behalve de Galápagoseilanden zijn er nog drie gebieden te onderscheiden: de regenwouden van de Amazone (de Oriente), de hooglanden van de Andes (de Sierra) en de kust. In Ecuador vind je zowel nevel- als regenwouden, hoogland, bergen, (actieve) vulkanen en stranden. Cultuur én natuur zijn enorm gevarieerd. Al rijdend kom je elke twintig minuten in een ander landschap terecht. Er leven zestien verschillende etnische groepen, ieder met een ander uiterlijk en levenswijze. Onze route liep door de Andes en langs de kust. In de bergen kom je dagenlang geen andere buitenlanders tegen, terwijl men aan de kust meer op toeristen ingesteld is. De meeste wegen zijn slecht en er is vrijwel geen bewegwijzering, dus neem je gps mee. De grote hoogtes (de hoofdstad Quito ligt al op 2800 meter hoogte) vragen om enkele dagen acclimatisatie na aankomst. Ideale slaapplekken zijn haciënda's.

DOEN

1 QUITO
Wandel door koloniaal Quito Het oude centrum, met mooie Spaanse koloniale gebouwen en kerken, staat op de Werelderfgoedlijst.

2 COTOPAXI
Klim tot de Refugio De top van de vulkaan Cotopaxi is ondanks zijn hoogte voor vrijwel iedereen te beklimmen. Je kunt ook tot 4500 meter hoogte met de auto komen. Dan is het nog 300 meter klimmen.

3 **Bezoek de markt van Saquisili** Niet de meest bekende maar wel de de meest authentieke markt. De veemarkt vindt elke donderdag plaats.

4 **Vergaap je aan een mega krater** Zie reportage.

5 **Geniet van het mooiste deel van de Andes** Zie reportage.

6 **Steek de Andes over** en zie het landschap veranderen van hoogland naar nevelwouden en laagland met bananenplantages. Neem hiervoor vanuit Latavunga route 40 richting Quevedo in het westen.

7 SALINAS DE GUARANDA
Ga paardrijden met echte *chagras* (Ecuadoraanse ruiters) die dagelijks vanuit Salinas de bergen ingaan op jacht gaan naar konijnen of ander avondeten. Op de hoek van het centrale pleintje woont zo'n ruiter.
Ga hiken Je komt niemand tegen en loopt door de mooiste gebieden. Alle moeilijkheidsgraden zijn aanwezig. Zorg dat je geacclimatiseerd bent want Salinas ligt hoog!

8 COSTA DEL SOL
Ga walvis spotten Van juni t/m september zwemmen bultrugwalvissen met honderden tegelijk langs de baaien rondom eilandje Isla de Plata.
Zie vissers van het dorpje Salanga de buit aan wal brengen. De mannen, die ademen via een compressor aan boord van het schip, duiken illegaal naar zeepaardjes, zeekomkommers en ander bedreigd onderwaterleven voor de Chinese en Japanse markt.
Bezoek vogeleiland Isla de la Plata Een mini-Galápagos is het zeker niet, maar ook hier kun je bijzonder veel zeevogels tot dichtbij naderen en een kleine groep zeeleeuwen spotten. Goede snorkelplek ook!

9 **Ga citytrippen** De koloniale Unesco-stad Cuenca voelt als een verademing na de Andes. Een heerlijke plek om te wandelen, te shoppen, goed te eten, marktjes te bezoeken en diverse kerken te zien.

10 **Sta op de evenaar** Bij het Cayambe Ecuator Monument staat de zon 365 dagen van het jaar om 12.00 uur 's middags pal boven je. Het ligt vijf kilometer voorbij Cayambe op de Panamericana, op breedtegraad nul uiteraard. Kun je meteen checken of je gps wel goed is!

SLAPEN
Prijzen per tweepersoonskamer per nacht.

11 **Hosteria Mandala** Comfortabele en sfeervolle *cabañas* aan het strand van Puerto Lopez, € 22, 05-2300181, www.hosteriamandala.info

12 **La Mirage Luxe** Hotel met verwarmd zwembad en spa in Cotacachi, € 200, 06-2915237, www.mirage.com.ec

13 CUENCA
Mansion Alcazar Statig oud hotel, vanaf € 110, Calle Bolivar 12-55, 07-2823918, www.mansionalcazar.com
Inca Real Eenvoudige kamers rondom mooie binnenplaats, vanaf € 30, General Torres 8-49, 07-2823636.

14 QUITO
Villa Colonna Kleine boetiek B&B, € € 200, Benalcazar 1128 y Esmeraldas, 02-2955805, www.villacolonna.ec
Hotel Othello Klein keurig hotel met enorme ramen, € 32, Av. Amazonas N20-20, 02-2565835, www.hotelothello.com

15 **Haciënda Chillo-Jijon** Landhuis in Valle de los Chillos, net buiten Quito, € 195, Via Amaguana, 02-2331632, www.hacienda-ecuador.com

16 **Haciënda Guachala** De oudste haciënda van Ecuador. Kamers met open haard, € 45, na tolpoort (5 kilometer voor Cayambe) eerste weg rechts, 02-2363042, www.guachala.com

17 **Haciënda Zuleta** Werkende haciënda in Angochagua, ten noorden van Quito, € 185 all-in (kinderen voor de helft van de prijs), 02-2262580, www.zuleta.com

18 **Hosteria la Cienega** Groot, mooi landhuis 2 kilometer ten zuiden van Lasso. Prima uitvalsbasis voor de Cotopaxi, € 100, 02-2549126, www.hosterialacienega.com

19 **Haciënda San Augustin de Callo** Luxe haciënda dichtbij de Cotopaxi, € 225, tel. 03-2719160, www.incahacienda.com

20 **Haciënda La Alegria** Werkende boerderij in prachtige omgeving met melkkoeien, honden, een lama en heel veel paarden. 2 kilometer na Machachi, in de richting van Santo Domingo, sla je bij de gele Maggi-muur (aan je linkerhand) rechtsaf. Onze favoriet. Eigendom van de sympathieke Gabriel Espinosa. € 90 kamer plus ontbijt. All-in plus paardrijden: € 300. 9-daagse trektochten naar de Cotopaxi te paard: € 1600 p.p., 09-9802526, www.haciendalaalegria.com

21 **Haciënda Pinsaqui** Grote haciënda nabij Cotacachi, € 80, Panamericane Norte km 5, 09-9727652 www.haciendapinsaqui.com

PLANNING
Reizen binnen Ecuador
Hoewel je met de bus in elk dorp kunt komen, is een 4WD het ideale vervoermiddel. Veel wegen zijn onverhard en de geasfalteerde wegen hebben heel veel gaten. Een normale auto beperkt je daarom teveel. Een grote 4WD kost circa € 400 per week. Vraag om de reguliere 10 procent korting.

DEZE REIS BOEKEN & MEER INFO
columbustravel.nl
columbusmagazine.nl/ecuador

Lees het artikel op pagina 22

COLUMBUS-TRAIL

Reis langs de meest bijzondere plekken van het gebied, die door het Columbus-team zijn bezocht. Altijd zoveel mogelijk van de gebaande paden af.

TRIP VAN 2 TOT 3 WEKEN

Je start je trip in het hectische Hanoi. Hier verblijf je met gemak vier dagen. Vervolgens reis je met auto en chauffeur naar Mai Chao, waar je je gedurende drie dagen onderdompelt in het plattelandsleven op de rijstvelden. Je reist tevens af naar het gebied rondom Sapa, maar vermijdt het stadje zelf; dat is te toeristisch geworden. Hier maak je wandel- of brommertochten door het glooiende landschap. Kost je zo'n drie à vier dagen. Trek tevens twee dagen uit voor een bezoek aan de voetroeiers van Ninh Binh. Het hoogtepunt van je reis is een bezoek aan Halong Bay. Je boekt hier bij voorkeur je eigen boot zodat je zo snel mogelijk ver van de toeristenhordes weg kunt varen. Je vergaapt je aan de bijzondere krijtsteenrotsen, hebt lol met de crew en slaapt op het dek onder de sterrenhemel. De boot brengt je naar je het nog ongerepte eiland Quan Lan tegen de grens met China. Hier verblijf je drie dagen terwijl je je per tuktuk over het eiland laat rondrijden. Je bezoekt tevens de drijvende dorpen, waar je twee dagen lang het dagelijkse leven meemaakt. Al het leven vindt hier plaats op het water.

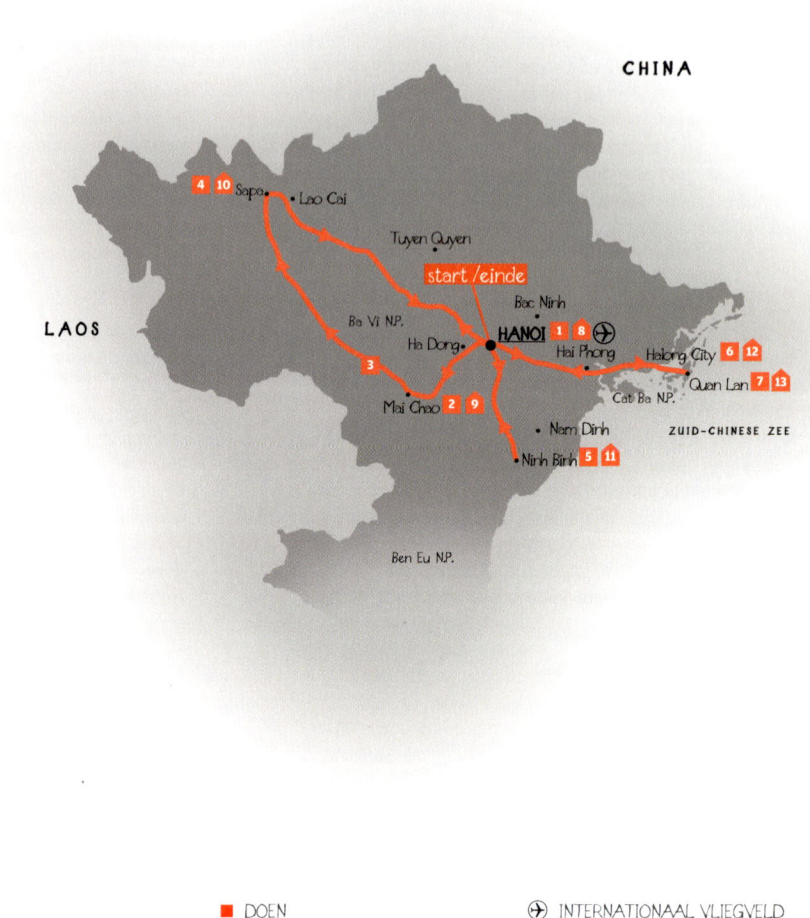

■ DOEN
▲ SLAPEN
✈ INTERNATIONAAL VLIEGVELD

BESTE REISTIJD

September en oktober. Er valt dan weinig tot geen regen en het is niet al te heet. We raden je af om te gaan in de tweede helft van juli en in augustus, januari en februari, want dat is het storm- en regenseizoen. De overige maanden zijn oké, soms kan het alleen bloedheet zijn, in combinatie met een hoge luchtvochtigheidsgraad. Op de bestemmingen die we hier beschrijven is het eigenlijk nooit extreem druk.

j	f	m	a	m	j	j	a	s	o	n	d	Hanoi
22	25	27	30	33	35	36	36	33	30	27	25	temperatuur (°C)
18	28	38	81	196	239	323	343	254	99	43	20	neerslag (mm per maand)

HANDIG

MUNTEENHEID
€ 1 = dong 20.000

TIJDSVERSCHIL
Zes uur later

TAAL
Vietnamees

GROOTTE
8 x Nederland

AANTAL INWONERS
87 miljoen

REISDUUR
13 uur

LANDCODE TELEFOON
+84

EET
Cha gio (zoetzure vissoep)

DRINK
Vietnamese koffie met melk

LEES
V: Notities bij een reis naar Vietnam

LUISTER
My Vietnamese Suite, Tinh

KIJK
Cyclo, Tran Anh Hung

NOORDELIJK VIETNAM

NOORDELIJK VIETNAM IN HET KORT

Schilderachtige rijstvelden, rode rivieren omringd door bamboebossen en een grillige kust met uit het niets opdoemende rotsformaties: ze zijn karakteristiek voor noordelijk Vietnam. Het land zelf is een ruwe diamant en een vat vol tegenstellingen: dichtbevolkte steden en chaotisch verkeer worden afgewisseld door rijstvelden waar de tijd aanzienlijk minder haast lijkt te hebben. De nog relatief onontdekte locaties bieden weinig faciliteiten voor reizigers. Naast Hanoi zijn in het noorden vier gebieden interessant voor reizigers: de rijstvelden in de vallei van Mai Chao, het berggebied richting de Chinese grens rond Sapa, het waterrijke gebied rond Ninh Binh en de rotsformaties van Halong Bay.

DOEN

1 Shop till you drop Verlies jezelf al slenterend in de oude wijk van Hanoi, met al haar winkeltjes, restaurantjes en straatverkopers. Om zes uur 's middags veranderen veel trottoirs in openluchtrestaurantjes. Het eten kost hier bijna niets en het straatleven komt vanzelf aan je voorbij.

2 Stap op de fiets of ga wandelen langs de rijstvelden van Mai Chao. Het is raadzaam om zelf een mountainbike mee te nemen want goede verhuuradressen zijn er niet.

3 Verken het platteland en leg de fraaie weg van Mai Chao naar Sapa af per auto met chauffeur.

4 Ga brommen Ga in de omgeving van Sapa per brommer of scooter op zoek naar dorpjes die bijna nooit worden bezocht door toeristen. Liefhebbers van lange wandeltochten kunnen hier eveneens hun hart ophalen. Een brommer kost € 5 per dag en een gids ongeveer € 8.

5 Houd jezelf drijvende (1) Kenh, in de buurt van Ninh Binh (gps: 19° 41' noord, 48° 54' oost), is een drijvend dorp in een rivier en ligt tussen vijftig meter hoge kalksteenformaties. Inwoners roeien met hun voeten. Laat je naar het dorp varen (aanlegsteiger op gps: 19° 44' noord, 49° 49' oost), of rijd vanaf de aanlegsteiger rechtsaf de dijk op en sla na ongeveer vierhonderd meter linksaf naar de loopbrug.

6 Houd jezelf drijvende (2) Cua Van (gps: 47° 49' noord, 6° 44' oost) ligt op anderhalf uur varen van Halong Bay en is het enige dorp dat volledig drijft op het water. Schrik niet van de drukte wanneer je op de pier van Halong Bay City (gps: 57° 1' noord, 1° 35' oost) staat, klaar om te vertrekken. Na een uur varen vanaf de stad zijn er geen toeristen meer en word je omgeven door drieduizend imposante kalksteenformaties, die recht uit het water oprijzen. Sommige daarvan hebben zelfs een strand! Wij hebben gevaren met de Traleco, een boot met een zeer gastvrije *crew* en eigen kok (de beste die je je kunt wensen), voor € 200 per dag, inclusief eten. Tran Le Tourism Service, Kiot 99, Tihn Doan, Ha Long Road, Bai Chay Halong Bay City, tel. 033-846185, fax. 033-847202, mobiel 09-1511216.

7 Relax op je privéstrand en zwemmen Op het ongerepte eiland Quan Lan in de Halong Bay zijn twee schitterende stranden die je volledig voor jezelf zult hebben. Het strand Son Hao is te bereiken via een klein zandpad haaks op de weg. Het is even zoeken, maar de moeite waard (gps: 54° 16' noord, 31° 27' oost). Het strand Min Chao is de mooiste van de twee en ligt aan het eind van de weg (gps: 56° 41' noord, 33° 5' oost). Laat je op de stranden afzetten door een tuktuk, € 10 voor een hele dag, of huur een brommer voor € 5 per dag. De tocht met de ferry terug naar Halong Bay City duurt vier uur en voert langs een aantal mooie eilanden. De locals koken aan boord en zullen je steevast uitnodigen voor een lekker maaltje.

SLAPEN

Prijzen per nacht en op basis van een tweepersoonskamer, tenzij anders vermeld.

8 HANOI

Zephyr Hotel Zeer comfortabel hotel in het centrum van Hanoi, € 80, Ba Trieu 4-6, 04-9341256, www.zephyrhotel.com.vn

Lucky Star Hotel Prima middenklasse hotel in de oude wijk, ruime kamers met airco. Vraag wel naar een grote kamer, € 20, Bat Dan 11, 04-9231781, www.luckystarhotel.com

9 MAI CHAO

Thai Stilthouses In de vallei zijn zogenaamde Thai Stilthouses te huur: houten huisjes op palen. Privacy is niet gegarandeerd, maar voor € 7 (inclusief ontbijt en avondeten) zijn er slechtere slaapplekken te vinden.

10 SAPA

Victoria Hotel Superdeluxe klassiek hotel waar je als gast in de watten wordt gelegd. Goed te combineren met een trip op de luxueuze Victoria-Express: een tien uur durende treinrit vanaf Hanoi. Kamerprijzen vanaf € 105. Twee overnachtingen en een treinretourtje kosten je € 250, 020-871522, www.victoriahotels-asia.com

11 NINH BINH

Thuy Anh Hotel Keurig middenklasse hotel met kamers met airco, € 7-40 inclusief ontbijt, Trung Han Sieu 55A, 030-871602 of 882712, www.vietnamhotels.biz

12 HALONG BAY

Slapen op het dek van je privéboot in ongerept Halong Bay. Vraag de kapitein om naar een van de ongerepte plekken langs Halong Bay te varen en breng daar, tussen de enorme rotseilanden, de nacht door. Deze unieke ervaring zul je niet snel vergeten. Voor boten is het verboden om zomaar het anker uit te gooien: scheepverkeer in de baai is zwaar gereguleerd en de Vietnamese marine patrouilleert er veel. Wij hebben overnacht op de volgende plek: gps 46° 29' noord 4° 20' oost.

13 QUAN LAN Eco-resort Quan Lan Tien bungalows plus één *stilthouse* voor een grotere groep. Erg eenvoudig, maar de locatie aan een mooi strand maakt veel goed. Kies een van de verder weg gelegen bungalows; deze zijn beter, € 13, 033-877417.

PLANNING

Reizen binnen Vietnam

Huur een auto met chauffeur in Hanoi. Je kunt hier ook voor weinig geld een bustour reserveren. De smalle wegen en paadjes in de omgeving van dorpjes kunnen het beste per fiets of brommer worden verkend. Deze zijn overal te huur. Vietnam Airlines heeft een uitgebreid, betrouwbaar en betaalbaar binnenlands vliegschema.

DEZE REIS BOEKEN & MEER INFO

columbustravel.nl
columbusmagazine.nl/vietnam

COLUMBUS-TRAIL

Reis langs de meest bijzondere plekken van het gebied, die door het Columbus-team zijn bezocht. Altijd zoveel mogelijk van de gebaande paden af.

TRIP VAN 2 TOT 3 WEKEN
Je Mali-reis start in hoofdstad Bamako, waar je de terreinwagen inclusief gids en chauffeur ophaalt. Je vertrekt naar het oosten in de richting van Segou, waar je het leven aan de river de Niger beleeft. Staat de rivier heel laag, dan kun je de oversteek van tienduizenden stuks vee gadeslaan; een waar spektakel! Je volgende stop is Djenné, waar je vier nachten verblijft. Je bezoekt de lemen moskee en de markt en je trekt enkele dagen uit voor een bezoek aan de vele authentieke dorpjes in de omgeving. Je volgende stop is Mopti, een stad met prachtige ligging aan de Niger en de Bani. Blijf hier twee nachten logeren. Dompel jezelf onder in de grote drukte en ga de rivier op. Hierna volgt het hoogtepunt van je reis: Dogonland. Verblijf hier vijf nachten. Maak een trekking, beleef de bijzondere gemaskerde dansen en laat de imposante omgeving langzaam op je inwerken. Je laatste grote stop is Timboektoe, waar je twee nachten verblijft. Van hieruit bezoek je (mits je er in januari bent) het 'Festival au Desert', het muziekfestival van de Toeareg, of reis je per kameel enkele dagen mee met een zoutkaravaan. In twee dagen rijd je terug naar Bamako waar je ter afsluiting nog een weekend het nachtleven induikt.

■ DOEN
▲ SLAPEN
✈ INTERNATIONAAL VLIEGVELD
✈ NATIONAAL VLIEGVELD

BESTE REISTIJD

De beste reistijd is van november t/m februari. Dan is het, voor Malinese begrippen, droog en koel. De extreme hitte van de warmste maanden (maart tot juni) is niet geschikt voor een leuke. En hoewel de regenmaanden (juni tot oktober) een schitterend uitzicht en veel spektakel opleveren, vooral in een houten bootje op de Niger, geniet deze periode evenmin de voorkeur.

j	f	m	a	m	j	j	a	s	o	n	d	**Timboektoe**
29	31	35	40	41	41	38	36	37	38	34	30	temperatuur (°C)
0	0	0	1	4	19	62	79	33	3	0	0	neerslag (mm per maand)

HANDIG

MUNTEENHEID
€ 1 = W. Afr. Franc (CFA) 650

TIJDSVERSCHIL
1 uur eerder

TAAL
Bambara, Frans

GROOTTE
Ruim 2 x Frankrijk

AANTAL INWONERS
12 miljoen

REISDUUR
7 uur

LANDCODE TELEFOON
+223

EET
Jinjinbere (gemberlimonade)

DRINK
Red Horse (lokaal bier)

LEES
Sahara, Stad en Savanne, Jan Kees van de We

LUISTER
Ali Farka Touré

KIJK
Yoelen, Souleymane Cissé

MALI

MALI IN HET KORT
Mali herbergt vier Unesco Werelderfgoederen, waaronder de Grote Moskee van Djenné, Dogonland en Timboektoe. De eerste twee zijn zo bijzonder dat ze niet zouden misstaan op de lijst van zeven wereldwonderen. Mali is een van de armste landen ter wereld. Vrijwel iedereen werkt in de landbouw en veeteelt. Men verplaatst zich voornamelijk met ezelkarren en, in het noorden, met kamelen. Huizen zijn vrijwel allemaal gemaakt van leem. Kenmerkend voor het landschap is het rode zand met, afhankelijk van de tijd van het jaar, meer of minder begroeiing. De rivier de Niger, die als levensader door Mali kronkelt, vormt samen met de muziek de rode draad door het leven van veel Malinezen. In de hoofdstad Bamako zijn er optredens van wereldberoemde Malinese muzieksterren. Vanuit Mali kun je spotgoedkope, zeer smaakvolle cadeautjes meenemen. Ben je gesteld op veel comfort en hygiëne en schrikt zand en stof – dat hier doordringt tot in je poriën – je af, dan is Mali niet jouw land. Maar avontuurlijke reizigers komen in dit bijzonder veilige land, waar ook wildkamperen een optie is, overal aan hun trekken.

DOEN
1 Spot woestijnolifanten Woestijnolifanten, met hun relatief lange poten en kleine lichamen, behoren tot de weinige grote diersoorten die in Mali hebben kunnen overleven. Ze leven in het zuiden, tegen de grens met Burkina Faso, en migreren jaarlijks naar het noorden. Van februari tot mei kun je ze perfect spotten bij het grote meer van Gossi.

2 DJENNÉ

Bezoek de Grote Moskee Sinds een westers stel elkaar omhelsde in de moskee, is een bezoek van 'ongelovigen' aan het heilige gebouw officieel niet meer toegestaan. Op uitnodiging of voor geld en via de achterdeur is echter altijd wat te regelen.

Inspecteer groot onderhoud Elk jaar klimmen in april honderden inwoners van Djenné tegen de muren van de moskee op om deze van een verse laag klei te voorzien en 'regentijdklaar' te maken. De klus begint om drie uur 's middags en is doorgaans om tien uur 's avonds geklaard. Rond 1 april is de exacte datum bekend.

Stort je in het dorpsleven Huur een brommer om enkele van de veertig dorpen in de directe omgeving van Djenné te bezoeken. Alle dorpen hebben een vergelijkbare lemen moskee; ze zijn alleen kleiner.

Bezoek rijst- en gierstvelden Djenné en Mopti bevinden zich op de rand van een moerasgebied, dat de rijst- en graanschuur van Mali is.

Bezoek het huis van Ton van der Lee Schrijver Ton van der Lee verwelkomt gasten in zijn Malinese huis aan de Niger vlakbij Djenné. Op de weg richting Djenné, voor de pont rechtsaf, www.tonvanderlee.nl

3 SEGOU

Bekijk de Grote Rivieroversteek Zodra de waterstand van de Niger laag genoeg is, steken herders samen met hun tienduizenden stuks vee de rivier over, van noord naar zuid. Het is een groot feest. De herders en hun families worden, na maanden gescheiden te zijn door de machtige rivier, herenigd.

Festival sur le Niger
Jaarlijks, driedaags muziek- en dansfestival begin februari aan de oever van de Niger in Ségou, € 100 voor drie dagen, www.festivalsegou.org

Festival de Markala
Poppenfestival ten noorden van Ségou, in maart.

4 TIMBOEKTOE

Festival au Desert
Dit driedaags muziekfestival wordt elk jaar in januari gehouden door de Toeareg, de traditionele, nomadische 'blauwe mensen' van de Sahara.

Stap het bootje in Vanuit Mopti kun je met een boot (*pinasse* of vrachtboot) in drie dagen naar Timboektoe varen. Je kampeert aan de oevers van de rivier en vaart langs de vele draslanden (*wetlands*).

5 DOGONLAND

Maak een meerdaagse wandeltrektocht Wij hebben per auto gereisd, maar we komen zeker terug voor een wandel- of ruitertocht. Scenario: 's avonds je tentje opzetten op de vlakte, met als uitzicht de honderd meter hoge klif (zie de reportage). Vroeger woonden de Dogon in huizen van klei tegen de klif aan, ter bescherming.

Dompel jezelf onder in de Dogoncultuur Het hele leven van de Dogon is kunst: het landschap, het uitzicht, de hutten en de mensen. Laat je rondleiden door een Dogongids, www.dogontourism.com

6 BAMAKO

Geniet van Malinese muziek Bijvoorbeeld in Le Hogon, waar vrijdagavond Toumani Diabate's Symmetric Orchestra optreedt. In de club Savana vind je de hipste jongeren van de hoofdstad. Luister hier naar een breed scala aan muziek, van Bob Marley en 'House of the Rising Sun' tot traditionele liedjes in het Bambara, tel. 26314156.

SLAPEN
In Mali kun je prima wildkamperen want het is overal veilig. Onderstaande accommodaties zijn authentiek, zo duurzaam mogelijk én voor elk budget. Prijzen per tweepersoonskamer per nacht.

7 BAMAKO

Hotel Kempenski Comfortabel hotel aan de Niger, vanaf € 125, Blvd 22 Octobre, www.kempinski.com

Hotel Tamana Nabij restaurants en bars gelegen hotel met zwembad, vanaf € 38, Rue 216, www.hoteltamana.com

8 DJENNÉ

Djenné Djenno Mooi, nieuw en smaakvol ingericht hotel van Zweedse kunstenaar Sophie Sarin, € 40, www.hoteldjennedjenno.com

9 SEGOU

Bajidala Sfeervol centrum voor moderne kunst, dat ook vier kamers verhuurt, vanaf € 38, www.bajidala.com

10 TIMBOEKTOE

Timboektoe heeft geen goede hotels, dus kun je er beter wildkamperen.

PLANNING
Reizen binnen Mali
Zelf rijden is af te raden. Ook is het de vraag of je verzekering eventuele schade uitkeert. Veel touroperators in de steden verhuren 4WD's met chauffeur, vanaf € 80. Van Bamako naar Timboektoe kun je eventueel vliegen via Mali Air Express of Compagnie Aérienne du Mali, vanaf € 180 all-in retour, www.malipages.com, www.camaero.com

DEZE REIS BOEKEN & MEER INFO
columbustravel.nl
columbusmagazine.nl/mali

COLUMBUS-TRAIL

Reis langs de meest bijzondere plekken van het gebied, die door het Columbus-team zijn bezocht. Altijd zoveel mogelijk van de gebaande paden af.

TRIP VAN 6 DAGEN

In Caracas neem je een lijnvlucht naar Ciudad Guayana (Puerto Ordaz). Vanaf daar, of vanaf het nabij gelegen Ciudad Bolívar, is het mogelijk met een propellervliegtuig in het Nationaal Park Canaima te komen. Vertrek vanaf het dorpje Kamarata op een voettocht naar Kavac, een kleine verzameling hutjes voor doorgewinterde hikers aan de voet van de majestueuze Auyán-Tepui. Onderweg kun je genieten van een adembenemende aaneenschakeling van savannes en jungle. Hike naar en neem een douche onder de waterval van Kavac Canyon en vervolg je weg per auto en boot naar Santa Marta, een klein dorpje waar de inheemse Pémondon leven. Verdiep je in hun cultuur en ga vissen in de nabij gelegen rivier. Keer weer terug naar Auyán-Tepui om de watervallen en rotspartijen van La Toma te bewonderen. Vervolg je weg naar het kleine kampement Uruyén en stap in een propellervliegtuig om dwars over Angel Falls, 's werelds hoogste waterval, terug naar Ciudad Guayana te vliegen.

- ■ DOEN
- ▲ SLAPEN
- ✈ INTERNATIONAAL VLIEGVELD
- ✈ NATIONAAL VLIEGVELD

BESTE REISTIJD

De droge tijd – december t/m april – is de beste tijd om Venezuela te bezoeken. Er is dan minder regen én er zijn minder muggen. Er is overigens niet echt een slechte tijd om te reizen door dit land.

Met Pasen en tijdens de kerst- en zomervakantie (15 juli-15 september) zijn de stranden behoorlijk vol.

j	f	m	a	m	j	j	a	s	o	n	d	**Ciudad Bolivar**
26	27	28	28	28	27	27	27	28	28	28	27	temperatuur (°C)
26	14	11	35	108	163	191	160	94	100	63	42	neerslag (mm per maand)

HANDIG

MUNTEENHEID
€ 1 = VEF 3,40

TIJDSVERSCHIL
4,5 uur vroeger

TAAL
Spaans

GROOTTE
22 x Nederland

AANTAL INWONERS
26 miljoen

REISDUUR
11 uur

LANDCODE TELEFOON
+58

EET
Arepa (gevulde maïspannenkoek)

DRINK
Ponche Crema

LEES
Doña Bárbara, Rómulo Gallegos

LUISTER
Joropo (dansmuziek met walselementen)

KIJK
The Revolution Will Not Be Televised

VENEZUELA

VENEZUELA IN HET KORT

Toen Spaanse ontdekkingsreizigers in 1499 langs de noordkust van Zuid-Amerika voeren, zagen ze kleine dorpjes die op palen in het water waren gebouwd. Ze gaven het gebied de naam Venezuela: klein Venetië. Het is rijk aan natuurpracht en grote oliereserves, maar ook geplaagd door veel armoede en een tragische politieke geschiedenis, die zich kenmerkt door een opeenvolging van destructieve dictaturen. Het landschap is divers, van de uitlopers van de Andes in het westen tot de rijke fauna van de Orinoco-delta in het oosten. Het Hoogland van Guyana, waar het Park Canaima onderdeel van is, herbergt vele tafelbergen en watervallen.

DOEN

1 NATIONAAL PARK CANAIMA

Hike naar Kavac Canyon
Het is een aardige klim vanuit het kampement Kavac, maar dan heb je ook wat: een waterval die zich in een door rotswanden omsloten poel stort. Lokaal wordt de kloof ook wel een grot genoemd, vanwege het gevoel ingesloten te zijn.

Begeef je onder de indianen
Het Nationaal Park Canaima wordt vrijwel uitsluitend bewoond door indianen. Aan de zuidoostkant van Auyán-Tepui overheersen de Pémon-don van de Kamaracoto-stam. In Santa Marta, gelegen tussen Kavac en Uruyén, komt de levenswijze van de indianen het duidelijkst tot uiting.

Vlieg over Angel Falls
Met een propellervliegtuigje is het mogelijk 's werelds hoogste waterval en Venezuela's bekendste natuurwonder van dichtbij te bekijken. Ook de vlucht ernaartoe – over een grillig landschap van tepui's en savanne – is een hele belevenis.

Trek naar La Toma
Een langere, maar minder steile hike dan die naar Kavac Canyon. Een goede manier om alle facetten van het lokale natuurschoon te proeven: van savanne en jungle tot *tepui* en waterval. Bovenaan het plateau vind je een prachtige rots die door de natuur is uitgesleten tot het gezicht van een indiaan.

Maak een boottocht over de Churún-rivier
Canaima wordt doorsneden door rivieren. De Churún loopt vanaf de gelijknamige waterval tussen grillige bergwanden door naar de savanne. Via een zijtak is het mogelijk om vlakbij Angel Falls te komen. Let wel: de rivieren kennen krachtige stroomversnellingen, dus een zwemvest is raadzaam.

Beklim Auyán-Tepui
Voor de hikers en klimmers met uithoudingsvermogen: een week lang van huis om één van de minst bezochte stukjes natuurschoon ter wereld te mogen bewandelen. Hoewel de top er van beneden onvriendelijk uitziet, huisvest Auyán-Tepui maar liefst achthonderd dier- en plantsoorten, waarvan driekwart alleen op deze plek voorkomt. Ook lopen er vele riviertjes, de bron van de watervallen.

Neem een duik in Lover's Jacuzzi
Halverwege de klim naar Kavac Canyon komen de cascades even tot rust in een poel waar het heerlijk bijkomen is. Dat het een ideale plek is voor een romantische zwempartij, geeft de naam al aan. Maar ook zonder geliefde kun je er rustig een baantje trekken.

Luister naar oude mythen en verhalen
De indianen kennen een lange traditie van mondelinge vertelkunst. De meeste mythen hebben betrekking op de natuur, zoals het drooggevallen meer waar ooit een reusachtige walvis zou hebben gewoond. Toen de walvis uit het meer werd verdreven, nam hij het water mee.

2 ORINOCO DELTA

Verken de grootste delta van Venezuela
De Orinoco, de belangrijkste rivier van Venezuela, vormt voordat het de Atlantische Oceaan instroomt een schitterend, moeilijk begaanbaar natuurgebied. Stap in een gemotoriseerde kano en vaar langs kleine indianendorpjes, mangrovebossen en een ecosysteem met bedreigde diersoorten als de jaguar en de Orinoco-dolfijn en Orinoco-krokodil.

3 LOS ROQUES

Luier op een Caribisch eiland
De eilandengroep Los Roques vormt een van de grootste zeereservaten van de Cariben. De lange zandstranden, azuurblauwe zee en koraalriffen zijn een waar watersportparadijs.

4 LOS LLANOS

Sp**eel cowboytje** De tropische graslandvlakte van Los Llanos, in het oosten van de Andes, beslaat maar liefst een derde van het totale Venezolaanse landoppervlak. Veehouders en cowboys maken hier de dienst uit. Het gigantische gebied herbergt ook veel zeldzame diersoorten als de kaaiman en de reuzenmiereneter en een kwart van alle vogelsoorten in Venezuela.

SLAPEN

Prijzen per twee persoonskamer per nacht.

5 Hotel Avila in Caracas werd in 1942 gebouwd door Nelson Rockefeller en kan dus met recht de 'oude dame' onder Venezolaanse hotels worden genoemd. Heeft zijn (enigszins vervallen) charme, mede dankzij veel groen, vanaf € 50 (afhankelijk van wisselkoers), www.hotelavila.com.ve

6 Laja Real Degelijk maar beetje oubollig hotel met zwembad, handig gelegen naast het vliegveld van Ciudad Bolívar, vanaf € 48 (afhankelijk van wisselkoers), www.venezuelatuya.com

7 Uruyén Idyllisch kamp in de schaduw van imposante tafelbergen, midden in Nationaal Park Canaima. Informatie en reserveringen: reservaciones_uruyen@hotmail.com

PLANNING

Reizen binnen Venezuela
Venezuela is relatief onherbergzaam en uitgestrekt. Veel binnenlandse reizen gaan dus per vliegtuig. Soms met een reguliere lijnvlucht, soms met een propellervliegtuigje. Verschillende, plaatselijke reisbureaus kunnen je helpen een voordelig vliegarrangement samen te stellen. Aanrader: Angel Eco Tours, www.angel-ecotours.com

DEZE REIS BOEKEN & MEER INFO

columbustravel.nl
columbusmagazine.nl/venezuela

Lees het artikel op pagina 82

COLUMBUS-TRAIL

Reis langs de meest bijzondere plekken van het gebied, die door het Columbus-team zijn bezocht. Altijd zoveel mogelijk van de gebaande paden af.

TRIP VAN 10 DAGEN

Begin in de hoofdstad Tripoli. Bezoek de oude medina, het Italiaanse koloniale deel en de Romeinse ruïnes in de omgeving. Reis daarna per auto naar het zuiden. Via de woestijnstad Ghadames, die op de Werelderfgoedlijst staat, trek je over een oude karavaanroute naar het Acacusgebergte. Tussen grillige rotsformaties en zandduinen vind je hier pre-historische inscripties uit de tijd dat de Sahara nog groen was. Daarna bezoek je in het Ez-Zellafgebied de oase Gabron, die er precies uitziet zoals je je een oase voorstelt: een blauw meer omgeven door hoge zandduinen en palmbomen. Bezoek het Turkse fort in de stad Murzuq. Via de steden Sabha en Sirte, waar de Libische leider Khaddafi zijn jeugd doorbracht, reis je terug naar het noorden. Na een tocht van ruim tweeduizend kilometer eindigt de reis in Tripoli.

■ DOEN
▲ SLAPEN
✈ INTERNATIONAAL VLIEGVELD
✈ NATIONAAL VLIEGVELD

BESTE REISTIJD

Eind oktober tot en met april. De temperatuur is dan relatief mild voor een woestijnland. Tussen juni en september stijgt daarentegen het kwik overdag al snel naar de 38 graden. Vermijd de maanden mei en juni en de eerste helft van oktober, als Libië vaak dagenlang wordt gegeseld door enorme zandstormen (*ghibli*).

j	f	m	a	m	j	j	a	s	o	n	d	**Libië**
14	14	16	19	22	25	26	28	26	22	19	15	temperatuur (°C)
58	26	25	15	5	2	0	0	26	44	21	45	neerslag (mm per maand)

HANDIG

MUNTEENHEID
€ 1 = dinar 1,78

TIJDSVERSCHIL
1 uur later (NL wintertijd)

TAAL
Arabisch

GROOTTE
45 x Nederland

AANTAL INWONERS
6 miljoen

REISDUUR
4 uur (rechtstreeks)

LANDCODE TELEFOON
+218

EET
Mechaoui (soort tapenade)

DRINK
Sterke, zoete thee

LUISTER
Ayman al-Athar, Idols-winnaar

KIJK
Lion of the Desert

SURF
columbusmagazine.nl/libie

LIBIE

LIBIE IN HET KORT
Toeristen zijn zeldzaam in Libië. Doordat staatshoofd Khaddafi in het verleden allerlei terroristische organisaties steunde, stond Libië lange tijd op de Amerikaanse lijst van schurkenstaten. Pas sinds kort zijn de relaties met het Westen volledig genormaliseerd en wordt het toerisme vanuit overheidswege gestimuleerd. Naast de Griekse en Romeinse ruïnes langs de Middellandse Zeekust – stille getuigen van het rijke handelsverleden van Libië – zijn vooral de prachtige woestijnlandschappen in het zuiden interessant. Op veel plaatsen ben je de enige gast. De meeste Libiërs zullen je met open armen ontvangen. In tegenstelling tot andere Afrikaanse landen is het de lokale bevolking zelf die presentjes weggeeft. Voortdurend word je uitgenodigd om bij iemand thuis te komen eten. Minpuntje is dat toeristen verplicht zijn zich te laten vergezellen door een Libische gids.

DOEN
1 TRIPOLI
Koop een T-shirt van Khaddafi, bijvoorbeeld op de markt in de oude medina. Ook populair: sleutelhangers en horloges met de afbeelding van de Libische leider.

Lees het Groene Boekje In navolging van de Chinese leider Mao werkte Khaddafi in de jaren zeventig zijn ideeën over de ideale samenleving uit in dit manifest, dat in tientallen talen is vertaald, Fergiani's Bookshop, 1st September Street (Tarabulus), 021-4444873.

Blaas even stoom af Libiërs houden van stoombaden. Wie wil, kan zich er ook laten masseren. Voor mannen en vrouwen gelden aparte openingstijden, vanaf € 5, Hamam Draghut, Souq al-Turk.

Rook een waterpijp Kan op veel plaatsen in de hoofdstad, bijvoorbeeld op de terrassen aan het Midan Al Jazae'er-plein.

2 Verdwaal in een woestijnstad
Het centrum van Ghadames is een labyrint van overdekte steegjes en eeuwenoude lemen huizen. Met financiële steun van Unesco wordt de stad gerestaureerd. Vergeet niet een van de traditioneel ingerichte huizen te bezoeken, kaartjes te koop bij Bab al-Burr, de oude stadspoort, € 3.

3 SAHARA TUSSEN GHADAMES EN GHAT
Reis over een karavaanroute Vanuit Ghadames loopt langs de grens met Algerije een oude karavaanroute naar het zuiden. Tot zo'n honderd jaar geleden werden over dit traject onder meer zwarte slaven als vee naar het noorden gedreven. Zandduinen en uitgestrekte rotsvlaktes wisselen elkaar af.

Kampeer wild Geniet van de stilte en de sterrenhemel. Er zijn volop vallende sterren. Slapen in de openlucht is meestal geen probleem, let wel op schorpioenen en slangen.

4 Zoek de prehistorie op
In het Acacusgebergte, ten oosten van de stad Ghat, zijn tussen bizarre rotsformaties tekeningen en inscripties te vinden uit de tijd dat de Sahara nog groen was. Zo'n zesduizend jaar geleden begon het klimaat te verdrogen.

5 Bezoek piramides
Germa was de hoofdstad van het rijk van de Garamanten, een nomadenstam uit de tijd van het oude Egypte. Hun doden begroeven ze net als de Egyptenaren in piramides, hoewel de tombes van de Garamanten aanzienlijk kleiner zijn dan die van de farao's, € 2.

6 GABRON
Zwem in een zoutmeer
De oase Gabron (Ghabroun) ligt rond een meer dat zouter is dan de Dode Zee. Zwemmen lukt niet, drijven wel. Let op: het zout kan gemeen pijn doen op je huid.

Ga zandskiën De zandduinen in de omgeving zijn zo hoog dat je er uitstekend vanaf kunt skiën. Snowboards en ski's zijn ter plekke te huur.

7 Ga naar school
In de stad Sabha ligt de middelbare school van Khaddafi, waar hij vanaf werd gestuurd na een demonstratie tegen het Libische koningshuis. Zijn oude klaslokaal is te bezichtigen, Sharia Mohamed Megharief, om de hoek bij hotel Kala.

8 Bezoek het Turkse fort
in Murzuq, een oud centrum van de slavenhandel en de plek waar de Nederlandse ontdekkingsreizigster Alexandrine Tinne in 1869 de laatste maanden van haar leven doorbracht.

SLAPEN
Prijzen per tweepersoonskamer per nacht.
9 TRIPOLI
Corinthia Bab Africa Beste hotel van het land, vanaf € 317, Souq al Talata, 021-3351990, www.corinthia.com

Suraya Hotel Net, eenvoudig hotel, vanaf € 20, even ten zuidoosten van het Groene Plein, 021-3339110.

Asahel al-Gharb Een van de goedkopere hotels van Tripoli. Doet ook dienst als bordeel, vanaf € 15, zijstraat van Sharia Omar al-Mukhtar, 021-4442138.

10 Hotel al-Waha
Gedegen tweesterrenhotel, op rustige plek in Ghadames, vanaf € 25, aan oostkant van de oude stad, 0484-62569.

11 Acacus Tourist Hotel
in Ghat heeft betere tijden gekend, maar veel alternatieven zijn er niet, vanaf € 20, 072-47102769.

12 Camping Africa Tours
Goede kampeerplaats in Tekertiba. Of trek te voet of per auto de duinen in om wild te kamperen, € 3, 071-625594.

13 SABHA
Fezzan Park Comfortabele, met smaak ingerichte rieten hutten, vanaf € 12, tien kilometer buiten de stad, op de weg naar Ghat, 0925-131967.

Hotel Fezzan Goed hotel in het centrum, vanaf € 40, Sharia al-Jamhariya, 071-631910.

14 Hotel An-Nahr Sinai
Goedkoop hotel in Sirte, vanaf € 12, Sharia Dubai.

PLANNING
Reizen binnen Libië
Het openbaar vervoer is nauwelijks ontwikkeld. Er zijn gemeenschappelijke taxi's tussen de grotere steden. Het handigst is om via een reisorganisatie een auto te huren. Een handvol steden is vanuit Tripoli bereikbaar per vliegtuig. Je bent verplicht je te laten vergezellen door een gids, die overigens alleen in je nabijheid dient te zijn als je van de ene stad naar de andere reist.

DEZE REIS BOEKEN & MEER INFO
columbustravel.nl
columbusmagazine.nl/libie

Lees het artikel op pagina 94

COLUMBUS-TRAIL

Reis langs de meest bijzondere plekken van het gebied, die door het Columbus-team zijn bezocht. Altijd zoveel mogelijk van de gebaande paden af.

TRIP VAN 26 DAGEN

De Gambier-archipel vormt de perfecte afsluiting van je droomreis naar Frans-Polynesië. Maar hoe deel je de rest van je kostbare tijd op dit enorme eilandenrijk in? Start in Tahiti, waar je twee dagen voor uittrekt: één dag om te hiken in het binnenland en één dag om te zien hoe de hoogste surfgolven worden 'bereden'. Zelf les nemen? Dit is dé plek ervoor en de moeite meer dan waard. Pak vervolgens de boot naar Moorea (45 minuten), waar je drie dagen blijft om te luieren op het strand en te snorkelen in het kristalheldere, door roggen en kleine haaien bevolkte water. Bora Bora sla je over: te duur en passé. Je pakt in Tahiti voor 4 dagen het vliegtuig naar Raivavae in de Austral-archipel, door kenners bestempeld als het kleinere, onbekende zusje van Bora Bora en het mooiste eiland van de Grote Oceaan. Reis je tussen juni en oktober, vlieg dan door naar Rurutu in dezelfde archipel om te snorkelen of te duiken met walvissen. Via Tahiti ga je door naar de hutje-op-het-parelwitte-strand-aan-de-blauwe-lagune-atollen Rangiroa en Tikehau in de Tuamotu-archipel (1 week). Kies Rangiroa als je absoluut met (honderden) haaien wilt duiken en het geen probleem vindt dit met andere toeristen te doen. Ga voor Tikehau voor van de gebaande paden af. Vlieg vanaf Rangiroa door naar Nuku Hiva, het hoofdeiland van de Marquesas. Blijf hier vier dagen om je te verdiepen in de volkscultuur en om te snorkelen met (honderden) dolfijnen. Paardrijden? Buureilandje Ua Huka is jouw plek. Vlieg vervolgens door naar de Gambier-archipel.

BESTE REISTIJD

Mei, juni en september. Omdat de Gambier-archipel een stuk zuidelijker ligt dan de rest van Frans-Polynesië, is het klimaat het hele jaar door gematigd met een fris – en in de winter zelfs koud – briesje. Er is geen duidelijk droog- en regenseizoen. Dit in tegenstelling tot de andere eilandengroepen in Polynesië, die naar alle waarschijnlijkheid ook op je reisprogramma staan. Hier zijn de maanden november tot en met maart warm, vochtig en bewolkt. Ze vallen af als je voor een maximaal turkooizen oceaan en straalblauwe hemel gaat. Juli en augustus vormen het hoogseizoen (lokale vakanties). Vluchten tussen de eilanden zitten dan vol, tenzij je heel ver van tevoren hebt geboekt.

j	f	m	a	m	j	j	a	s	o	n	d	**Mangareva**
26	26	26	25	23	22	21	21	21	22	23	24	temperatuur (°C)
121	139	182	159	136	176	168	196	131	149	256	204	neerslag (mm per maand)

HANDIG

MUNTEENHEID
€ 1 = CFP-frank 119

TIJDSVERSCHIL
13 uur later

TAAL
Frans, Tahitiaans

GROOTTE
als gemeente Haarlem

AANTAL INWONERS
1200

REISDUUR
24 uur (Tahiti+ 5 uur (Mangareva)

LANDCODE TELEFOON
+689

EET
Ume (lokale barbecuevis)

DRINK
Hinano (bier)

KIJK
Mutiny on the Bounty

LUISTER
Te E'a O Te Hau

SURF columbusmagazine.nl/gambierarchipel

FRANS-POLYNESIË
GAMBIER-ARCHIPEL

DE GAMBIER-ARCHIPEL IN HET KORT

Deze archipel aan de rand van Frans-Polynesië, midden in de Grote Oceaan, is de overtreffende trap van 'afgelegen'. Op 1600 kilometer van hoofdeiland Tahiti zul je een van de weinige reizigers zijn die de moeite neemt de eilanden aan te doen. Reisgidsen besteden aan deze archipel slechts enkele pagina's. Onterecht. Verder weg van de rest van de wereld kom je bijna niet. Je wordt direct opgenomen door de vriendelijke bevolking, die haar geld verdient met zwarte parels. Door de zuidelijke ligging is het klimaat gematigder dan in de rest van Frans-Polynesië. In de zomer (onze winter) is er een heerlijk koel briesje, in de winter kan het er wat fris zijn. De vijf centrale, bergachtige eilanden en achttien kleinere eilandjes zijn begroeid met naaldbomen. Er omheen liggen een schitterende lagune en veel verlaten eilandjes van wereldniveau. Dit is de archipel waar de eerste Franse missionarissen voet aan wal hebben gezet om de Polynesiërs te bekeren. Wat is overgebleven zijn prachtig gelegen kerkjes op de centraal gelegen eilanden, die alleen nog met Pasen en enkele andere feestdagen worden gebruikt. Hier geen luxe bungalows op palen of zelfs maar warm water. Je slaapt in familiepensions en gaat met het gezin op stap, bezoekt hun parelboerderijen en leert het eilandleven in enkele dagen van binnenuit kennen. Na een paar dagen wil je niet meer weg.

DOEN

1 Bezoek een onbewoond eiland
Motus zijn kleine, onbewoonde eilandjes op het rif. De Gambiers hebben misschien wel de mooiste van heel Frans-Polynesië. Bezoek Bird Island om zijn zwarte sterns of vaar naar zomaar een eilandje voor een feestelijke picknick. Eet *poisson cru* (rauwe vis) of vis van de barbecue. Aan de ene kant van het eiland zie je enorme oceaangolven kapotslaan op het rif. Aan de andere kant ligt de kobaltblauwe lagune met de bergachtige, centrale eilanden.

2 Ga speervissen
Ga met locals mee speervissen. Met kleine, van elastiek voorziene harpoenen wordt de lunch al snorkelend en duikend bij elkaar geschoten. Je kunt ook gewoon meesnorkelen om te zien hoe het vissen in zijn werk gaat, zo vlak boven de onaangetaste koraalriffen.

3 Volg de missionarissen
Op de Gambier-archipel zijn in 1834 de eerste Franse katholieke missionarissen in Frans-Polynesië gearriveerd. Al snel werd de bevolking bekeerd en aan het werk gezet om kerken, wegen, scholen en plantages te bouwen. In nog geen vijftig jaar bezweek een groot deel van de bevolking door ziektes die door walvisjagers, handelaren en missionarissen waren meegracht. Van de ruim vijfduizend inwoners waren er aan het eind van de negentiende eeuw nog maar een kleine vijfhonderd over. Wat ze achterlieten: een kathedraal en negen kerken aan de mooiste baaien van de verschillende, grotendeels uitgestorven eilanden.

4 Bezoek Robinson Crusoes
Dankzij zijn afgelegen locatie is de Gambier-archipel voor sommigen een perfect toevluchtsoord. Bezoek deze eigenzinnige, volledig zelfvoorzienende Robinson Crusoes per boot. Als je aan komt varen, staan ze al naar je te zwaaien. Zo vaak krijgen ze immers geen bezoek! Vraag op Mangareva na welke Robinsons op dat moment in de archipel zijn en openstaan voor een bezoekje.

5 Bezoek parelboerderijen
De economie van de Gambier-archipel draait om het kweken van zwarte parels. De watertemperatuur en het extreem schone water zijn hiervoor ideaal. Vaar mee naar een van de parelboerderijtjes op palen en snorkel naar de plek waar de pareloesters in rekken hangen.

6 Hoor de stilte
Geniet van de stilte zoals je die in Nederland en zoveel andere plekken in de wereld niet meer kunt ervaren. Op de Gambier-archipel is het oorverdovend stil. Zelfs de op tien kilometer hoogte voorbijbrommende vliegtuigen blijven onopgemerkt.

SLAPEN

Authentiek, zo duurzaam mogelijk en voor elk budget. Prijzen per tweepersoonskamer per nacht. Op de Gambiers vind je alleen familiepensions: eenvoudige, nette bungalows met koud water. Het eten is er heerlijk. Je kunt alleen overnachten op hoofdeiland Mangareva. De opties in volgorde van aantrekkelijkheid:

Pension Maro'i.
Vijf eenvoudige bungalows van pensionhoudster Maro'i aan grandioze baai met steiger, parelboerderijen en ondergaande zon. Ga enkele dagen op stap met de familie, vanaf € 79 (ontbijt € 14, lunch/diner € 23, dagexcursie met speedboot € 55). Mail naar pensionmaroi@mail.pf of btghnarou@hotmail.com

Chez Bianca et Benoit Bungalows op een heuvel boven Rikitea. Goed eten en veel excursies mogelijk, € 168 op basis van halfpension, 978376, www.chezbiancaetbenoit.pf

Chez Jojo
Ietwat afgelegen bungalows, vijf kilometer van Rikitea, aan een mooie baai. Goed eten. Tevens budgetoptie met gedeelde badkamer, € 150 op basis van halfpension, 978261.

Tara Etu Kura
Eenvoudige bungalow in Rikitea, € 50, 978325.

PLANNING

Reizen binnen Frans-Polynesië
Vanuit Tahiti vliegt Air Tahiti op dinsdag en zaterdag naar Mangareva, www.airtahiti.aero. Check ook www.islandadventures.com voor interessante pakketreizen van deze airline. Boek je tickets ver van tevoren. Regel boottochten en andere activiteiten via je verblijf.

DEZE REIS BOEKEN & MEER INFO

columbustravel.nl
columbusmagazine.nl/gambierarchipel

COLUMBUS-TRAIL

Reis langs de meest bijzondere plekken van het gebied, die door het Columbus-team zijn bezocht. Altijd zoveel mogelijk van de gebaande paden af.

Omgeving Muscat, Musandam & Salalah
TRIP VAN 3 TOT 4 WEKEN (4WD + TENT)
Je kunt starten in Muscat, maar ook in Dubai. Vanuit Dubai rijd je in noordelijke richting in drie uur naar Musandam. Hier blijf je een dag of vier. Via de oostkust rijd je naar Muscat, zie ook de trail hieronder. Er zijn vervolgens twee wegen naar Salalah: de gebaande (de oude handelsroute door de woestijn) en de ongebaande (zoveel mogelijk langs de kust). Er zijn vrijwel geen hotels op dit stuk, dus je bent zelfvoorzienend. Vanuit Salalah bezoek je (met gids!) de randen van de Empty Quarter. Rijd via het binnenland terug naar Dubai.

Omgeving Muscat.
TRIP VAN 2 TOT 3 WEKEN (4WD + TENT)
Volg vanuit Muscat de kust in zuidoostelijke richting, waar je meerdere mooie wadi's kunt bezoeken. Via Sur rijd je naar Al Hadd om schildpaddenkolonies te bewonderen. Rijd verder naar het zuiden voor verlaten stranden en dorpen. Bij de hoge zandduinen bij Al Ashkarah ga je rechtsaf via Al Mintarib richting Wahibi Sands. Daarna bezoek je Wadi Bani Khalid en vervolgens rijd je via Ibra, Al Mudaybi en Izki naar het gebergte Jebel Akhdar. Bezoek hier de steden Nizwa, Bahla (lemen stad), Al Hamra, het dorp Gul, Saya in de bergen (asfaltweg). Dan komt de grote uitdaging. Steek via Al Hamra het gebergte over (off-road, kan niet in de regentijd!) naar Wadi Bani Awf en zorg dat je hier veel tijd te besteden hebt. Via Al Awabi rijd je terug naar Muscat.

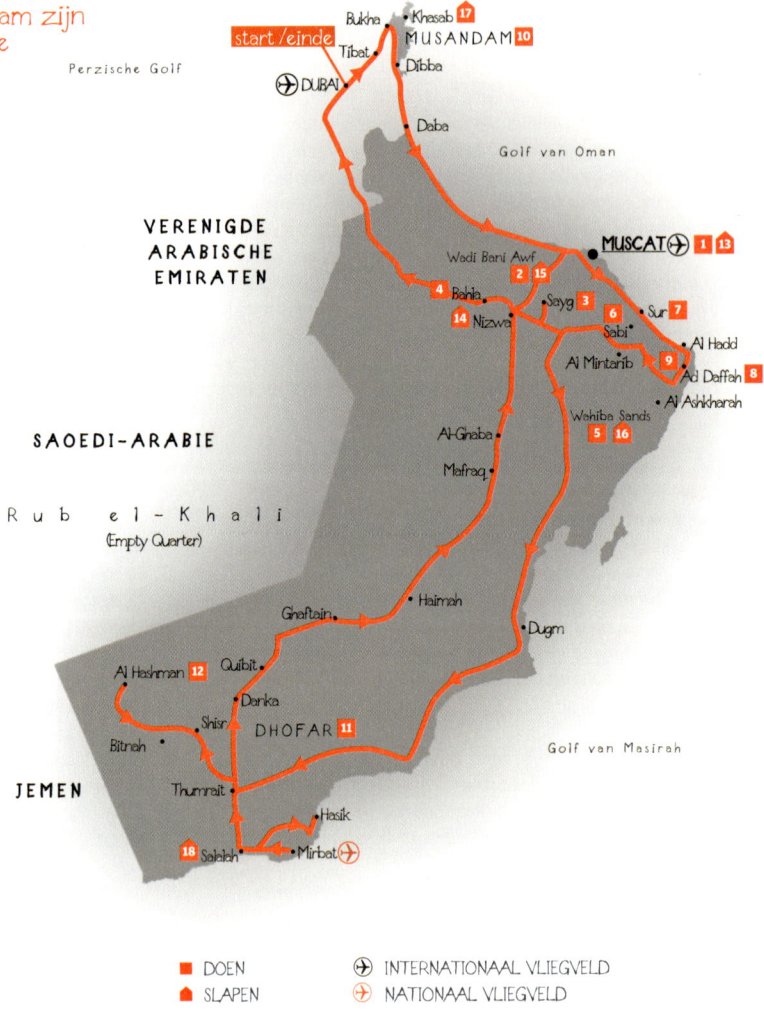

- ■ DOEN
- ⌖ INTERNATIONAAL VLIEGVELD
- ▲ SLAPEN
- ⌖ NATIONAAL VLIEGVELD

BESTE REISTIJD

De meest aangename periode ligt tussen november en maart, wanneer het kwik tot gemiddeld 25°C stijgt. Andere maanden zijn bloedheet. In augustus vieren de Omani's vakantie en vertrekken zij massaal richting de koelere, groenere zuidelijke provincie Dhofar voor het grote culturele Khareef (moesson) festival. In Dhofar is het dan regentijd en een stuk koeler dan in Muscat.

j	f	m	a	m	j	j	a	s	o	n	d	**Oman**
24	24	28	32	37	38	37	34	34	32	28	25	temperatuur (°C)
30	22	11	10	0	3	0	0	0	5	8	22	neerslag (mm per maand)

HANDIG

MUNTEENHEID
€ 1 = rial (OMR) 0,49

TIJDSVERSCHIL
3 uur later

TAAL
Arabisch

GROOTTE
5 x Nederland

AANTAL INWONERS
2,6 miljoen

REISDUUR
15 uur

LANDCODE TELEFOON
+968

EET
Gegrilde vis

DRINK
Thee

LEES
The Feather Men, Ranulph Fiennes

LUISTER
Fann at-Tanbura

KIJK
Al-Boom, Khaled Al-Zadjali

OMAN

OMAN IN HET KORT
Op dit Arabische schiereiland maak je kennis met onder andere Arabieren en bedoeïenen (nomaden). Ontdek ook de oude geschiedenis en culturele schatten van Oman. Je kunt kiezen uit meer dan 600 kastelen, forten, burchten, verlaten spooksteden en boeiende ruïnes, meestal zonder hekken en midden in het dagelijkse leven. Huur een 4WD voor ongekend spectaculaire off-road ervaringen en gooi je tent achterin zodat je kunt wildkamperen op de mooiste plekjes. Dit kan (nog) perfect en in alle veiligheid. Het landschap verandert voor je ogen. Van bergen met grillige pieken naar vruchtbare oases met palmbomen en meertjes en van oranjekleurige duinen naar lange zandstranden en intieme baaitjes. In Oman ligt ook Rub al Khali (the Empty Quarter), de grootste en droogste woestijn van Arabië. Hier reiken de duinen tot wel 300 meter hoog.

DOEN
1 Zoek je favoriete strand in Muscat. Het strand van het Al Bustan Palace hotel bijvoorbeeld staat bekend als zeer aangenaam. In de omgeving van Al Bustan vind je nog veel meer verborgen baaien en witte zandstranden. Kies je eigen baai, bijvoorbeeld bij het Oman Diving Center.
2 Verken de vallei aller valleien Wadi Bani Awf is de mooiste en spannendste vallei van Oman. Een bezoek is alleen mogelijk in de droge periode; in het regenseizoen zijn er wel eens vloedgolven. Je kunt in vijf uur tijd met je 4WD door de hele vallei rijden naar het plaatsje Al Hamra. Bezoek deze vallei liever niet als dagtocht vanuit Muscat: de meeste interessante plekjes liggen diep in de vallei. Tip: kampeer er minimaal 1 dag. De tocht gaat door de rivierbedding, langs watervallen en via afgelegen dorpjes. Het laatste stuk bij Al Hamra ligt aan wat wel de Grand Canyon van Oman wordt genoemd; het is er superstijl en de weg is onverhard.
3 Verken verlaten spookdorpen in de bergen en ga wandelen. Routes zijn op borden aangegeven. Bij Guhl (gps: 23° 09' noord 057° 12' oost) en bij Badi Bhani Habib (gps: 23° 04' noord 057° 36' oost) liggen twee spookdorpen. Houd als je beneden bent gekomen links van de rivier aan en loop over de watergeulen.
4 Struin door een lemen dorp Het plaatsje Bahla staat bekend om zijn fort (Unesco Werelderfgoedlijst). Naast het fort vind je overblijfselen van huizen gemaakt van modder en steen. Je kunt er heerlijk doorheen struinen. Loop vooral naar de andere kant van de weg, diep het dorp in: het is geheel gebouwd in en om de overblijfselen heen.
5 Ga zandrijden Wahiba Sands (gps: 22° 24' noord 058° 47' oost) is bekend om zijn oranje zandduinen. Je kunt er zelfstandig een stukje inrijden, zolang je op de tracks blijft. Wil je verder gaan, dan kun je het beste een tour boeken, 99310680.

6 Kijk in een Omani badkamer Wadi Bani Khalid (gps: 22° 36' noord 059° 05' oost) is een van de bekendste valleien van Oman. Het meest bijzondere plekje ligt vlak voor de ingang van de *wadi*. Hier wassen de locals zich in de voor irrigatie aangelegde geulen.
7 Spot schildpadden spotten Een van de grootste schildpaddenkolonies ter wereld vind je bij het plaatsje Sur. Hier leggen de diertjes hun eieren. De bekendste plek om een kijkje te nemen is Ras al Jinz maar ook zuidelijker, tussen Ad Daffeh en As Siwayh, kun je zien hoe de eieren uitkomen en de schilpadjes de zee inrennen.
8 Bezoek een bedoeïenengezin Bij Ad Daffah wonen bedoeïenen langs de weg. Schaam je niet, loop er eens naartoe om een praatje te maken. Je wordt geheid uitgenodigd voor een kopje thee of koffie met dadels.
9 Wandel door een kloof Wadi Shab is een van de mooiere valleien van Oman. Vraag een local om met je mee te gaan. Afhankelijk van hoe diep je de kloof in wilt gaan, kun je het beste minimaal 4 uur voor uit trekken, zeker als je de grot wilt bereiken. Bedenk dat je moet waden of zelfs zwemmen. Je wandeling gaat langs meertjes en watervalletjes. Hoelang je nog van deze kloof kunt genieten, is onduidelijk – op het moment van schrijven werd een snelweg over de kloof heen aangelegd.
10 Verken schiereiland Musandam Hoge bergen met fjorden, verlaten dorpen en geweldige duikspots (denk: rifhaaien). Tijdens een dhowtocht (boottocht) word je steevast vergezeld door dolfijnen.
PROVINCIE DHOFAR (met lange en spierwitte stranden)
11 Zoek verkoeling Tijdens de regentijd vertrekken de Omani's massaal naar Dhofar. Hier is het altijd (iets) koeler.
12 Picknick in de leegte Neem een kijkje in Rub al Khali, de grootste en droogste woestijn van Arabië.

SLAPEN
WILDKAMPEREN
Oman is een ideaal land voor wildkamperen. Alleen in Musandam en op de stranden bij Muscat mag je niet kamperen.
Prijzen per tweepersoonskamer per nacht
13 OMGEVING MUSCAT **The Chedi** Designhotel, vanaf € 170, www.ghmhotels.com **Oman Diving Center** Leuke strandhuisjes, vanaf € 100 (inclusief diner en ontbijt). 24824240, www.omandivecenter.com
14 NIZWA **Het Fajal Daris Hotel** Met zwembad, vanaf € 73, 5410500.
15 WADI BANI AWF **Village Resort Hotel** Dit hotel ligt in in het begin van de *wadi*. Je kunt hier ook je tent opzetten. Tel. 99214873/99564182.

16 WAHIBA SANDS **1000 Nights Camp** Tenten, 37 km vanaf de ingang, € 166 (all-in), 99310680.
Al Raha Hutjes op 8 km vanaf de ingang, vanaf € 66. 99343851.
17 MUSANDAM **Golden Tulip Hotel** Met uitzicht op zee in Khasab, 26730777, vanaf € 106, www.goldentulipkhasab.com
Six Senses Zighy Bay Prachtig luxe resort met privézandstrand, vanaf € 800, www.sixsenses.com
18 DHOFAR **Crown Plaza Resort** in Salalah is toeristisch maar heeft een heerlijk wit strand, 23235333, cpsalalah@cpsalalah.com, www.ichotelsgroup.com

PLANNING
Reizen naar Oman
Huur een 4WD vanaf € 60 per dag. In de grote steden hebben alle grote autoverhuurmaatschappijen kantoren. De meeste mensen vliegen vanuit Muskat naar Musandam (1,5 uur), www.omanair.com. Musandam is een afgezonderd deel van Oman en is goed te combineren met een bezoek aan Dubai.

DEZE REIS BOEKEN & MEER INFO
columbustravel.nl
columbusmagazine.nl/oman

COLUMBUS-TRAIL

Reis langs de meest bijzondere plekken van het gebied, die door het Columbus-team zijn bezocht. Altijd zoveel mogelijk van de gebaande paden af.

TRIP VAN 6 DAGEN

Vertrek uit Darwin en rijd met een 4WD en een gids door uitgestrekte vlakten en bossen over de Arnhem Highway tot Nationaal Park Kakadu. Sla daar rechtsaf de rustige Old Jim Road in. Grijp je laatste zwemkans in de Maguk (Barramundi) Gorge. Overnacht in het mijnstadje Jabiru. Vertrek 's morgens vroeg naar de Aboriginalgemeenschap in Gunbalanya, waar je het lokale kunstcentrum bezoekt en de heilige Injalak Hill. Vraag van tevoren of je mee mag verzamelen of jagen. Neem 's middags van de Highway naar het noorden de hobbelige zijweg naar Davidson's Safari Camp. Blijf twee nachten, bezoek de heilige berg Mount Borradaile, ontdek nieuwe rotsschilderingen en spot vogels en krokodillen. Op dag vier rijd je terug naar de Highway en dan noordwaarts naar het Venture North Base Camp, een afgelegen tentenkamp aan de idyllische baai van Port Essington. Let vanaf de Highway goed op de zijweg naar links! Als je budget het toelaat, vaar je naar vijfsterrenresort Seven Spirit Bay, voor één of twee nachtjes totale luxe. Vlieg terug naar Darwin.

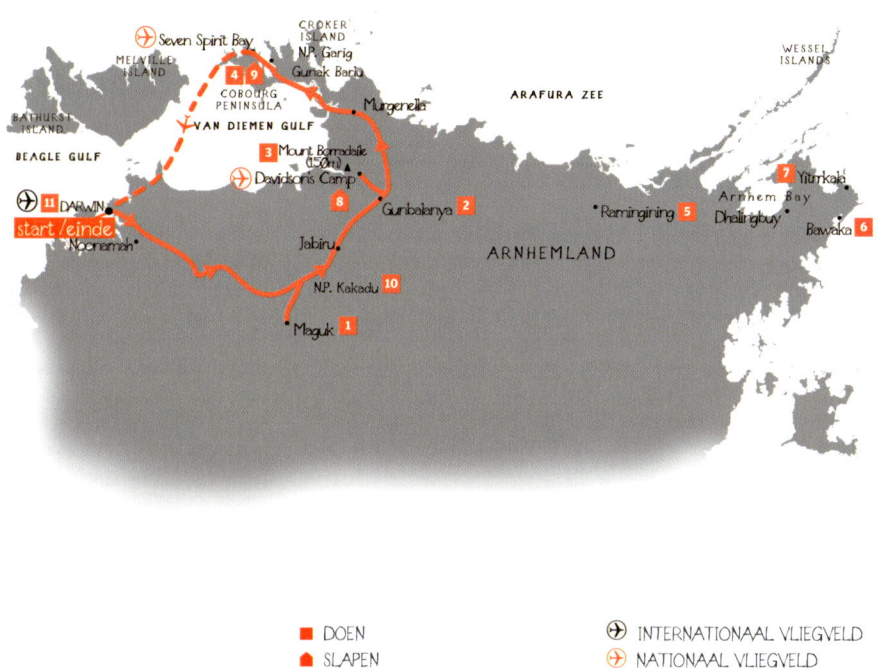

- ■ DOEN
- ▲ SLAPEN
- ✈ INTERNATIONAAL VLIEGVELD
- ✈ NATIONAAL VLIEGVELD

BESTE REISTIJD

Arnhemland heeft een natte, tropische zomer (onze winter). Veel land staat dan onder water en alle accommodaties zijn dicht. De beste reistijd is april, mei en juni. Alles bloeit, maar het water is gezakt, de meeste wegen zijn net open en je komt vrijwel geen andere reizigers tegen. Eind oktober spot je het meeste wildlife, dat zich verzamelt rond het schaarse water.

j	f	m	a	m	j	j	a	s	o	n	d	Darwin
29	28	28	29	27	26	25	26	28	29	30	29	temperatuur (°C)
396	331	282	97	18	3	1	4	15	60	130	239	neerslag (mm per maand)

HANDIG

MUNTEENHEID
€ 1 = Aus. dollar 1,92

TIJDSVERSCHIL
7,5 à 8,5 uur

TAAL
Aboriginaldialecten

GROOTTE
Ruim 2 x Nederland

AANTAL INWONERS
16.000

REISDUUR
18,5 uur

LANDCODE TELEFOON
+61

EET
Kangoeroe, vis, oesters

DRINK
Thee, water

LEES
Hell West and Crooked

LUISTER
Geoffrey Gurrumul Yanupingu

KIJK
Australia & Ten Canoes

AUSTRALIË
ARNHEMLAND

ARNHEMLAND IN HET KORT
Het tropische Arnhemland is misschien wel het meest magistrale en ontoegankelijke gebied van Australië. Blanke landgenoten en buitenlanders moeten een toegangsbewijs aanvragen sinds de lokale Aboriginals in 1978 hun land terugkregen. Per dag mogen er nooit meer dan twintig vreemde voertuigen rondrijden.
Dat maakt een reis hierheen duur, maar ook extreem bijzonder. Verwacht geen naakte krijgers; tegenwoordig wonen Aboriginals écht allemaal in huizen – met westerse kleren aan. Wat je wel kunt verwachten? Bescheiden ontmoetingen met de extreem verlegen bewoners, die nog steeds krokodillen of schildpadden koken in een gat in de voortuin en weten hoe je met een speer een visje vangt. De uitgestrekte natuur – mangroven, vlakten, bossen en hagelwitte stranden – is bezaaid met duizenden jaren oude rotstekeningen. Zelf ontdekken (met een gids) is hier makkelijker dan waar dan ook, maar alles kost geld en moet van tevoren worden geregeld. Anders mag je niet eens de zandweg verlaten.

DOEN
1 **Neem een duik** in de Maguk (Barramundi) Gorge, een van de weinige poelen met een waterval in deze contreien die écht idyllisch zijn én zonder krokodillen!
2 OMGEVING GUNBALANYA
Verzamel pandorabladeren met de vrouwen van het Injalak Arts Centre. Zij maken hier touw en manden van. Regel dit vooraf via je reisorganisatie, www.injalak.com
Ruil een appel voor twee woorden Aboriginals zijn zwijgzaam. Wil je vrienden worden, heb geduld en deel bijvoorbeeld sigaretten en appels.
Wandel met Aboriginalgids Wilfred over de heilige Injalak Hill achter Gunbalanya, langs honderden rotsschilderingen. Een van de weinige kansen om met een Aboriginal over zijn cultuur te praten.
3 OMGEVING BORRADAILE
Bezoek de heilige berg Borradaile en wandel met een ontdekkingsreizigergevoel door een oerlandschap, langs rotstekeningen en begraafplaatsen, Davidson's Safari Camp, www.arnhemland-safaris.com
Spot ontelbare vogels bij de *billabong* (poel bij een rivier) van Mount Borradaile. Vooral aan het einde van het droge seizoen zie je hier pelikanen, sternen, strandlopers en allerlei tropische vogeltjes.
Ontdek nieuwe kunstschatten Aboriginalvoorouders hadden genoeg te eten en dus tijd zat om kunst te maken en verhalen te vertellen. Duizenden schilderingen in Arnhemland zijn nog nooit door buitenstaanders gespot. Één dag zoeken levert bijna zeker nieuwe vondsten op.
4 COBOURG PENINSULA
Zie de zon in de zee zakken met champagne bij Seven Spirit Bay of met een biertje bij Venture North Base Camp (zie 'slapen').
Rooster een vers visje en verse oesters op het strand tesamen met de Aboriginalvrienden van Venture North-eigenaar Brendan.
Ga koraallopen Bij laag tij kun je op verschillende plekken langs de kust zo vanaf het strand langs het rif waden, langs blauw, groen, geel en rood koraal tussen grote brokken vulkanisch gesteente. Vraag ernaar bij Venture North Base Camp en Seven Spirit Bay (zie 'slapen').
Eer de Crocodile Hunter en speur naar krokodillen, pijlstaartroggen, dodelijke slangen, haaien en spinnen. Doodsangst? Ga voor een *close encounter* met wallaby's (kleine kangoeroes), emoes (soort struisvogels), dolfijnen en schildpadden (zie de kleintjes uitkomen op het strand).
EAST ARNHEMLAND
5 **Bezoek een filmster** David Gulpilil maakte furore als acteur in filmhits als *Crocodile Dundee* maar raakte depressief aan de drank. Hij is inmiddels weer van de drank af en leidt een teruggetrokken bestaan op zijn geboortegrond in Ramingining, waar hij strijdt voor Aboriginallandrechten. Hij staat je hierover graag te woord, www.gulpilil.com
6 **Leer te luisteren naar de natuur** onder de bekwame leiding van traditionele landeigenaar Timmy en zijn familie. Op een rondleiding van zijn land nabij het kustplaatsje Bawaka kun je onder andere leren weven en vissen met een speer. Duur en kosten van je verblijf op aanvraag, Bawaka Cultural Experiences, dhanbul.admin@octa4.net.au
7 **Feest mee en koop een didgeridoo** met een twintigtal Aboriginalclans uit het noordoosten van Arnhemland op het jaarlijkse Garma Festival in Yirrkala. Het absolute hoogtepunt: de ceremoniële dansen (*bunggul*) en traditionele muziekvoorstellingen, www.garma.telstra.com

SLAPEN
8 **Davidson's Arnhemland Safaris Camp** Halfopen tweepersoonstenten middenin een eindeloze wildernis. Af en toe werken er Aboriginalgidsen. Het eten is prima, vanaf € 325 all-in per persoon per dag (excl. alcohol), 889275240, www.arnhemland-safaris.com
9 COBOURG PENINSULA
Venture North Base Camp 4-tentenkamp aan de paradijselijke Port Essingtonbaai. Verblijf is inbegrepen bij een tour van Venture North Australia (zie 'Reizen binnen Arnhemland').
Blackpoint Huts Hutten met zonne-energiedouches, barbecue en kookgerei. Vanaf € 110 per nacht per hut, max. vier mensen, anders bijbetalen, 89790455.
Smith Point Camp Ground Basic camping aan de Port Essingtonbaai waar je mag overnachten als je een vergunning hebt voor een self-drive.
Peppers Seven Spirit Bay Luxe vijfsterrenresort met zwembad. Je overnacht in halfopen hutten met kingsize bedden, een eigen badkamer, veranda en privé-uitzicht op het water. Vanaf € 535 per nacht voor twee personen. Tweedaags verblijf, met vliegtransfer naar Darwin, vanaf € 800 per persoon all-in, 889790281, www.peppers.com.au

PLANNING
Reizen binnen Arnhemland
De meeste Arnhemlandbezoekers boeken op maat gemaakte reizen, inclusief een vergunning, omdat je als reiziger meer vrijheden hebt met een gids. Geef van tevoren duidelijk aan wat je wilt en lees je goed in. Waarschijnlijk zijn je (dure) dagen beperkt en je wilt niets missen! Aanbevolen: Venture North Australia, www.northernaustralia.com en Davidson's Arnhemland Safaris, www.arnhemland-safaris.com

DEZE REIS BOEKEN & MEER INFO
columbustravel.nl
columbusmagazine.nl/arnhemland

COLUMBUS-TRAIL

Reis langs de meest bijzondere plekken van het gebied, die door het Columbus-team zijn bezocht. Altijd zoveel mogelijk van de gebaande paden af.

Wat je precies van de Malediven te zien krijgt, hangt voor een belangrijk deel af van het (resort)eiland waarop je verblijft. Niet elk resort is even mooi en paradijselijk; het ene eiland en resort is het andere niet. Waar moet je op letten? Acht tips:

GA VER VAN MALE VANDAAN
Resorts die op minder dan 15 (speedboot)minuten van het hoofdeiland Malé liggen, doen vanwege het vele vliegverkeer en geronk van schepen afbreuk aan je Robinson Crusoe-gevoel.

WEET WAT JE WIL
Wil je rondom het eiland ondiep water tot aan de horizon, kies dan een resort-eiland met een grote lagune (zoals White Sands, zie Slapen). Wil je als duiker of snorkelaar een huisrif dat dichtbij je bungalow ligt, kies dan een resorteiland met een kleine lagune (zoals Reethi Beach en Soneva Fushi, zie Slapen).

CHECK LUCHTFOTO'S
Bekijk via visitmaldives.com luchtfoto's van eilanden. Mogelijke problemen: bungalows die te dicht tegen elkaar staan, (lelijke) golfbrekers en/of gebrek aan groen. Vraag tevens het resort om je foto's te mailen. Als ze dit niet willen doen, kun je je afvragen of ze iets te verbergen hebben.

LET OP ONBEWOONDE EILANDEN
Vraag je resort of je voor een dag een onbewoond eiland kunt afhuren en of je hier met een kano naartoe kunt peddelen. Ook leuk: een bezoek aan een nabijgelegen eiland waarop slechts locals wonen.

BLIJF VER VAN DE DIESELGENERATOR
Bij sommige resorts laat de isolatie van dieselmotoren (voor stroom) te wensen over. Kies dan ook een bungalow die ver van het midden van het eiland ligt.

GA OP ZOEK NAAR AABIEDINGEN
Goed surfen kan je behoorlijk wat geld besparen. De prijsverschillen zijn groot.

CHECK ERVARINGEN VAN ANDEREN
Ervaringen van andere reizigers kunnen handige infomatie opleveren. Bedenk wel: zij zijn vaak slechts op een resort geweest. Negatieve ervaringen zeggen mogelijk wel iets.

BOEK ALL-INCLUSIVE
Eten en drinken is relatief duur op de resorts. Volpension of all-inclusive is vrijwel altijd goedkoper.

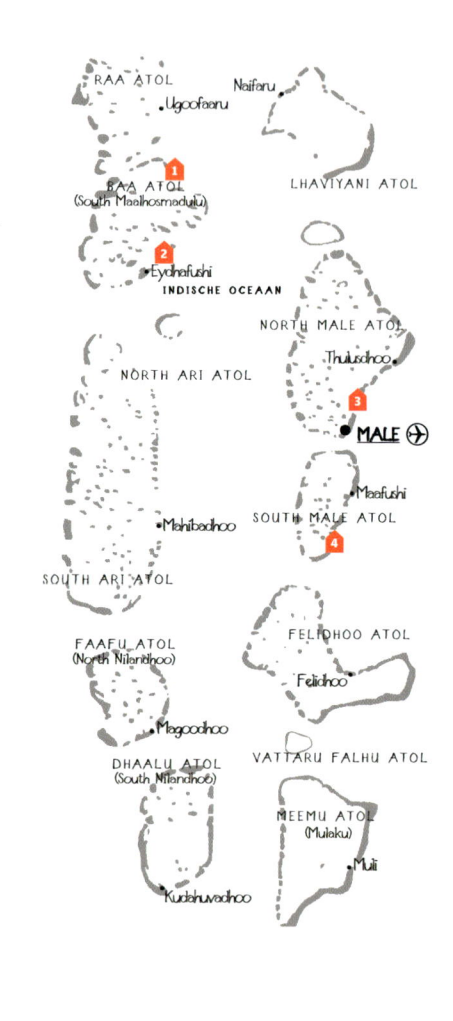

🏠 SLAPEN
✈ INTERNATIONAAL VLIEGVELD

BESTE REISTIJD
Voor de temperatuur hoef je een reis naar de Malediven nooit te laten – die is het hele jaar door aangenaam. Van mei tot en met oktober zorgt de zuidwestmoesson voor de meeste regen en een ruwe zee. Wie liever in rustig water dobbert, kiest voor de tijd van de noordwestmoesson tussen november en april. Prijzen in het hoogseizoen (mei t/m september, december t/m januari) liggen aanzienlijk hoger.

j	f	m	a	m	j	j	a	s	o	n	d	Malediven
30	30	31	31	30	30	30	30	30	30	30	30	temperatuur (°C)
50	50	33	52	177	295	222	201	157	170	143	69	neerslag (mm per maand)

HANDIG

MUNTEENHEID
€ 1 = rufiya (MVR) 16

TIJDSVERSCHIL
4 uur later

TAAL
Dhivehi, Engels

GROOTTE
Als Rotterdam (landoppervlak)

AANTAL INWONERS
400.000

REISDUUR
20 uur

LANDCODE TELEFOON
+960

EET
Garudhya (tonijnsoep)

DRINK
Zwarte thee

LEES
Duiken in de Maldiven

LUISTER
Zero Degree Atoll

KIJK
Maldives: Untold Stories

MALEDIVEN

MALEDIVEN IN HET KORT
De Malediven bestaan uit 26 atols, die grofweg 1200 kleine eilanden omvatten. Er zijn drie soorten eilanden: bewoonde, onbewoonde en resorts. Op elk resorteiland bevindt zich slechts één resort. In de eerste plaats ga je naar de Malediven om tot rust te komen en te genieten van het turkoois blauwe water en de spierwitte stranden, maar liefhebbers van duiken en snorkelen vinden hier een onderwaterparadijs. Rondom de vele riffen kun je onder andere mantaroggen, schildpadden en rifhaaien zien. De Malediven zijn tevens een bekende honeymoonbestemming. Helaas is niet elk resort even mooi en paradijselijk: het ene eiland en resort is het andere niet. Een goede voorbereiding op je reis is dus essentieel.

DOEN
Ga snorkelen Denk niet dat je met snorkelen op de Malediven alleen maar kleine visjes ziet! Ook rifhaaien, schildpadden, pijlstaartroggen en napoleonvissen staan op het snorkelmenu, mits je een goed eiland hebt uitgezocht. Kies een eiland dat een huisrif heeft dat makkelijk vanaf de kant bereikbaar is. Onder meer Reethi Beach, Soneva Fushi en White Sands beschikken over een dergelijk rif. Vlak na zonsopkomst en vlak voor zonsondergang is er de meeste activiteit.

Ga duiken De Malediven zijn volledig ingesteld op duikers. Met name het ver van Malé gelegen Baa Atol biedt fantastische duikervaringen op onaangetaste riffen. Je zal hier behalve je eigen duikgroep niemand anders tegenkomen. Wil je 'groot wild' zien, let dan goed op de volgende ideale reistijden. Je 'spotkans' is dan vrijwel 100 procent.
- walvishaai: sep t/m nov (Baa Atol)
- mantarog : sep t/m nov (Baa Atol), jan t/m feb (North Malé Atol)

Bezoek de locals Als je het Maledivіaanse leven niet meemaakt, dan ben je niet echt in de Malediven geweest. Je wordt met open armen ontvangen. Je resort regelt het graag voor je.

Relax op een onbewoond eiland
Check of je resort in de buurt ligt van onbewoonde eilanden want met zijn tweeën een dag doorbrengen op je eigen eiland is een ervaring om nooit te vergeten. Picknickmand mee, kleding uit en Robinson Crusoe spelen maar!

SLAPEN
Hieronder een aantal door ons aanbevolen resorts. Er zijn echter honderden accommodaties. Zie de tips op de linkerpagina om zelf een resorteiland te kiezen.

1 Reethi Beach
Afgelegen eiland met veel natuurlijke bebossing en volop onbewoonde eilanden en geweldige duikspots in de directe omgeving. Reethi Beach ligt in het ver van Malé gelegen Baa Atol, waardoor je je duikplek en strand vaak voor jezelf hebt. Het resort is dan ook een goede keus voor reizigers die prijs stellen op een natuurlijke omgeving en veel rust. Je hebt de keus uit zowel watervilla's als twee soorten strandbungalows: de Reethi-villa en de Deluxe-villa. De Deluxe-villa's zijn aan te raden vanwege hun fraaie inrichting en ligging direct aan het strand, vanaf € 1153 voor 8 dagen all-in, www.reethibeach.com

2 Soneva Fushi
Als je wat te vieren hebt en je hebt meer budget te besteden, dan geeft Fushi je een vakantie op nooit te vergeten. Je vindt er de beste keuken, beste snorkelplekken en de meest romantische villa's van de Malediven. 'No news, no shoes' is de opdruk van de tas die je in de speedboot op weg naar Soneva Fushi krijgt aangereikt. Dat zegt eigenlijk alles, Soneva Fushi, Baa Atol, villa's vanaf € 345 per nacht,
www.sixsenses.com/soneva-fushi

3 Soneva Gili
Waar Soneva Fushi uitsluitend landvilla's heeft, bestaat 'zusje' Soneva Gili in het North Malé Atol enkel uit op stelten gebouwde watervilla's van topklasse, vanaf € 850, www. sixsenses.com/soneva-gili

4 White Sands is geschikt voor een romantische bounty-ervaring op een laidback eiland met een prachtige lagune en een goede keuken voor een zeer aantrekkelijke prijs. White Sands heeft zowel zeer comfortabele watervilla's als sfeervol gelegen strandbungalows. De sfeer in dit viersterrenresort is ontspannen. De ligging van het resort met haar uitgestrekte lagune (het turkooisblauw loopt vrijwel tot aan de horizon door) en het spierwitte fijne zand zijn prachtig. Er is een huisrif direct voor de watervilla's. Aan het eind van de dag wordt het 1,7 kilometer lange eiland steevast bezocht door een groep pijlstaartroggen. Voor de gasten van de watervilla's is er een restaurant dat boven het water ligt. Het resort beschikt over een mooie spa en is bereikbaar per watervliegtuig, Vanaf € 1695 voor 8 dagen all-in.

Cruiseboot
Voor de reizigers die puur voor fantastische duikervaringen naar de Malediven gaan, is een verblijf op een cruiseboot ideaal. In korte tijd bezoek je de beste duikstekken,
www.visitmaldives.com

PLANNING
Reizen binnen de Malediven
Vanaf hoofdeiland Malé vertrekken watervliegtuigjes en (speed)boten naar de andere atollen. Jouw resorteiland regelt normaliter alle benodigde vervoer. Je kunt je resort ook inschakelen voor boottochtjes naar omringende privé-eilandjes, www.tma.com.mv,
www.visitmaldives.com

DEZE REIS BOEKEN & MEER INFO
columbustravel.nl
columbusmagazine.nl/malediven

Lees het artikel op pagina 152

COLUMBUS-TRAIL

Reis langs de meest bijzondere plekken van het gebied, die door het Columbus-team zijn bezocht. Altijd zoveel mogelijk van de gebaande paden af.

TRIP VAN 2 TOT 3 WEKEN

Je start je reis met een bezoek aan de eilanden ten noorden van Palawan en in het bijzonder Coron. Blijf minstens vier dagen en ga duiken naar wrakken uit de Tweede Wereld-oorlog. Vlieg daarna naar El Nido, waar je de eilanden van Bacuit Bay in een à twee weken verkent. De volgende stop is Taytay, dat als startpunt dient voor de vele ongerepte eilanden ten oosten van Palawan. Je reist door naar Port Barton, een heerlijk laidback dorpje waar je weken, zo niet maanden kunt verblijven. Op weg naar de provinciehoofdstad Puerto Princesa in het zuiden bezoek je twee bijzondere volksstammen: de Batak en de Tagbanuan. Vanuit Puerto Princesa stad vlieg je terug naar Manilla of je volgende bestemming in de Filipijnen (tip: het Tubbataha Rif, de ultieme duikervaring).

■ DOEN
▲ SLAPEN
⊕ NATIONAAL VLIEGVELD

BESTE REISTIJD

Vermijd tussen juni en oktober het regen- en tyfoonseizoen. 'Randmaanden' november en mei zijn door klimaatverandering tegenwoordig ook minder zeker. December tot en met februari zijn de drukste maanden, maar aangezien Palawan van de gebaande paden af is, zal je hier niet veel last van hebben. Beste reistijd derhalve: januari tot en met april.

j	f	m	a	m	j	j	a	s	o	n	d	Roxas (Palawan)
27	27	27	29	29	29	28	28	28	28	28	27	temperatuur (°C)
32	19	40	41	150	189	180	182	193	209	212	146	neerslag (mm per maand)

HANDIG

MUNTEENHEID
€ 1 = 68 pesos

TIJDSVERSCHIL
6 uur later

TAAL
Tagalog (Filipino), Engels

GROOTTE
Ruim 1/3 van Nederland

AANTAL INWONERS
890.000

REISDUUR
16 uur

LANDCODE TELEFOON
+63

EET
Gegrilde vis

DRINK
Red Horse (lokaal bier)

LEES
Last Man Out, Glenn McDole

LUISTER
Palawan Highlands Music

KIJK
The Great Raid (2005)

FILIPIJNEN
PALAWAN

PALAWAN IN HET KORT

Palawan is de minst bezochte provincie van de Filipijnen en Joost mag weten waarom. Dit langwerpige eiland en de 1700 kleinere eilanden eromheen bieden je de ultieme bountyervaring: verlaten strandjes met palmbomen en turkoois gekleurd water tegen een achtergrond van imposante kalksteen rotsformaties. Het massatoerisme is in het dunbevolkte en daardoor nog grotendeels maagdelijke Palawan nog niet doorgedrongen en de infrastructuur is daarom matig. Je reist veel per boot en vliegtuig. De provincie biedt slaapplekken voor elke budget: van gratis kamperen op je eigen eilandje tot luxe resorts die tegen de meest waanzinnige kliffen zijn aangebouwd. Eilandhoppend en watersportend breng je hier met gemak twee à drie weken door. Ook voor duikers is Palawan een paradijs – dankzij de vele Japanse oorlogsbodems is het rif van Tubbataha een van de beste duikplekken ter wereld. Zuid-Palawan biedt niet veel meer bijzonders dan Noord-Palawan, is minder goed te bereizen en wordt hier daarom niet besproken.

DOEN

1 CORON
Op dit eiland vind je imposante kalksteen rotsen, jungle, meren, baaitjes en het inheemse Tagbanua volk.
Zwem in het schoonste meer ter wereld Zie de reportage.
Kajak in de lagunes De lagunes van Coron zijn een bijzondere ervaring door de combinatie van turkoois water, met jungle begroeide krijtrotsen, oorverdovende junglegeluiden en overvliegende vogels. Het is heerlijk om hier te kajakken.
Breng locals een bezoekje Zie de reportage.
Bekijk hoe vogelnestjes worden geoogst Zie de reportage.
Verken verborgen baaien Coron herbergt vele verborgen baaien, die je per kajak of gehuurde *bangca* (boot) kunt verkennen.
Lunch op je eigen bountystrandje Zie de reportage.
2 Duik op Japanse wrakken Op twee uur varen van het eiland Coron liggen elf scheepswrakken uit de Tweede Wereldoorlog. De 147 meter lange Irako is de mooiste van het stel. Er zijn wrakken voor zowel Advanced als Open Water gecertificeerde duikers.
3 Ga op safari De beruchte voormalige dictator Ferdinand Marcos verscheepte een honderdtal giraffen, impala's, gazellen, elanden en zebra's uit Kenia naar het naburige Calauit eiland. Deze beestenboel is flink uitgedijd en heeft zich gemengd onder lokale diersoorten. Het landschap doet Afrikaans aan: even iets compleet anders.
4 BACUIT ARCHIPEL
Dit gebied wordt gekenmerkt door vele kalkstenen rotseilanden en mooie strandjes.
Ga eilandhoppen Alle eilanden liggen dichtbij elkaar. Huur een dag lang een *bangca* en laat je van eiland naar eiland varen. Als de zee rustig is, kun je ook kajakken.
Zet alle zeilen bij De archipel is ideaal voor zo'n beetje alle watersporten. Als je bijvoorbeeld catamaranzeilen in Nederland al leuk vindt, ga je hier uit je dak.
Bewonder de archipel van boven Pangulasian is een van de weinige eilanden waar je de top kunt beklimmen.
Vaar door lagunes Op het eiland Miniloc kun je per boot of kajak de Grote en Kleine Lagune bezoeken.
Picknick op rotsen Pinagbuyutan is een enorm hoog rotseiland met een idyllisch strandje aan de noordoostzijde. Ideaal voor een picknick.
5 TAYTAY EILANDEN
Snorkel met zeekoeien In Malampaya Sound kun je snorkelen met dugongs (zeekoeien) en de zeldzame Irrawaddy dolfijn spotten.
6 PORT BARTON
Zoek zanddollars Zie de reportage.
7 OMGEVING ROXAS/VASTELAND
Bezoek de Badjo Deze vissersstam leeft compleet gescheiden van andere Filipijnen. Stamleden wonen in hutten op palen, hebben enorme bossen haar en lijken te genieten van het eenvoudige leven. Bezoek de Badjo nederzetting vlakbij Roxas (GPS: 10° 18' 747" N 119° 19' 449" O).
8 TUBBATAHA RIF
Ga voor de mooiste duikervaring ooit Tubbataha Reef Marine Park staat bekend als een van de beste duikplekken ter wereld.

SLAPEN

Prijzen per tweepersoonskamer per nacht.
CORON
9 Dive Link Duur maar redelijk resort ligt als enige dichtbij Coron-eiland, vanaf € 170 volpension en inclusief trip naar Coron-eiland, www.divelink.com.ph
10 Club Paradise Groot, idyllisch gelegen resort met bungalows direct aan het strand van het eiland Dimakya, vanaf € 130, www.clubparadisepalawan.com
11 BACUIT ARCHIPEL
El Nido Miniloc Indrukwekkend gelegen en kwalitatief hoogstaand eco-resort in een baai met hoge kliffen, omring door paradijselijke eilanden, vanaf € 316, www.elnidoresorts.com
Dolarog Beach Resort Aan strand gelegen cottages op het vasteland, vanaf € 106, www.dolarog.com
Lally and Abet Beach Cottages Vanaf € 40, www.lallyandabet.com
Malapacao Island Retreat Resort op privé-eiland, vanaf € 1000 voor all-in detoxprogramma van een week, www.malapacao.com
12 TAYTAY Flower Island Fantastisch resort van Franse parelboer, vanaf € 96 volpension, www.palawan-resort.com
13 PORT BARTON Greenviews Cottages aan het strand, vanaf € 28.

PLANNING

Reizen binnen Palawan
Binnen Palawan reis je per *bangca* (kleine boot), vliegtuig (www.airphils.com, www.asian spirit.com, www.cebupacificair.com, www.flyseair.com) of per jeepney-bus (felgekleurde, verlengde jeep). Het vasteland kun je ook bereizen per huurauto, maar door de vele eilanden is dat het minst handig.

DEZE REIS BOEKEN & MEER INFO

columbustravel.nl
columbusmagazine.nl/palawan

Lees het artikel op pagina 168

COLUMBUS-TRAIL

Reis langs de meest bijzondere plekken van het gebied, die door het Columbus-team zijn bezocht. Altijd zoveel mogelijk van de gebaande paden af.

TRIP VAN 5 DAGEN

Vroeger voeren boten vanuit Soedan de hele Nijl af naar de Middellandse Zee. Door de bouw van een hoge dam en bruggen is dat helaas niet meer mogelijk. Een tocht per felucca (traditionele zeilboot) begint doorgaans in Aswan en doet in ieder geval de vijftig kilometer verderop gelegen, oud-Egyptische tempel van Kom Ombo aan. Het is echter de vraag of je helemaal naar Luxor kunt doorvaren. De meeste kapiteins willen niet verder gaan dan Edfu of Esna omdat de Nijl vanaf daar ruiger is en gevaarlijk kan zijn. Bovendien geeft de toeristenpolitie geen toestemming meer om helemaal door te varen naar Luxor. Van tevoren spreek je met de kapitein het reisschema af, maar je blijft afhankelijk van de weersomstandigheden; het kan goed zijn dat je de eindbestemming niet haalt binnen de afgesproken tijd.

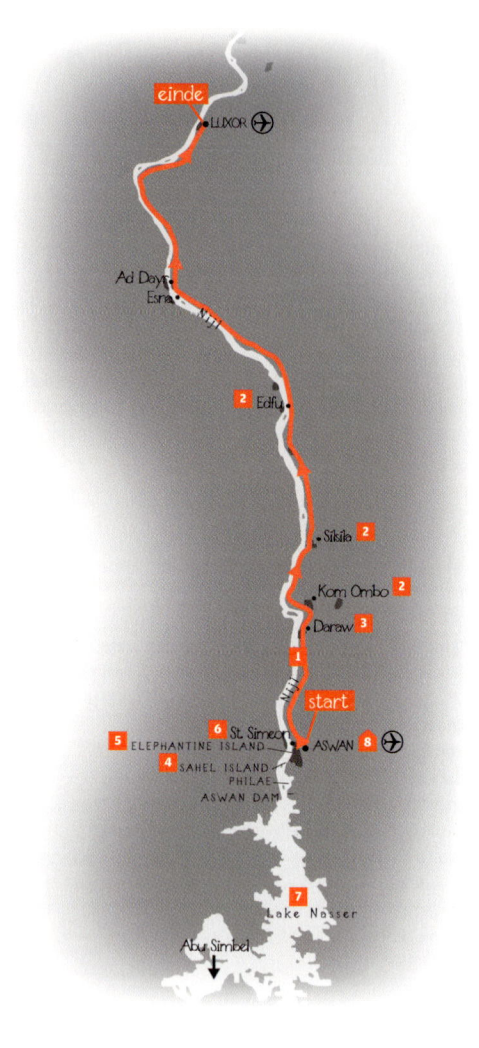

■ DOEN
▲ SLAPEN
✈ INTERNATIONAAL VLIEGVELD

BESTE REISTIJD

Voor een feluccatocht zijn de maanden maart, april en oktober het beste. In de winter kan het bij harde wind en vooral 's avonds flink koud zijn. Met het ondergaan van de zon in de wolkenloze hemel daalt de temperatuur bijzonder snel. In de zomermaanden is het juist te warm; de temperatuur kan soms wel oplopen tot 50°C.

j	f	m	a	m	j	j	a	s	o	n	d	Luxor
22	24	28	34	38	40	41	40	39	34	28	23	temperatuur (°C)
0	1	0	0	0	1	0	0	0	1	0	0	neerslag (mm per maand)

HANDIG

MUNTEENHEID
€ 1 = Egypt. pond (EGP) 6,9

TIJDSVERSCHIL
1 uur later

TAAL
Arabisch

GROOTTE
1,5 x Frankrijk

AANTAL INWONERS
83 miljoen

REISDUUR
15 uur (overnachting in Cairo)

LANDCODE TELEFOON
+20

EET
Ta'miya (falafel)

DRINK
Hibiscusthee

LEES
Een goede man slaat soms zijn vrouw

LUISTER
Mohamed Abdelwahab Abdelfattah

KIJK
Death on the Nile

EGYPTE
DE NIJL

FELUCCATOCHT IN HET KORT

Een tocht over de Nijl per *felucca* (traditionele zeilboot) is de ideale manier om met locals in contact te komen en het Egyptische leven van alledag te ervaren. Vanuit Aswan kun je een dag of zelfs een paar uur met een *felucca* op pad, maar ook de langere zeiltochten zijn zeker de moeite waard. Veel kapiteins zijn Nubiërs – de afstammelingen van het in de oudheid onafhankelijke koninkrijk Nubië – en je zult tijdens een zeiltocht dan ook veel te horen krijgen over hun leefwijze. Een tocht met een *felucca* is te vergelijken met wildkamperen. Je eet en slaapt op de boot. Als het warm genoeg is, slaap je onder de sterrenhemel.
Je moet wel tegen simpele reisomstandigheden kunnen: er zijn geen sanitaire voorzieningen onderweg en op de boot is geen privacy. Er zijn dekens aan boord, maar het is aan te raden een eigen slaapzak mee te nemen. Met name 's nachts kan het buiten de zomer flink koud worden. Je regelt een zeiltocht over de Nijl doorgaans in Aswan, het centrum van de Nubische cultuur.
Op en rondom de Corniche el-Nile, de grote boulevard van de stad, wemelt het van de kapiteins die hun diensten aanbieden.
Er zijn er genoeg die ook langere reizen willen maken. Je kunt zelf rondom de Corniche '*felucca* shoppen': prijzen vergelijken, maar vooral ook een betrouwbare en leuke bemanning uitzoeken.
Het is ook mogelijk om de boottocht via een tourorganisatie of hotel te regelen. Een groot deel van je geld verdwijnt dan echter als commissie in de zakken van tussenpersonen. Als je zelf een *felucca* regelt, moet je rekenen op zo'n € 20 per persoon per dag. Voor langere tochten valt de dagprijs een stuk lager uit. Wij betaalden € 150 voor vier dagen en vier nachten. Eten, koffie en thee zijn inbegrepen, voor andere dranken moet je zelf zorgen. Hassan en Atta en hun *felucca* 'Breence of Love' uit de reportage op pagina 182 vind je op hun vaste ligplaats aan de kade bij Aswan Moon en Restaurant Saladin. Ze zijn ook bereikbaar op 012-5145069 of 010-6320433 (mobiel). De '*Jamaica family*' uit de reportage is bekend in heel Aswan. Ze hebben zeven *felucca*'s en zijn uiterst betrouwbaar. Kapitein J.J. Jamaica regelt de tochten, captainjamaica@hotmail.com, tel. 012-319591 of 010-3569525 (mobiel). Ook Nasser Jabas werkt voor de '*Jamaica family*'. Als je verzekerd wilt zijn van heerlijk eten, kun je bij het regelen van je *felucca* via deze familie speciaal naar hem vragen.

DOEN

1 Zeil op de Nijl Geniet van het zeilen, de rust op het water en bezoek kleine dorpjes aan de oever.
2 Bezoek tempels De tempels van Kom Ombo, Silsila en Edfu liggen op de vaarroute. De vele toeristen zijn even schrikken – zeker als je de rust van je boot gewend bent – maar de tempels zijn het bezoeken absoluut waard.
3 Bewonder kamelen op de markt van Daraw op zondag of dinsdag. Honderden, soms zelfs duizenden kamelen zijn per karavaan uit Soedan gekomen en worden op de grote marktplaats verhandeld.
OMGEVING ASWAN
4 Ga eilandhoppen (1) Sahel Island is een mooi, zanderig eiland, een half uur varen vanaf Aswan. De chief van het eiland, Kamal, geeft voor een goede fooi (*baksheesh*) graag een uitgebreide rondleiding.
5 Ga eilandhoppen (2) Elephantine Island is het grootste eiland in de Nijl en ligt pal tegenover Aswan. Bezoek de twee Nubische dorpen en geniet van het uitzicht vanaf het terras van het Nubian House. Bezoek aan de zuidkant van het eiland het Aswan Museum en de tempel van Khnum.
6 Bezoek het klooster van St. Simeon, op de westbank tegenover Aswan. Laat je op een kameel door de woestijn omhoog naar het klooster dragen en geniet van het uitzicht over de Nijl en de stad.
7 Ontdek het meer der meren Als je meer tijd hebt in en rondom Aswan, is een uitstapje naar Lake Nasser en de High Dam de moeite waard. Het gigantische meer strekt zich uit over het voormalig leefgebied van de Nubiërs. Veel tempels die hier stonden, zijn verplaatst naar andere, hoger gelegen gebieden, zoals Philae en Abu Simbel. Het is mogelijk om met de bus of taxi in een dagtrip de tempels van Abu Simbel te bezoeken. Ook kun je met een cruiseboot van de zuidkant van de dam het meer over om de tempels te bezoeken. Heen en terug doe je in twee dagen. In het meer zitten krokodillen maar ook enorme vissen als de nijlbaars en de tijgerzalm. Het is dan ook een geliefde plek voor sportvissers van over de hele wereld.

SLAPEN

Prijzen per tweepersoonskamer per nacht.
8 OMGEVING ASWAN
Pyramisa Isis Island Resort & Spa Luxueus resort op het eiland Isis, vanaf € 120, 02317400, www.pyramisaegypt.com
Orchid St. George Hotel Een net hotel in het centrum van Aswan, met klein zwembad op het dak. De manager, Hussein M. Abdalla, regelt ook feluccareizen, meestal via de '*Jamaica family*'. Kamer met eigen douche en toilet vanaf € 20, 9 Mohammad Khalid Street, Corniche el-Nile, 02315997/02319082.

Nubian House
Dit café ligt aan de noordkant van Elephantine Island, pal naast de omheining die het Nubische dorp Siou van het luxe Oberoi Resort scheidt. Hier kun je op het terras met een koud drankje van het uitzicht op de Nijl en Kitchener Island genieten. Eigenaar Mustafa verzorgt ook Nubische lunchmaaltijden en diners voor grote groepen. Ook kan hij slaapplekken bij mensen thuis in een van de Nubische dorpen op het eiland verzorgen. De prijs wordt in overleg vastgesteld, maar is niet meer dan € 5.

PLANNING
Reizen binnen Egypte
Zie 'Feluccatocht in het kort'

DEZE REIS BOEKEN & MEER INFO
columbustravel.nl
columbusmagazine.nl/egypte

COLUMBUS-TRAIL

Reis langs de meest bijzondere plekken van het gebied, die door het Columbus-team zijn bezocht. Altijd zoveel mogelijk van de gebaande paden af.

TRIP VAN 14 DAGEN

Begin je tweeduizend kilometer lange 'rondje Roma' in Boekarest. Ga bar- en galeriehoppen in de hippe maar rauwe, middeleeuwse wijk Lipscani en maak kennis met de Romakooplui van de Berçenimarkt in het zuiden van de stad. Neem vervolgens de trein naar het dorpje Sarulesti Gara, waar de Kalderari-Roma hun traditis in ere houden, en bezoek het plaatsje Buzescu, het Beverly Hills van de Roma. Terug in Boekarest pak je de nachttrein naar de Servische hoofdstad Belgrado. Verken de binnenstad en dineer in de wijk Dorcol. Neem de volgende dag de bus naar Novi Sad (koop in het naastgelegen treinstation alvast kaartjes voor de nachttrein naar Skopje). In tegenstelling tot Belgrado lijkt de Romagemeenschap hier goed geïntegreerd. Verken het barokke stadshart. Neem de bus naar het Romadorpje Curug en snuif de rust van het Servische platteland op. Terug in Belgrado neem je de nachttrein naar de Macedonische hoofdstad Skopje. Bezoek hier de historische wijk Carsija en Sint Pantalejmon, een prachtig kerkje met een imponerend uitzicht over de stad. Pak de volgende dag bus 19 naar Shutka, een van de grootste Romagemeenschappen van Europa. Probeer er in het weekend te zijn; op zaterdag is er een grote markt en heb je kans om op een van de vele bruiloften verzeild te raken. Sluit je reis af met enkele welverdiende rustdagen in Ohrid, een pittoresk stadje aan een van de diepste meren van Europa. Vanaf Skopje vlieg je weer terug naar Nederland.

■ DOEN
■ SLAPEN
✈ INTERNATIONAAL VLIEGVELD

BESTE REISTIJD

Eind augustus/begin september. Dan vinden de belangrijkste Romafeesten plaats in Roemenië en Servië en zijn er elke dag wel enkele bruiloften in Shutka, Macedonië. Bovendien is in september de temperatuur in de regio heerlijk en valt er weinig regen.

j	f	m	a	m	j	j	a	s	o	n	d	Boekarest
-2	0	5	11	17	20	22	21	17	11	5	0	temperatuur (°C)
41	36	38	64	71	76	64	58	43	33	48	43	neerslag (mm per maand)

HANDIG

MUNTEENHEID
€ 1 = Roemeense leu 4

TIJDSVERSCHIL
Geen of 1 uur later

TAAL
Roemeens, Servisch, Macedonisch

GROOTTE
Iets kleiner dan Duitsland

AANTAL INWONERS
31 miljoen

REISDUUR
Circa 3 uur (Boekarest)

LANDCODE TELEFOON
+40 (Roemenië), +381 (Servië), +389 (Macedonië)

EET
Sarmale (in koolbladen gewikkeld gehakt)

DRINK
Sumadija (brandewijn en gecarameliseerde suiker)

LUISTER
Esme Redzepova (Macedonische Romazangeres)

ROEMENIË, SERVIË EN MACEDONIË
DE ROMA

DOEN

1 Wees van alle markten thuis De Berçenimarkt is de leukste markt van Boekarest. Je vindt er van alles, van meloenen en kleren tot bloemen en gadgets. Een groot aantal marktverkopers zijn Roma.

2 Ga terug in de tijd en neem in Boekarest de trein naar Sarulesti Gara. Dit is de woonplaats van ongeveer tienduizend Kalderari: Roma die bekend staan om hun verfijnde ijzersmeedkunst. Een aantal van hen woont nog steeds in huifkarren en tenten.

3 Feest mee met duizenden Roemeense Roma in Costesti. Op 8 september vormt het dorpje het toneel van uitbundige feestmalen en dansen om de geboorte van de Heilige Maria te vieren. Het festival is ook een belangrijke huwelijksmarkt – Romaleiders kiezen een geschikte bruid voor hun zoons.

4 Koop een gouden stropdas In Buzescu, ten zuiden van Boekarest, wonen schatrijke Kalderari-Roma. Ze hebben hun fortuin in de ijzer- en koperhandel gemaakt en lopen er graag mee te koop. Bewonder de paleizen waar ze in wonen en verbaas je over hun gouden stropdassen en kinderen die in Armanipakjes rondlopen.

5 Breng je geliefde een serenade met behulp van een Roma-orkest. De Kalenicmarkt, de grootste markt van Belgrado, is hiervoor de aangewezen plek. Je treft er veel begaafde Romamuzikanten die op zoek zijn naar werk. Voor het juiste bedrag spelen ze onmiddellijk een spetterend stuk muziek voor jou of je vriend/vriendin.

6 Geniet stilletjes van het platteland ten noorden van Novi Sad. Hier ligt het vredige Romaplaatsje Curug. Laat je hier na een wandeltocht trakteren op *zova*, een drankje gemaakt van limoen en korenbloemen.

7 Blaas hoog van de toren Dragacevski is een groots opgezet, driedaags blaasmuziekfestival dat jaarlijks in augustus in het dorpje Guca plaatsvindt. Brassbands uit de hele wereld spelen uitzinnige muziek met sterke Roma-invloeden. Hierbij stil blijven staan is onmogelijk.

8 Stap in het huwelijksbootje Shutka, met veertigduizend inwoners een van de grootste Romagemeenschappen van Europa, is in het weekend het toneel van een groot aantal bruilofts- en verlovingsfeesten.

Buiten het 'rondje Roma' zijn er in Roemenië, Servië en Macedonië uiteraard volop dingen te doen. Een selectie van de leukste activiteiten.

9 Ga barhoppen De vervallen maar sfeervolle buurt Lipscani ontwikkelt zich in razendsnel tempo tot het hart van de cultuur- en uitgaansscene van Boekarest. Recente aanwinsten zijn Bruno (Strada Covaci 3, 213171741) en Interbelic (Strada Selari 1, 2100193).

10 Begeef je onder de grond in natuurpark Apuseni. De bergen, deel van de Westelijke Karpaten, zien er op het eerste gezicht alles behalve indrukwekkend uit maar herbergen honderden fantastische kalksteengrotten en onderaardse rivieren en meren.

11 Ga skiën in het Rodnagebergte, deel van de Oostelijke Karpaten. Hoewel het zuidelijker gelegen Bucegigebergte de grootste faam geniet onder Roemeense wintersporters, bieden de bergen hier de kans tot juli te skiën in een fraaie alpine omgeving waar nog volop beren, wolven en lynxen leven.

12 Reis af naar het eind van de wereld Duizenden waterwegen, zestienhonderd vierkante kilometer moeras, driehonderd vogelsoorten en een enkel havenplaatsje. De Donaudelta is het oostelijke puntje van Roemenië en het einde van Europa. Vanuit het havenstadje Tulcea vertrekken dagelijks veerboten voor de vier uur durende tocht naar het desolate Sulina.

13 Dunk die bal erin Basketbal is razend populair in Servië, dat in 2002 wereldkampioen werd. Bulevar Arsenija Carnojevica 58, www.arenabeograd.com

14 Ga wijnproeven Het lieflijke, vruchtbare heuvellandschap van Fruška Gora is ideaal voor wijnteelt en voornamelijk bekend om zijn lekkere Riesling. Je kunt bij een zestigtal wijnboeren wijn proeven.

15 Ga moskeehoppen In Stara Carŝija, de oude binnenstad en Turkse wijk van Skopje, ligt een groot aantal middeleeuwse moskeeën. Ook de oude Turkse baden van de Daut Pasha Hamam (nu een kunstgalerie) en de Bit Pazar, de enorme Turkse markt, zijn musts.

16 Loop hard van stapel Mavrovo is een bekend skigebied, maar 's zomers zijn de bergen en bossen van het nationaal park een walhalla voor hikers. Voor info over trails en accommodatie kun je bij het skicentrum Zare Lazarevski in het plaatsje Mavrovo terecht, 4289016.

17 Tank bij in Ohrid. Dit sfeervolle, met kerken en kloosters beladen plaatsje aan de oever van het gelijknamige meer is niet bepaald onbekend bij toeristen. Toch mag het niet ontbreken in je reisprogramma. Spreek bij de kade een van de schippers aan voor een privéboottocht over het kraakheldere meer, bij voorkeur bij zonsondergang.

SLAPEN

Prijzen per tweepersoonskamer per nacht.

18 BOEKAREST

Cazare Guesthouse Schoon, lowbudgethotel vlakbij Gare de Nord, vanaf € 30, Calea Grivitei 123, 021-3185934.

Papu Hotel Intiem hotel net buiten het oude centrum, vanaf € 75, Stefan Mihaileanu 21, 031-1075129.

19 BELGRADO

Crossroad Belgrade Hostel Rustig hostel vlakbij het centrum, vanaf € 40, Gospodar Jevremova 41, 011-2637570, www.crossroad-hostel.com

Hotel Excelsior Centraal gelegen hotel met luisterrijk verleden als literaire hotspot. Vraag om een hoekkamer met balkon en uitzicht op het park, vanaf € 120, Kneza Miloša 5, 011-3231381, www.hotelexcelsior.rs

Hotel Moskva Monumentaal art-nouveauhotel in het centrum, vanaf € 150, Terazije 20, 011-2686255, www.hotelmoskva.rs

20 SKOPJE

Hotel Santos Klein, schoon en aangenaam budgethotel middenin Carŝija, vanaf € 30, Ul. Bitpazarska 69, 02-3226963.

Hotel Pantelejmon Voormalig klooster met kerkje en indrukwekkend uitzicht op de bergen, vanaf € 75, Gorni Nezeri (net buiten Skopje), 02-3081255.

PLANNING

Reizen binnen Roemenië, Servië en Macedonië

Voor zowel Roemenië, Servië als Macedonië geldt dat het openbaar ervoer uitstekend geregeld en betaalbaar is. Bussen brengen je vrijwel overal heen, zie www.autogari.ro en www.visitserbia.org. De treinen zijn goed en op lange afstanden kun je vrijwel altijd terecht in een slaapcoupé, zie www.raileurope.com en www.infofer.ro

DEZE REIS BOEKEN & MEER INFO

columbustravel.nl
columbusmagazine.nl/roma

Lees het artikel op pagina 200

COLUMBUS-TRAIL

Reis langs de meest bijzondere plekken van het gebied, die door het Columbus-team zijn bezocht. Altijd zoveel mogelijk van de gebaande paden af.

TRIP VAN 2 WEKEN
Je vliegt op Napels of Lamezia Terme (beter want dichterbij). Kom je via Napels dan bezoek je onderweg het ruige Nationaal Park del Cilento, waar je twee dagen verblijft. Je Calabrië-ervaring start in het hooggelegen, authentieke kuststadje Tropea. Je vervolgt je weg zuidwaarts naar het verlaten dorpje Pentedattilo, waar je een dag verblijft. Vervolgens ga je voor twee dagen het binnenland in om de ruige bergen van de Aspromonte en de verlaten stad Roghudi te verkennen. Om te overnachten zul je terug moeten naar de kust. Verblijf zoveel mogelijk in agriturismo's. Rijd via de kust verder naar het oosten en blijf enkele dagen in Bianco. Ga hier met vissers zwaardvis vangen en geniet van de uitgestrekte witte stranden. Reis verder naar het noorden en steek het binnenland door via het plaatsje Serra San Bruno. Je bezoekt Catanzaro en de nationale parken in het noorden: Sila Piccola en Sila Grande. Hier zul je, zeker in het voorjaar, bijzonder mooie en ongerepte landschappen tegenkomen. Je eindigt je trip in Cosenza, de provinciehoofdstad die vergeleken met de rest van Calabrië opvallend modern is. Voor alle bestemmingen die je aandoet, geldt: lekker eten is een must en geen enkel probleem om te vinden!

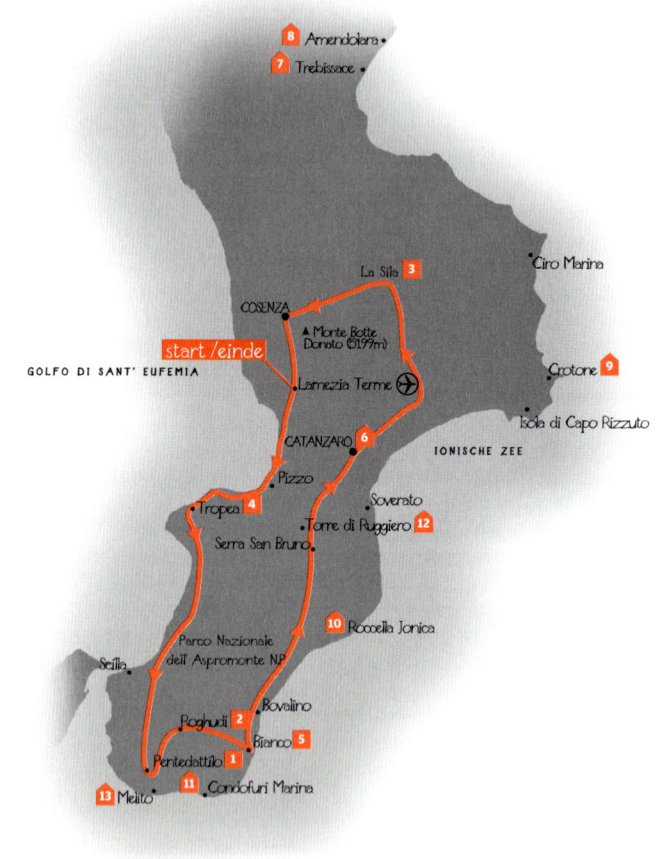

■ DOEN
▲ SLAPEN
✈ INTERNATIONAAL VLIEGVELD

BESTE REISTIJD

In Calabrië zijn de zomers verzengend heet en de winters stervenskoud. In augustus hebben de Italianen vrij en gaan ze op pad in eigen land. Ga daarom in het voor- of najaar. De ideale tijd is half april tot en met half juni. Het is dan warm en de natuur is op zijn mooist. September en oktober zijn ook prima maanden voor een bezoek.

j	f	m	a	m	j	j	a	s	o	n	d	**Cosenza**
15	15	16	18	22	23	28	29	27	23	19	16	temperatuur (°C)
44	33	30	30	14	9	2	8	28	60	66	68	neerslag (mm per maand)

HANDIG

MUNTEENHEID
Euro

TIJDSVERSCHIL
Geen

TAAL
Italiaans

GROOTTE
Een derde van Nederland

AANTAL INWONERS
2 miljoen

REISDUUR
5 uur

LANDCODE TELEFOON
+39

EET
Bergamotto (sinaasappel)

DRINK
Ciró (rode wijn)

LEES
Calabrian Tales, Peter Chiarella

LUISTER
Re Niliu

KIJK
Un Ragazzo di Calabria

ITALIË
CALABRIE

CALABRIE IN HET KORT

Daar waar 90 procent van Europa is opgestoten in de vaart der volkeren en zich in dezelfde richting ontwikkelt, staat Calabrië grotendeels stil. Door de onherbergzaamheid, kou en armoede is deze zuidelijkste provincie van het Italiaanse vasteland in de vorige eeuw sterk ontvolkt. Nu liggen er in de hoge bergen fascinerende spookdorpen waar je waarschijnlijk de enige bezoeker zal zijn. De twee interessantste verlaten dorpen zijn Pentedattilo en Roghudi. Roghudi ligt diep in de bergen – het kost je een volle dag om er naartoe te rijden en voor het donker weer terug te zijn. Je verdwaalt er snel en de wegen zijn slecht maar de fantastisch ruige omgeving, waar in het verleden menig kidnapper zijn gevangenen onderbracht, doet je alle ongemak snel vergeten. Pentedattilo is vanaf de kust ten zuidoosten van de provinciestad Reggio di Calabria makkelijk te bereiken. Het ligt aan de voet van de Aspromonte, op een hoogte van 454 meter. De oorspronkelijk Griekse naam van het dorp is 'Pentedaktylos', oftewel 'vijf vingers', en verwijst naar de vorm van de enorme rotswand waar de huizen tegenaan zijn gebouwd. Na een bloeiperiode voor en tijdens het Romeinse rijk is het dorp in verval geraakt. Door een aardbeving in 1908 raakten de meeste huizen dermate beschadigd dat de laatste inwoners besloten elders naartoe te trekken. Vulkaanuitbarstingen blijven in heel Calabrië een gevaar – Stromboli en Etna, de twee actiefste vulkanen van Europa, liggen vlakbij – maar hebben ook een heerlijk ongerept landschap gecreëerd dat in Europa zijn gelijke niet kent. Houd je van bergen, rust en lekker eten, dan is Calabrië de bestemming voor jou.

DOEN

1 Bezoek een spookdorp (1) Aan de voet van de Aspromonte ligt Pentedattilo, een verlaten dorp met een schitterende kerk. Je kunt hier met gemak een hele dag doorbrengen.

2 Bezoek een spookdorp (2) Roghudi, dat diep in de bergen ligt, is een stuk moeilijker bereikbaar dan Pentedattilo en alleen daarom al minstens zo de moeite waard. Trek er een volle dag voor uit om het dorp te bereiken en voor het donker de bergen weer uit te zijn.

3 Word één met de natuur La Sila is een groot, bergachtig gebied ten oosten van Cosenza en herbergt verschillende natuurgebieden, waaronder het gelijknamige nationaal park. La Sila kenmerkt zich door een ruigheid en verlatenheid die je doet vergeten dat je in Europa bent. Het centrale deel is het meest bergachtig. In de winter is dit hét skigebied van Calabrië. Rondom deze bergen liggen een aantal stuwmeren en bossen waar je niemand tegenkomt en waar de meest huizen aan de kant van de weg verlaten zijn.

4 Pik een terrasje Tropea is de meest toeristische bestemming in Calabrië, maar daarom niet minder leuk. In dit vriendelijke dorp met uitzicht over de Tyrreense Zee vind je veel terrasjes en mooie stranden.

5 Vang een visje Het kustplaatsje Bianco heeft een prachtig uitgestrekt strand en wordt alom geroemd om zijn heerlijke zwaardvis. Als je het vriendelijk vraagt, kun je met de lokale vissers mee de zee op om zelf vis te vangen.

SLAPEN

In Calabrië slaap je idealiter in agriturismo's: vakantieverblijven op een landgoed of boerderij dat nog altijd in bedrijf is. In veel gevallen gaat het om landgoederen die al generaties in handen van dezelfde familie zijn. De accommodaties variëren van eenvoudig tot extreem luxe.
Prijzen per tweepersoonskamer per nacht.

6 Santa Cinnara Eenvoudige boerderij in de omgeving van Catanzaro met huisjes die verhuurd worden. De huisjes zijn geschikt voor twee tot acht personen en beschikken over een keukentje. Sommige hebben ook airco. 's Avonds eet je mee met de boer, vanaf € 20, Contrada Corticello, 88050 Soveria Simeri, 0961-798456.

7 Torre di Albidona Luxe boerderij met veel uitstekende faciliteiten zoals een zwembad en een privéstrand in het kustplaatsje Trebisacce. Er zijn diverse huisjes/appartementen met eigen faciliteiten voor twee tot acht personen, Loc. Piana di Albidona, 0981-50794, www.torredialbidona.it

8 Amendolara Marina Gastenverblijven bij een boerderij in de omgeving van het plaatsje Amendolara, vlakbij een kiezelstrandje, vanaf € 50, 0981-915445, www.lalista.it

9 Suffeudo di Pozello 18e-eeuwse boerderij met eigen wijn- en olijfboomgaard in Crotone, vanaf € 60 per appartement, Contrada Pozzello, 88811, 0962-31213, www.suffeudo.it

10 Le Giare Boerderij nabij Roccella Jonica, met veel faciliteiten zoals een zwembad en de mogelijkheid om paard te leren rijden. De verblijven zijn eenvoudig, vanaf € 70 per appartement, 0964-85170, mobiel 347-4364567, www.agriclublegiare.it

11 Gemelli Boerderij in het zuidelijke kustplaatsje Condofuri Marina, dat als de perfecte uitvalsbasis voor trektochten door de bergen van Aspromonte geldt, Via Salinella 45, 0965-784095, mobiel 347-0167517, www.agriturismogemelli.it

12 I Basiliani Recent opgeknapte boerderij met zes appartementen van uiteenlopende grootte in de lieflijke omgeving van het dorpje Torre di Ruggiero, vanaf € 70 per appartement, 0967-938000, www.ibasiliani.com

13 Hotel Garibaldi Hotel met eenvoudige kamers en een restaurant met heerlijk eten in het zuidelijke kustplaatsje Melito di Porto Salvo. Je wordt omringd door verwijzingen naar Giuseppe Garibaldi. Deze nationalistische strijder voor de Italiaanse eenwording schijnt zelf in het hotel te hebben overnacht, vanaf € 35, Via Garibaldi 99, 0965-781045.

PLANNING

Reizen binnen Calabrië

Met het openbaar vervoer kom je in Calabrië niet ver. Langs de kust loopt een spoorlijn, maar daar is alles mee gezegd. Wil je het binnenland in om bijvoorbeeld de Aspromonte te verkennen of juist afgelegen kustplaatsjes bezoeken, dan is een auto een must.

DEZE REIS BOEKEN & MEER INFO

columbustravel.nl
columbusmagazine.nl/calabrie

Ontdek, reizen die je leven veranderen
is een uitgave van reismagazine Columbus in samenwerking met Kosmos Uitgevers.

1e druk © 2010 Uitgeverij Columbus BV

Alle rechten voorbehouden. Niets uit deze uitgave mag worden verveelvuldigd en/of openbaargemaakt, door middel van druk, kopie, microfilm of op welke wijze dan ook zonder voorafgaande schriftelijke toestemming van de uitgever. Columbus is een geregistreerd handelsmerk van Uitgeverij Columbus BV. Hoewel de inhoud van dit boek met de grootste zorg is samengesteld, aanvaardt Columbus geen enkele aansprakelijkheid voor eventuele fouten in deze uitgave. Uitgeverij Columbus, Zijlweg 61, 2013 DC Haarlem, telefoon 023-5346830, fax 084-7594634

Redactie Mark Mackintosh
Vormgeving Phuong Do **Kaarten** Dirk Verweij
Fotografie Louise ten Have, Peter van Beek (Roma), Tom van der Leij (Libië), Ilse Schrama (Australië), Anoek Steketee (Egypte)
Tekst Matthijs de Groot, Gerbert van der Aa (Libië), Eefje Blankevoort (Egypte), Jona Dekker (Australië), Gert Jan van Laar (Italië), John van Tiggelen (Roma)
Met dank aan Fred Vermeulen

Meer over Columbus

Reismagazine Columbus is een zelfstandig en onafhankelijk magazine. Columbus schrijft over de mooiste en meest ongerepte plekken ter wereld, ver weg en dichtbij, en baseert zich zoveel mogelijk op de kennis van lokale bewoners. Elke reportage in Columbus wordt gemaakt door een Columbus-team dat speciaal voor dit doel naar de bestemming is gestuurd. Columbus zal nooit positief schrijven over een locatie of accommodatie in ruil voor geld of een gratis verblijf. Columbus maakt geen gebruik van collectieve persreizen waarbij journalisten van meerdere media een standaard programma afwerken. Columbus streeft ernaar uitsluitend duurzame locaties, activiteiten en accommodaties in het tijdschrift op te nemen.

Meer over Reisreporter.nl

Reisreporter.nl is de Columbus-community van gepassioneerde reizigers die – in het verlengde van de formule van het magazine – hun beste reisfoto's, tips en blogs online met elkaar delen. Reisreporter.nl is hiermee de startpagina geworden voor het plannen van je avontuurlijke reizen.

NUR 500
Kosmos Uitgevers, Utrecht/Antwerpen
www.kosmosuitgevers.nl

www.columbusmagazine.nl
www.columbustravel.nl

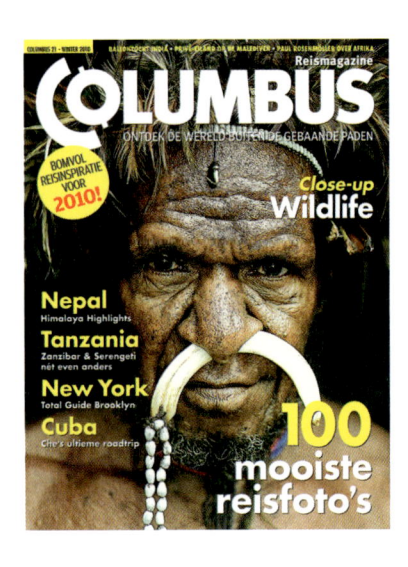

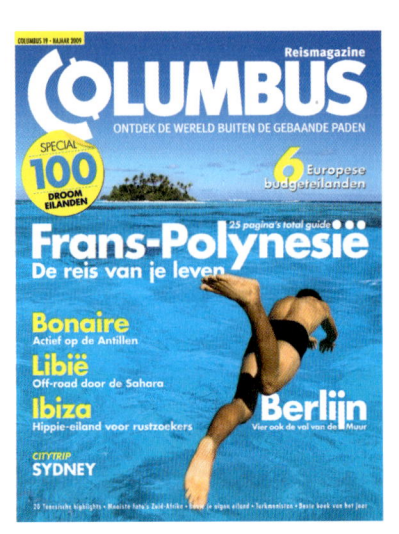

ONTDEK DE WERELD BUITEN DE GEBAANDE PADEN
ONTDEK DE WERELD VAN COLUMBUS

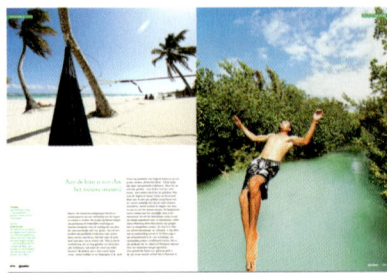

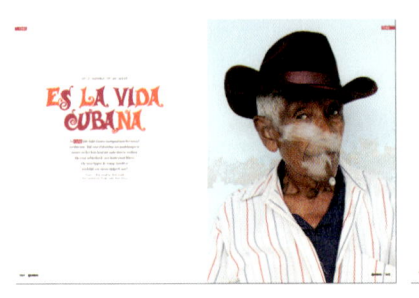

WWW.COLUMBUSMAGAZINE.NL